汉语语法点教学案例研究

多媒体课件设计运用

卢福波　主编

商务印书馆
创于1897 The Commercial Press

2016年·北京

图书在版编目（CIP）数据

汉语语法点教学案例研究：多媒体课件设计运用/卢福波主编．—北京：商务印书馆，2016
ISBN 978-7-100-12304-4

Ⅰ．①汉…　Ⅱ．①卢…　Ⅲ．①汉语—语法—对外汉语教学—教学研究　Ⅳ．①H195.3

中国版本图书馆 CIP 数据核字（2016）第 137428 号

汉语语法点教学案例研究
——多媒体课件设计运用
卢福波　主编

商务印书馆出版
（北京王府井大街 36 号　邮政编码 100710）
商务印书馆发行
北京市艺辉印刷有限公司印刷
ISBN 978-7-100-12304-4

2016 年 7 月第 1 版　　开本 787×1092　1/16
2016 年 7 月北京第 1 次印刷　　印张 23 1/2

定价：128.00 元

主　　编　卢福波
作　　者　（按音序排列）
曹　锐　邓　葵　董淑慧　高　阳　顾　倩　关　键
姬　瑜　季德毅　雷　航　Lisa Huang Healy　李　敏
李日臻　李晓萌　刘春兰　刘书近　刘　伟　刘　岩
卢福波　门舒弢　乔俊凤　石晓琳　汪敏锋　王相鸿
王雅静　吴佳晨　吴　鋆　许　诺　翟梦雪　张　凯
张新蕾　赵　杰　郑　洁　郑天刚　朱京津
主要绘图　汪　幸
主要摄影　宁传薪　卢福波

目　录

使用说明 …………………………………………………………………… I

前言 …………………………………………………………………… V

初　级

1. "V着"存在句……………………………………………… 李　敏　2

2. "把"字句 ……………………………………… 高　阳　卢福波　10

3. "比"字句 ……………………………………………… 李　敏　19

4. "不"与"没（有）" ……………………………………… 汪敏锋　28

5. "不但……而且……" ………………………………… 姬　瑜　34

6. "的"字短语 ……………………………………………… 汪敏锋　40

7. "跟……一样" ……………………………………………… 雷　航　46

8. "还是"与"或者" ……………………… 卢福波　Lisa Huang Healy　52

9. 表时助词"了"与"的" ………………………………… 卢福波　56

10. "吗"和"吧" ……………………………………………… 门舒弢　61

11. 趋向动词"上"与"起" ………………………………… 卢福波　67

12. "上""里""中" ……………………………………………… 顾　倩　73

13. "一边……，一边……" ………………………………… 刘春兰　80

14. "有"/"在"存在句 ……………………………………… 李　敏　86

15. "有点儿"和"一点儿" ………………………………… 卢福波　95

16. "又"与"再" ……………………………………………… 翟梦雪　103

17. "越……越……""越来越……" ………………………… 卢福波　109

18. “左右”“前后”“上下”概数表示法 …… 卢福波 116
19. 结果补语 …… 雷 航 122
20. 能愿动词“能”与“会” …… 王雅静 129
21. 时点、时段表达法 …… 季德毅 134
22. 数字连用概数表达法 …… 曹 锐 145
23. 双宾语句 …… 刘书近 卢福波 151
24. 无条件复句 …… 卢福波 李日臻 157
25. 助词“过” …… 张新蕾 163
26. 助词“了” …… 张 凯 169

中 级

27. “把”字句 …… 郑 洁 176
28. “除了……以外” …… 石晓琳 卢福波 190
29. “过来”和“过去” …… 朱京津 196
30. (量词)“节”与“段” …… 赵 杰 202
31. “就”和“才” …… 王雅静 206
32. 概数表示法“来”与“多” …… 卢福波 212
33. “连……带……” …… 卢福波 219
34. “A是A，只是……” …… 邓 葵 227
35. 副词“还是” …… 张新蕾 233
36. 介词“朝”“向”“往” …… 吴佳晨 241
37. 借用量词 …… 许 诺 250
38. 可能补语 …… 王相鸿 258
39. “连”字句 …… 刘 伟 265
40. 量词/数量重叠 …… 许 诺 272
41. 能愿动词“想”和“要” …… 吴 鋆 278
42. 情态补语 …… 许 诺 乔俊凤 286
43. 使令兼语句 …… 吴佳晨 291
44. 专用动量词 …… 许 诺 299
45. 专用名量词 …… 许 诺 306
46. 状语语序 …… 李晓萌 314

高 级

47. “别说 X，就（是）Y 也/都 P” …………………………… 汪敏锋 322
48. “其实……可是……” …………………………………… 关 键 327
49. 介词“随着” ………………………………………… 卢福波 332
50. 动词重叠 ……………………………………………… 刘 岩 337
51. 副词“倒” …………………………………………… 董淑慧 343
52. 让步复句“即使/就是……也……” ………………… 郑天刚 卢福波 349

主要参考文献 ………………………………………………………… 355

使用说明

这是一部融汉语语法知识、先进教学理念、教学经验与艺术、学习策略与训练技巧为一体的数字与纸版相结合的多媒体教与学研究成果。其中最有分量和特色的部分是汉语语法点教学多媒体课件的设计和运用。为何要做这样一份研究工作呢？一是，在汉语国际教育迅速发展的今天，我们还缺少有理念、有创见、有知识、有经验、有具体方法又可操作的教学案例作为共享资源，而广大教师和学习者恰恰最需要这些东西。二是，随着现代教育技术的发展进步，多种媒体资源、数字化技术手段广泛运用于汉语教与学，迫使我们不能继续简单地固守三尺讲台一支粉笔的落后模式，因此，运用多媒体课件进行语言教学研究，必将成为汉语国际教育研究的重要方面之一，其研究成果也必将成为汉语国际教学的重要途径与工具。三是，具体案例研究只有积累到一定数量，再加以分析整合、归纳概括，才会真正提升理论，深化理论，甚至建构理论。具体案例研究奠定的是应用性的、物质性的学科基础，这将会成为永久性发挥作用的成果，裨益于所有的学习者和从教者。

一、适用范围

本产品适用于所有从事汉语教学工作的教师和相关工作者，也适用于所有以汉语作为第二语言的学习者，同时也适用于所有以汉语国际教育、语言应用为专业领域和研究目的的研究生和研究工作者。

二、基本架构、体例、特点

1. 基本架构

本产品包含三部分内容：汉语语法点多媒体教学课件、汉语语法点多媒体教学案例研究和相应的汉语语法点教学录像。

汉语语法点多媒体教学课件是主体和核心部分。为方便使用者正确理解和使用，又针对每一个多媒体教学课件及相应的语法点编写了纸版案例研究说明；为帮助使用者具体感知多媒体课件的教学运用，又匹配了六个教学视频作为范本。

2. 汉语语法点多媒体教学课件

汉语语法点 PPT 教学课件共选择 52 个使用频率高、有类型典型性、偏误率高、有教学难度的汉语语法点设计制作，注重可操作性。根据语法点本身的难度和教学处理的难易度分成初中高不同水平层次：初级 26 个，中级 20 个，高级 6 个。

课件的设计既保证了与课堂教学步骤、习得顺序的一致性，汉语语法知识系统的科学严谨性，又体现了教与学的智慧与策略，设计的艺术与时尚，具有巨大的视觉冲击力、引人入胜的趣味性和鲜明显著的实效性。

六个教学视频，由本课件的设计制作者或教学经验丰富的教师进行示范教学实录，便于使用者参考与借鉴。

本课件既可应用于课堂的教学与学习，也可应用于网络的教学与学习。

3. 汉语语法点多媒体教学案例研究

纸质版的《汉语语法点教学案例研究——多媒体课件设计运用》是对多媒体教学课件相对应的语法点，以教学案例的形式做出相关研究、补充说明。它与多媒体课件紧密配合使用，可以帮助使用者更加正确、有效地使用教学课件。

每个教学课件相应的语法点教学案例研究说明由以下五部分构成：

（1）课件所涉及语法点的相关语法知识、要点；

（2）学习者习得该语法点的主要偏误类型与简要分析；

（3）语法点课件教学设计主要要解决的问题及实现目标；

（4）对课件主要教学环节、步骤、策略技巧的设计展开说明；

（5）为了教与学使用的方便，每个语法点教学案例后还附上课件中设计的所有练习。

三、研究团队

本项目工作量巨大，主要作者为卢福波、许诺、汪敏锋、李敏、王雅静。我们把设计制作四个及以上课件和案例文本并做过部分梳整工作的人员设为主要作者，卢福波同时做了全部课件的定稿和案例文本的审定修改工作。

此外，还有郑天刚、刘春兰、关键、董淑慧、邓葵等南开大学的老师，Lisa Huang Healy、刘伟、张凯等在美国从事汉语教学的老师加入进来。课件及案例文本设计制作的主要成员是我的博士生、硕士生，还有个别本科生。他们是：（按工作量排序）吴佳晨、张新蕾、雷航、刘岩、顾倩、朱京津、李晓萌、吴鋆、郑洁、王相鸿、翟梦雪、季德毅、赵杰、门舒弢、曹锐、姬瑜、高阳、李日臻、石晓琳、乔俊凤、康善信。

本项目历经三年多时间终于完成，非常感谢所有项目参加者付出的辛勤劳动和聪明才智。本项目的研究成果用一种崭新的形式，呈现在读者面前，必然会有各种不足和缺憾，恳请各位读者给予谅解并提出宝贵意见和建议。

卢福波

2016年4月于南开园

前　言

随着汉语教学的日益发展进步，汉语语言点教学需要向具体研究深入。当我们从理论上了解了科学的教育理论、二语习得理论、先进的教育思想及其教学方法之后，想把它们按预期效果实际地体现在汉语语言点教学过程中，才会发现理论或课本知识与实际应用的距离是那么遥远。相当比例的学员或青年教师经过为期不短的汉语教学学习或培训后，拿到一个具体的、要求有一定语法知识背景的教学材料后，仍然不知如何下手或不知怎样才能教会学生，这时他们才知道，原来他们尚需摸着石头过河，路途还是那样漫长。怎样才能缩短这种距离？怎样才能使有知识、有经验、有方法的教学案例成为共享资源？我认为，其实没有多少捷径可走，需要我们做的只有下大功夫，从具体个案做起，各个击破，深入细致地做好汉语语言点教学案例研究。

一、关于汉语语言点教学案例研究

从教与学的有用性上着眼，汉语语言点教学案例研究至少应包含两大研究角度。

1.1. 教学角度

从教学角度谈教学案例研究，主要指研究制作融入知识、经验、方法策略的汉语语言点教案或课件。一个好的教案或技术含量较高的课件，并不是轻而易举就能够设计或制作出来的，它需要较多的必备条件：（1）熟练掌握、驾驭深入理解了的汉语语言点相关知识；（2）丰富的教学经验（包括对知识、难度、可接受度等的适宜处理）；（3）灵活巧妙的教学方法及教学策略的运用能力；（4）完整、流畅的教学架构、设计能力；（5）对学习者习得该语言点易产生的偏误有深入的了解（其中还包括对学习者思维模式及母语类型的了解）。

这五个方面不是彼此分离、各自独立的，而是水乳交融，合为一体地体现在教学过程中。这是最难做到的部分。

从语言点中学习者最需要认知学习的角度，即把学习者汉语表达中容易产生的表层或深层的偏误问题，通过研发，设计或制作出来较高质量的教案或课件，就会使这些高水平的教学成果发挥更大的作用，成为教师随手可用的得力工具，成为众多教师的共享资源，也成为该学科发展性的标志成果乃至学科基础。这一研究的真正意义和价值在于，从汉语自身特点规律出发，做专业性的、具体的学科研究，直接应用于汉语教学，相对理论研究来说，它奠定的是应用性的、物质性的学科基础，成为相对永久性发挥作用的成果，裨益所有教师。它不仅可以有效地提高教学水平，节省人力、物力、时间、精力，同时也必然成为一些年轻的、经验不足的汉语教师，轻松缓解燃眉之急、捉襟见肘之窘的有效工具。汉语教学发展到今天，无论我们要提高师资水平、教材水平、教学水平，都应该沉下来，做深入的具体教学案例研究，并以此逐步丰厚学科基础。

1.2. 习得角度

这里的“习得”是个广义概念，包括了语言学习、习得的全部过程。习得角度可以说是目前汉语教学学科领域研究缺口最大的部分，指的是一个具体语言点的（不只是语句表层形式，还包括该形式被准确得体应用的条件）习得过程的研究。

研究习得过程，好比医生研究病人一样。一个好医生要得到预期的治疗效果，就必须要了解病人病因、治疗过程的全部数据和效果情况，包括吃药、打针等各个治疗环节病人的反应细节等，从而才能制定更为合理、适宜的治疗方案并实施治疗。汉语学习者的具体个案（个体）研究亦如此，学习者到底是如何习得该语言点的，习得过程经历了哪几个阶段，各阶段的基本规律是什么，他在学习和使用该语言点时，其思维的基本模式是怎样的，运用了哪些汉语语言学或母语语言学的基本规则，在整个习得过程中他运用了哪些学习策略，发生了哪些泛化、简化、干扰等迁移、衍推过程等。没有这样一个过程的研究，我们就很难说对学习者的学习特点和规律都了解了，因此就很难说我们的教学方案是有的放矢的。学习者的这种习得研究，除了采取学习者个体个案追踪、研究外，还应该有群体性的个案研究。如：以某一语言类型（母语）的样本为对象，或以某一水平层级的样本为对象，或把二者结合起来等。表面上看，针对学习者习得过程的研究其作用是深入了解学习者汉语语言点习得情况，其实更重要的是为了进行有针对性的教学。通过习得研究，教师可以准确把握该语言点教学的主要角度，知道哪些规则对于指导学习者运用该语言点更为具体有效，采取哪些教学方法策略才是有针对性的、实用的、有可能提高教学效率的。

二、课件在汉语语法教学中的作用

课件是语言教学中一种应用性较强的软件类型。随着现代教育技术的发展进步，网络、多媒体、数字化教与学的广泛普及运用，运用课件的语言教学研究，必将成为汉语国际教育研究的重要方面之一，课件的教学研究成果也必将成为汉语国际化教学的重要途径与工具。

由于语音、汉字、词汇、语法、篇章等具有不同特点、规律，运用课件也应有不同策略。汉语语法教学中，策略地运用课件或许能更好地从汉语习得特点和认知规律出发，更有效地呈现刺激，激活前学，深入认识，生成新知，将学与用有机融合。

但就目前来看，关于课件的教学研究或更多表现为技术形式的研究，如何与某一语言要素教学融合研究，相对还是缺项。郑艳群（2009）《汉语多媒体教学课件设计》探索了课件制作的一般技术问题，也触及一定的汉语语言要素教学、各类型语言教学的 PPT 设计与利用，在课件如何为汉语教学服务方面做出了有意义的探索。但总体来看，这方面的研究还远远不够。如何策略地运用课件呈现刺激、激活认知、提供语用条件，将学习者的习得特点、思维模式、认知规律融入其中，提高教学效率、实现语法教学最优化的有效途径与模式，是我们当今需要积极探讨和展开研究的一个很重要的方面。

2.1. 汉语语法教学的核心任务

语法是指一种语言的架构规律与规则。对外汉语教学中，语法教学的根本目的在于使学习者正确认知和运用汉语的架构规律与规则。这种对语法的认知和运用不同于汉语母语者的认知和运用，从二语习得角度说，对学习者影响最大的是汉语言认知世界的角度、途径以及由此形成的范畴、类别问题。认知世界的角度、途径及其形成的类别、范畴在汉语中的直接反映主要是语法的规则、类属，它包括了类别、范畴的抽象、概括、归纳及其相互关系，而这种抽象、概括、归纳及其相互关系之所以是这样而不是那样，主要源于汉语言者认知世界的独特的角度、途径、模式。因此，在汉语语法教学中，如何重溯本源，找回认知路径、方法，揭示结构规则的成因，强化结构形式与条件，使学习者能够有效识记和掌握运用，应该是核心任务。

2.2. 教学策略与课件在语法教学中的利用

邵瑞珍（1997：80）认为，教学策略是教师在教学过程中，为达到一定教学目标而采取的一系列相对系统的行为。绝大多数教学策略都涉及如何提炼或转化课程内容，使所设计的一整套特定的教学方式方法更好地实现预期教学效果。不同类型的教学内容，由于其特点不同，教学方法与途径自然也不同。最好的方法，就是让他们跟随着认知回到本源，用静态或动态图示代替简单列举或理性讲解，“展示语义和语用含义，给学习者创造一个身临其境的语言使用情景。心理学理论指出，适当的呈现（例如具有重要特征的视觉表象）可以促进语义编码，这种语义编码不但可以帮助理解，还可以提供回忆的线索，因此能促进学习的保持和正迁移”（郑艳群，2009：148）。

课件运用于汉语语法教学的最大长处是使抽象、虚渺的规则和意义关系形象具体，可及度高、可感性强，能够将抽象概括的规则借助形象具体的图示或情景印记到脑海中；有利于语句的大量展示，从而有效地促进规则的类推、概括和归纳，认知类别和关系，在众多事物中探寻共有特点与个性，强化认知理据；由于内容丰富，信息量大，可促使学生加速反应，激活知识，加量运用，从而更好地促进语言的习惯性和思维的自动化。语法是抽象性很强的东西，对于二语习得来说，它又是非常有效的学习途径之一。但是如果提供的东西很难、很虚，学习者就会望而却步，难以掌握。语法的抽象性与课件可能实现的形象性有机结合，策略地运用，可以使繁复的语法教学变得简单、清楚、易懂，把抽象的规则变得具体可见，并且有更多的可操作性，可以借助大量呈现，促进语义编码，强化理解记忆，解决一般语法教学不能解决的问题。

三、汉语语法教学中课件的策略运用

3.1. 加强认知理解，解剖思维模式

语言是人类感知世界的一个最重要的手段。但世界之大，人类如何利用语言来有效地认知世界呢？胡壮麟（2004：4—5；13）认为，人类会对无穷的事物根据一定征状进行组合归类，即范畴化。他还认为，导致语言变化的媒体是隐喻，一代人的隐喻是后一代人的常规表达。隐喻的作用是能从原先互不相关的事物、概念和语言表达中发现相似点，建立想象极其丰富的联系。因此，语言与认知有紧密联系。

策略地利用课件进行汉语语法教学，从某种意义上说，是将汉语言范畴化了的东西还原为自然世界中事物的本来征状，或将自然世界中事物的征状通过归纳加以范畴化。这样就可以使学习者从汉语语法教学中对事物深层的认知变得自然和浅显。有效利用课件的展示性，能够帮助学习者认知汉语如何通过自己与外界的上下前后、里外远近、中心边缘等关系来表达对事物的认知以及表示某些类属范畴及其构成关系的。例如，我们利用课件进行趋向动词“上”与“起”的教学。

趋向动词“上”与“起”的共同本义都表示了向上趋动的方向，但二词存在差别，并由此引发了其隐喻的差别而产生不同的引申意义。汉语学习者学习理解这对词

的最大问题在于，只理解了共性而忽略了差别。教学中为突出解决学习者的问题，我们主要利用 PPT 做了如下处理。首先，本义的不同这样表示，如图 1：

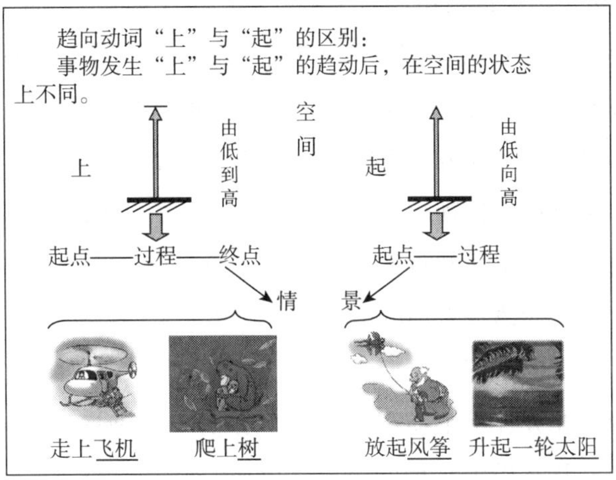

图 1

在空间中，“上”与“起”的相同之处都是由一个起点向上，不同之处在于：“上”是由低**到**高，“起”是由低**向**高。即“上”是“到高”，就意味着它要有终点，而“起”是“向高”，只是方向，所以没有终点。为了让学习者形象理解这一不同点，我们首先借助四幅图让学习者观察并认知。这种不同对其生成的结构有什么影响呢？这是学习者使用这种结构容易产生偏误的关键问题。所以，接下来用举例的方法，概括其搭配组合的不同类属范畴。即“上”后边搭配的是到达点的处所词语，而“起”后则只能搭配动作支配的事物。

由于本义有差别，“上”与“起”产生的隐喻路线也必然不同，如图 2：

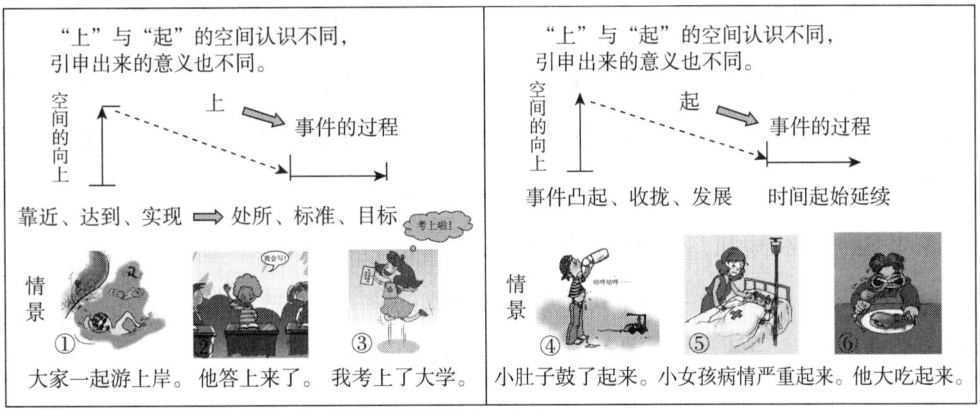

图 2

“上”与“起”可以将向上空间方向隐喻到时间或事件过程之中，这时它们的引申路线仍与本义相一致。即，由“上”的向上到达终点，隐喻到过程的到达点或向终点、目标靠近，由此出现“上”的搭配组合关系（见图 2 中搭配）。而“起”是无终点的，所以它的引申只能在时间的起延或事物的收拢、凸起发展等这些方面（见图 2 中搭配）。

有些情景，课堂的学习环境无法展现，讲述又难以描摹清楚，这时候就应该借助图片、PPT、视频材料等呈现方式来解决。多媒体课件可以融入教师的选择处理，把自己的教学意图、策略运用体现得更加充分和到位。在设计课件时，教师最应该着重考虑的是，如何有效补充纸质教材的不足，如何做到有活力、有趣味性、有启发性、有立体感，如何揭示所学语言点项的关键要点和必要条件，如何通过应用性的训练设计有效拉近与实际生活的距离。

借助课件，可以充分补足纸质材料做不到部分，如前述的“上”与“起”的差异、引申意义的形成及其搭配结构的生成。再如，趋向动词“来/去”的教学。如果只是静止地讲动作“来/去”的趋向性，这跟教材本身的处理没什么区别，而如果利用展示实际场景，体会各种角度的趋近、离开，就可以做到让学习者更好地理解，继而能够准确地加以运用。如：

图 3

借助这幅图（图 3），让学习者在现场移位或变换角色，体会动作的趋向性以及说话人与“来/去”词语选择的关系。例如，先让说话人（学生）站在两个大笑的孩子那儿，叙述跑步的那个孩子与抱西瓜的人的动作趋向关系；再让说话人站到抱西瓜的人的后面，叙述抱西瓜的人与两个大笑的孩子的动作趋向关系等。

认知一种事物或规律，通过课件展示的方式，层层剥离，让学习者认清其本质和相互关系，或者借助情景的动态处理，让学习者加深感受和体会，是一种很有效的、很受学习者欢迎的教学方式。课件的动感处理，可以有效地帮助学习者理解语言要点，认知语言环境。

3.2. 认知架构规则，理解构合原理

语法教学中课件的策略运用，还可以有效地帮助学习者认知架构规则，理解构合原理。我们以课件中的动量词“趟”和介词“随着”为例来谈谈这个问题。

3.2.1. 动量词“趟”

汉语动量词的选用主要依据动作发生的时空、方式、状貌等特点来决定。学习者学习“趟”的最大问题是随意选择动词，而不去关注动词的方式及空间表现，因此会出现“吃了一趟/休息一趟/出发了一趟”等用法。据此，我们通过动画展示了这样一个 PPT 页面，帮助学生理解“趟”的表义是怎么来的？它之所以选择某一类动词进行搭配的原理是什么？如图 4。

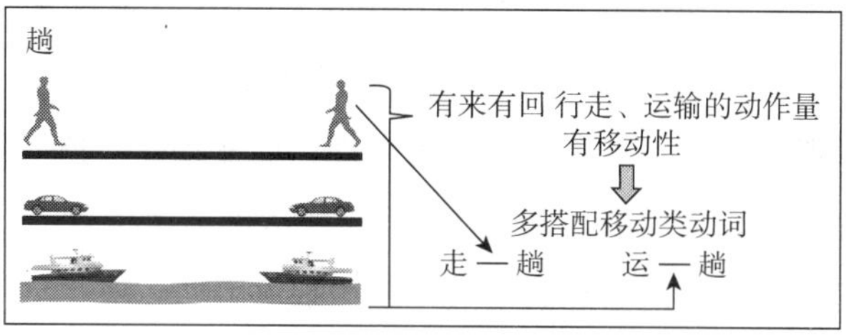

图 4

这里，首先从容易理解的字形出发。即，表意偏旁“走”表示了它移动性的语义特征，我们采用放大“走”的动态效果，突显这一要点。正因为如此，它必然对动词的义类范畴进行限制，不是任意的动词都可以与之形成搭配组合关系。它只选择具有［＋移动］语义特征条件的动词相配合，而［－移动］语义特征的动词就不能相配合，所以我们指示性地标出“趟”的使用条件在于具有移动意义特点的动词小类，并展示常用可搭配、不可搭配的动词为例。

3.2.2. 介词“随着”

学习介词“随着”，学习者的主要偏误点在于：（1）对它的动感没有感觉，会说成：随着学期，他的学习快结束了/随着新鲜感消失，他不学习。（2）对介词构成的结构条件认识不足，会说成：随着多说汉语，汉语水平提高了。（3）对“随着”中心词语选择的音节韵律没有感觉，会说成：我随着你的说明白。针对这些问题，我们在 PPT 页面设计时，有意突出了以下几个要点，如图 5。

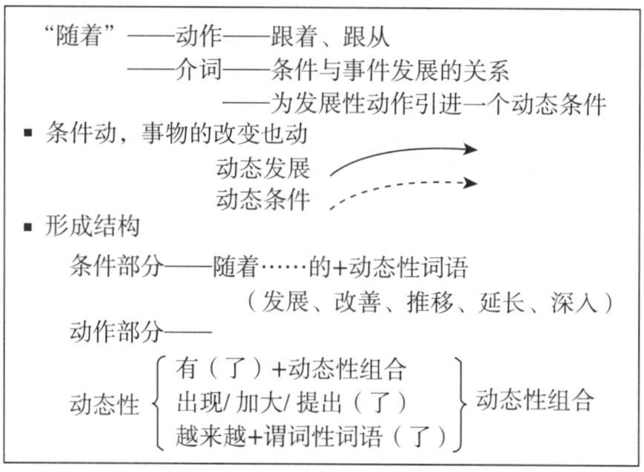

图 5

首先，让学习者理解实体动词“随着”前后二者相随的互动关系，进而用动态图理解虚化为介词后动态条件与动态发展的关系，即实体动作虚化为介词，变成为动作引进条件，词义虚化了，但本质的动态语义特征仍然存在，即：动态条件在变，事物通过动作也在变——相随变化没有改变。上述关系决定了其生成的结构——条件部分、动作部分都一定具有相应的动态构成部分来表示其动态意义（见图5中的结构式）。由于学习者对于选择动态意义的双音节词有困难，所以我们还提供了常用例词；又因为学习者难以理解“随着”介引的仅为条件，而非动作，所以条件部分采用动态的形式突显动态意义中心语前的“的”。这样，虽然虚词的语法意义很虚，但通过课件可以形象地解读其抽象的语法意义及其结构生成关系。

3.3. 提供情景，强化感受，认知语用条件，建构应用规则

在汉语教学中，有些语句即使准确地掌握了其结构形式，也仍然很难被恰当得体地使用，这是因为这些语句的使用更多地受到语境条件的制约和影响，学习者在不了解其使用条件的情况下，很难准确运用。“把”字句就属于这样一种句式，它的最大难处并不是表层结构的掌握。教学中，我们通过强化、训练句型结构，90%以上的学生可以准确掌握“把”字句的结构。但是课后只要留心注意，就会发现40%—50%以上的学生会用错“把”字句，不该用“把”字句的地方用了“把”字句，该用“把”字句的地方却没有用，说明学生依然不知道或不清楚“把”字句使用的语用情境和条件，而课件恰恰可以补充这种语境条件。例如，“把”字句中，“把”的宾语所指的事物通常是已知的、确指的，教师即使清楚这一点，教学中也不能用“确指”“已知”这样的术语来讲解，因为这种术语的理解要比学习句型本身有更大的难度。通过PPT课件展示情景，无须解释，学习者就可以明确“确指”“已知”。

图6

用图 6 我们可以引导学生"这件衣服怎么了?""妈妈做什么了?""这位小朋友怎么了?""爸爸做什么了?"来明确对"确指""已知"事物及具体动作的认识。进而可以继续引导,"妈妈洗之后衣服变成什么样了?""爸爸逗之后宝宝怎么了?"来理解"处置义"——通过动作使具体事物发生改变。课件的情境展示让学生充分认识"把"字句的使用语境以及说话人使用"把"字句的交际意图。明白了这些,接下来进行语法意义的概括理解和所生成的结构及其关系的教学。因此,我们再进一步概括展示具体场景中"把"字句的运用。

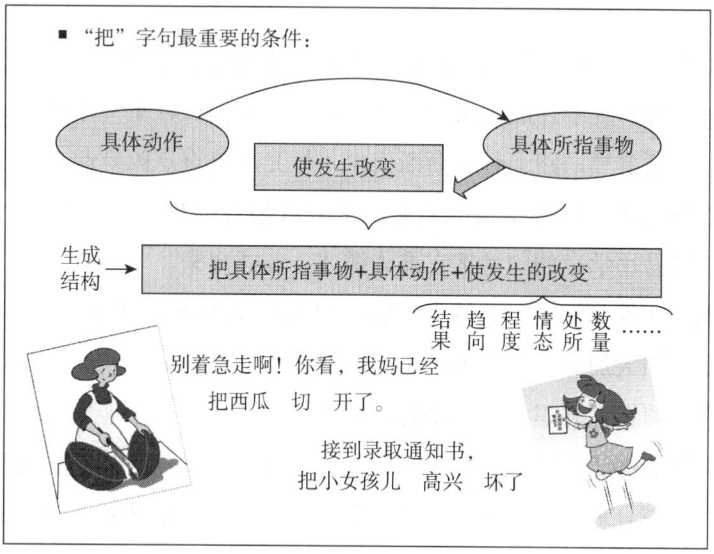

图 7

3.4 呈现量大、信息量大、训练量大,情景形象丰富,练习形式多样

利用课件进行汉语语法教学具有呈现量大、信息量大、训练量大、情景形象丰富、练习形式多样的特点。课件有展示性强,可迅速翻页的特点,只要我们能够设计出来相应的教学训练内容,都可以借助课件加以展示,而且为了使学习者迅速反应,一个练习内容可以提供多个练习题,这样可以使学习者保持对内容、图像、画面的新鲜感,而不会产生厌倦感。

此外,虽是语法教学,我们仍然不赞成就语法意义理解语法意义、就语法结构形式训练语法结构形式,而主张根据情境、交际意图组织运用语言点,学以致用。因此,在课件设计中,我们要求每一个语法项的教学,都要设计相应的应用性练习。即有情景、有语境、有交际意图的训练模式。例如,在针对介词"随着"的教学中,我们做了如图 8 的应用性教学设计。

图 8

这个练习的目的，是要让学习者理解、掌握“随着”的伴随意义以及它的典型结构模式：

条件部分：随着……的＋动态性词语（双音节及以上）

动作部分：
- 有（了）＋动态性组合
- 出现/加大/提出（了）
- 越来越＋谓词性词语（了）

要让学习者理解“随着”的伴随意义及其对建构句子结构产生的影响，教学设计时最好创设一个容易理解伴随意义的情境。为此，我们设计了一个动态图，三幅图渐进给出信息：天渐变黑，路上行人渐渐变少，灯光星星点点闪烁起来，以此激活学生认知动态情景与构成伴随性结构的关系。学习者很容易理解，也易于产生想说的冲动，从而也很容易用学过的句型把它准确描述、表达出来。

大量呈现是课件非常显著的特点。它可以有效地促进语义编码，提供回忆线索，强化理解记忆，加大加宽加量认识和运用，促使学生加速反应，激活知识，从而能更好地形成语言的习惯性和思维的自动化，解决一般语法教学不能解决的问题。

可见，课件能够将形象性、趣味性、语法思维的认知性与抽象性整合到一起，通过有策略地设计与合理利用，不但可以形象、具体地解决语法意义的认知问题、虚实词语的类属范畴对结构关系的影响问题，还能够通过语言情境认知语用条件，建构应用规则等。对于学习者来说，可以帮助他们将复杂的知识变得简单、易懂、生动有趣；有效地迁移类推，举一反三；有效地巩固、强化、保持所学；有效地学会实际运用所学语言，从而实现真正意义上的语言获得，这是语言教学的根本所在。因此，一个好的课件应该具有如下特点：以富有新意、合理变通、极具个性为灵魂；以注重学习者汉语习得需求为根本——水平需求、问题需求、接收方式需求；以培养学习者汉语交际运用能力为取向——语言结构能力、重创再造能力、话语理解能力、语用体会能力等；以具体、精细、生动、有趣、灵活、契合的教学方式为基本样式。将教学设计转化为意图明显、简洁活泼的课件、课堂具体操作程式等实现途径，有利于获取最优教学效果。好的教学设计应由公认有效的教学原则来指导每一个具体教学环节，使教学设计既能准确恰当地适合具体的学习者，又具有更强大、更广泛的适用性，成为同一水平层次教学的共享性教学资源。

初　　级

1. “V 着” 存在句

李　敏

一、相关语法知识

1. 关于存在句

存在句是现代汉语特殊句型之一，表示某处/某时存在某事物/某人。

基本结构为“处所/时间词语＋动词＋（定语＋）名词性词语”。“处所/时间词语”表示事物存在的空间或时间，为句子主语，同时也是整个句子的话题，其中处所词语占大多数；“（定语＋）名词性词语”表示存在物或人，为句子的宾语，大多具体而无定，结构上一般需要数量结构等定语成分的修饰和限制；句子的谓词部分一般由“有”“是”或“动词＋着”形式构成。

存在句多出现在剧本或小说的布景介绍或写景部分，主要用于引入新信息。

2. 关于表存在的“V 着”句

表存在的“V 着”句中动词表达的基本语义有两种：静态的存在状态或正在持续的动作状态。与表存在的“有”字句不同，“V 着”句的描写性更强，句子对事物或人存在状态的刻画更加具体，表现出事物或人与处所之间的紧密关系，是比较典型的一类存在句。

二、主要偏误类型

“V 着”句习得中的主要偏误如下：

（1） ＊在墙上**挂着**一张他们家的全家福。

（2） ＊窗台**摆着**一盆玫瑰花，是她男朋友送给她的花。

（3） ＊天上在**飞着**一只小鸟。

（4） ＊操场上**站着**运动员，等着接力比赛。

（5） ？公园里**有**很多小孩子，他们在放风筝，天上**有**很多风筝，还**有**小鸟，公园里**有**一个湖，湖上**有**船，人们在划船，湖旁边**有**树，树上也**有**很多小鸟，我喜欢在这个公园散步。

我们把上述偏误归结为以下两种类型：

1. 表层的结构偏误

一是处所表达方式不准确：处所词语前误加“在”，如句（1）；普通名词表处所时，后面缺少方位词，如句（2）；

二是“动+着”已表动作状态，谓语动词前面多加了表示动作进行的副词“在”如句（3）；

2. 深层的应用偏误

一是话题不是处所时，用了“V着”句如句（4）。

二是回避用“V着”句，在表存在的语境中，大量使用“有”字句代替“V着”句，如句（5）。

三、教学及教学设计的主要目的

第一，引导认知“V着”句与“有”字句的不同功能特点——具体描写与简单说明。

第二，帮助学生在巩固存在句的一般要点的基础上，掌握“V着”句中不同类型的动词语义类型反映出的“事物”“存在状态”“处所”三者之间的紧密关系。

第三，引导学习者领会“V着”句与“有”字句、“是”字句不同的功能——“V着”是具体描写，“有”是说明，“是”是判断；了解“V着”句在写景类文章中的使用条件和语境；让学习者理解“V着”句的表达意图为，不仅想让他人知晓某处所存在某事物，还要让其直观地了解该事物的存在状态。

四、主要教学环节步骤的设计

“V着”句并不是学生接触的第一种存在句，因此并不需要在结构的讲解上花太多时间，而应将重点放在认知该句型的语义和功能上。首先，让学生明白“V着”句与同样表存在的“有”字句的区别在哪里，让学生在不同的语境中学会选择合适的存在句来完成交际和表达；其次，让学生认知同一语义类型下的多个动词对不同存在状态的描写，以避免学生只能掌握极少数动词类型的“V着”句，如“坐着”“放着”。

1. 点讲：从理解谓词“V着”与存在状态的关系切入讲解

（1）从功能为简单描写存在的“有”字句引入表静态存在的“V着”句的教学，

让学生认知“V着”的来源——事物的不同存在状态。

（2）用动态图片引导学生认知表动态存在的“V着”句中动词的类别。

2. 教学要点分解点拨及训练

角度之一：处所、存在物相同的语境中，选择不同的动词可以形象地表达出不同的存在状态——静态的“坐/站/躺”（主动存在），“贴/挂、放/摆、装/种”（被动存在），动态的“走/飞/游”（主动存在），“飘/漂”（非主动存在）。

角度之二：不同的存在状态反映出存在物与处所之间的搭配关系——如，“贴”和“挂”的处所都可以是平面，但“挂”的平面一般是非水平的；“走”一般是在路面上，而“游”则是在水里等。

3. 结合语境、情景，指导学习者进行恰当的应用

（1）静态练习：根据图片，用相应的“V着”句描述看到的场景。

（2）表达练习：两人一组活动，一人记忆图片中的房屋布景并用“V着”句进行描述，另一人根据描述画图。

（3）综合应用练习：根据给出的场景和图片，选择表存在的“有”字句、“是”字句或者“V着”句完成两类不同的任务——“做导游（说、介绍）”和“写配图博客（写、描写）”。

4. 布置作业

巩固本课的知识，结合学习者生活实际进行应用性练习。

第一，半开放式的口头练习：看图片，跟朋友说说北京的风景；第二，开放式的写作练习：写一写自己去过的最美的地方。

练习

一、请用“$NP_{处所}$＋站/坐/躺着＋$NP_{人/事物}$”说说你看到了什么？

（1）

（2）

（3）

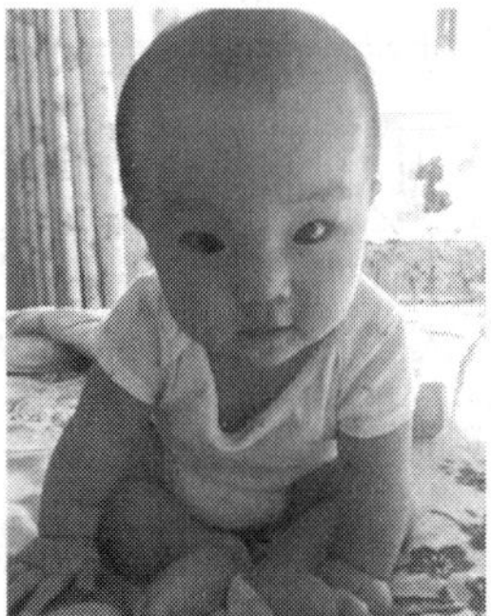

二、请用“$\text{NP}_{\text{处所}}$＋装/种着＋$\text{NP}_{\text{人/事物}}$”说说包里和路边有什么？

（1）

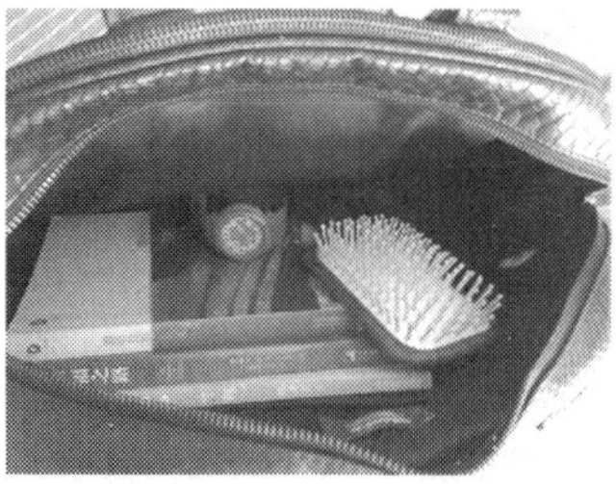

（2）

三、看一看，说一说：桌上“放着”还是“摆着”很多书？

（1）

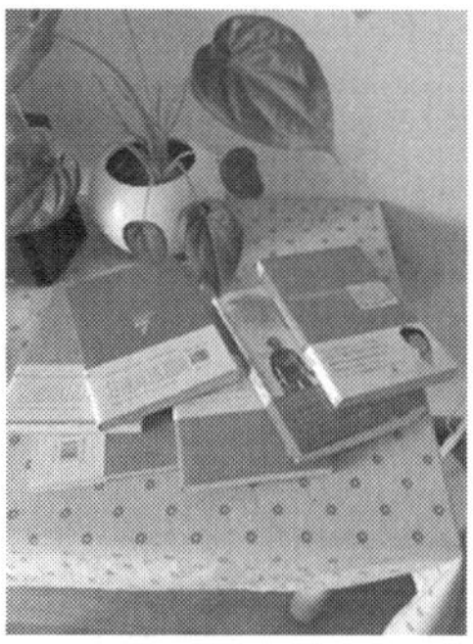

（2）

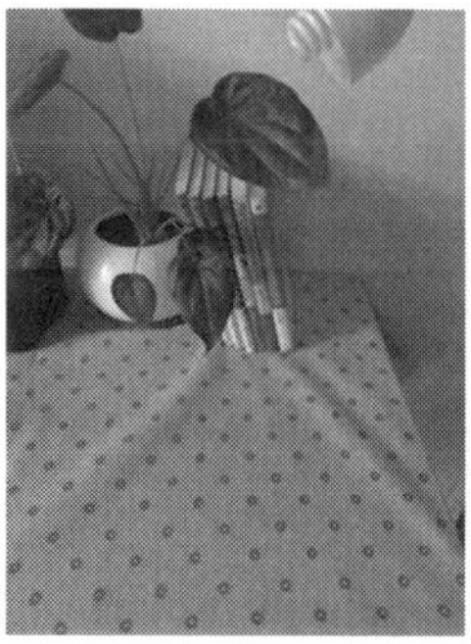

四、两人活动

请你的同桌闭眼，你有几秒钟时间看图片，图片消失后用“$\text{NP}_{\text{处所}}$＋摆/放/挂/贴着＋$\text{NP}_{\text{人/事物}}$”告诉同桌你看到的并请他画下来。比一比，哪一组画得最好？

（1）

桌子（　　）____几个____、一个____。

桌子（　　）____三把____。

（2）

书桌旁边 ________________。

书桌上 ________________。

（3）

我妈妈的柜子特别大，
里面……①

（4）

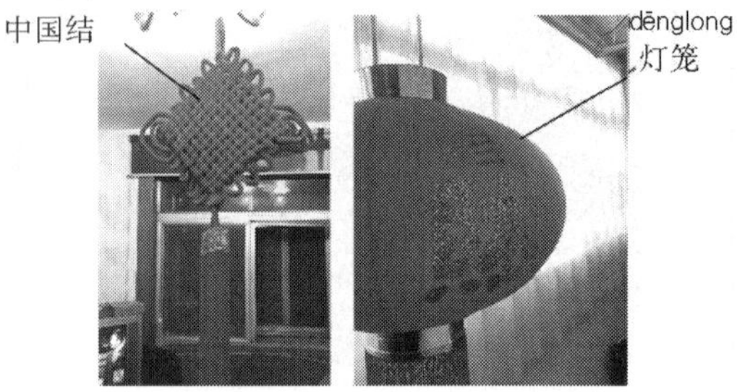

过年的时候，我们家客厅的天花板上……，
阳台的天花板上……，可热闹了。

（5）

我爸爸很喜欢花花草草，
你看，客厅地上……

（6）

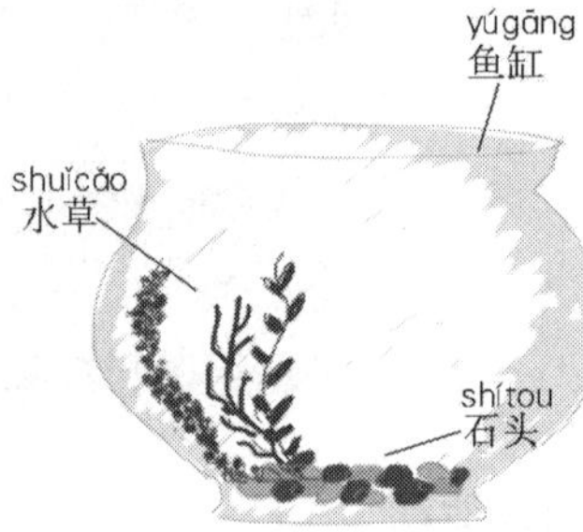

这个小鱼缸里……，
它是我去年买的。

五、图中的风景怎么样？请用“$\mathrm{NP}_{\text{处所}}$＋走/飞/漂/飘着＋$\mathrm{NP}_{\text{人/事物}}$”说说你看到的风景。

（1）

天上

（2）

天上

① 配图来自新浪微博博主腻娃的文章《鞋包收纳》，微信公共号为“ninitalk”。引用经过本人同意。

（3）

河上

（4）

窗外

六、同样的地方，你会选择 A 句还是 B 句完成下面的两个任务？

1. 做导游，向新生介绍这所大学。

A. 这是这所大学里最大的湖，湖西边是一座教学楼，北边是图书馆，图书馆前面有很多树。

B. 这是这所大学里最大的湖，湖西边是一座教学楼，北边是图书馆，图书馆前面种着一排树，树下每天都坐着很多学生，有的人读书，有的人聊天儿。

2. 写一篇配图博客，让更多朋友了解大学里的风景。

A. 这是大中路，路旁是第二教学楼。

B. 这是大中路，路上走着刚刚下课的学生们；路旁是第二教学楼，教学楼前面种着很多花，漂亮极了。

七、选择表存在的“有”字句、“是”字句或者“V着”句完成任务：

1. 做导游，向新生介绍大学的这些地方。

河　学生食堂

河　路灯　树

2. 写一篇配图的博客，让朋友们了解这些地方的风景。

教学楼　总理像

总理像　人　鲜花

作业

请选择合适的结构完成练习：

$NP_{\text{处所}}$＋有/是＋$NP_{\text{人/事物}}$

$NP_{\text{处所}}$＋V［站/坐/躺］着＋$NP_{\text{人/事物}}$

$NP_{\text{处所}}$＋V［装/放/摆/挂/贴/种］着＋$NP_{\text{人/事物}}$

$NP_{\text{处所}}$＋V［游/飞/走/跑/漂］＋着 $NP_{\text{人/事物}}$

1. 你去过北京吗？老师去北京旅游时拍了许多照片，请你向同学描述照片上的风景。

Yíhé Yuán
颐和园

Chángchéng
长城

Hǎidǐ Shìjiè
海底世界

Běijīng Dàxué Wèimíng Hú
北京大学未名湖

2. 你去过的最美的地方是哪儿？请写一篇小文章描写那儿的景色。

要求：100 字以上。

2. “把” 字句

高　阳　卢福波

一、相关语法知识

1. “把”字句的结构和语义

“把”字句属于汉语特殊句式的一种。“把”字句的结构如下：

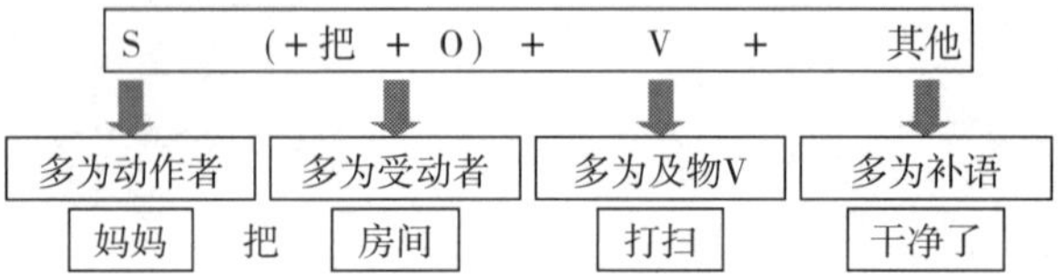

“把”字句的句式语义主要是：通过具体动作给予处置或施加影响，使确指或有所指的某人或某物产生某种结果、发生某种改变或者呈现某种状态：

（1）把**花瓶**放**在桌子上**。（通过“放”，花瓶的位置发生了改变）

（2）他把**饭**吃**完了**。（通过“吃”，饭没有了）

（3）这件事把**他**气**坏了**。（通过这件事的“影响”，他变为很生气的状态）

2. “把”字句各个成分的特点

（1）“把”字句的谓语部分不能是光杆动词，一定要连接其他成分，以表现其改变：

S（＋把＋O）＋V＋其他（补语/动词重叠式/“了”/宾语）

A. V＋结果补语：把黑板擦干净了

B. V＋趋向补语：把手举起来

C. V＋介词短语补语：把书放在桌上/把书递给老师

D. V＋程度补语：把她高兴死了

E. V＋情态补语：把脸冻得通红

F. V＋数量补语：把信读了两遍/把狗关了一个小时

G. V＋宾语：把这个好消息告诉他 / 把书给老师

H. 其他：V（一/了）V：把菜洗洗

V＋了：把钱丢了

注意：“V＋了”对动词有所限制，一般要求动词具有［＋去除］的语义特征，能表现被处置事物的分离或消失等意义。如“吃、喝、丢、掉、扔、摔、关、倒、卖、花、打、洗、摘、脱、忘”等。

(2)“把”字句的谓语动词一般应为及物性动词。对于有些不能连带受事，或本身不能发生处置性、影响性的动词，通常不可以进入“把”字句。例如：

不及物动词：＊把假期休息了/＊把他着想了/＊把妈妈见面了

趋向动词：＊把朋友家去了/＊把火车站到了

感觉类、认知类动词：＊把气氛感觉到了/＊把那件事知道了

判断、存在、所属等动词：＊把礼物属于你/＊把家在了/＊把机会有了

(3)“把”字句的宾语一般是确定的、已知的，即听话人知道具体所指，因此大多数情况下，表受事的名词前不接数量形式；受事是有定的可能接有数量。例如：

请把那本书递给我。(“那本书”是双方都知道的)

老马把你书架上的一本书拿走了，(不是别的书，是老马拿走的那本)。

3.“把”字句的语序

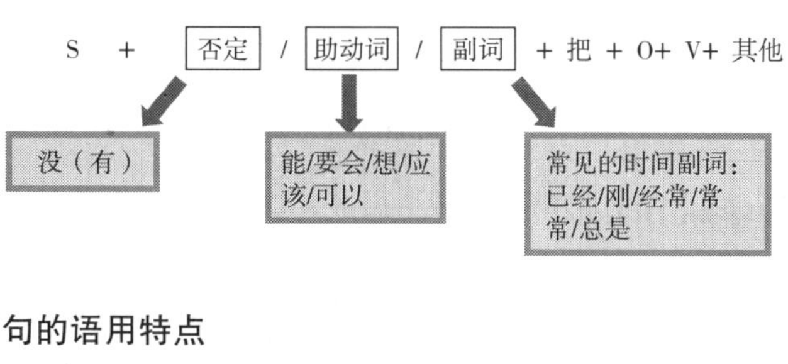

4.“把”字句的语用特点

传信焦点位于句末，重在说明对某个确定或有定的人与事物的处置或影响而形成的结果、改变了的状态。由于宾语是已知信息，被处置或影响成什么样子的成分是未知信息，是表达焦点。突出动作者或责任者，叙述功能、祈使功能强。所以“把”字句常用于以下两种句子类型：一是祈使句（现场感很强），一是叙述句。

二、主要偏误类型

(1) *他把一本书递给我。

(2) *马克把中国来了三次。

(3) *你把这杯茶喝吧。/*你把电脑开吧。

(4) *我放书到桌子上。

(5) *我把卷子没做完就交了。

上述偏误可以归结为以下五种类型：

第一，宾语应该是确指的，该句宾语是无定成分，如句（1）。

第二，动词没有处置意义，如句（2）。

第三，谓语部分是光杆动词或用动作结果替代动作方式，如句（3）。

第四，句义或结构要求用“把”字句而未用。表示动作使宾语发生位置改变类的句子应该用“把”字句，如句（4）。

第五，语序问题。“把”字句中，否定词、能愿动词一般置于“把”前，如句（5）。

三、教学及教学设计的主要目的

第一，认知理解“把”字句的核心要义、重要的使用条件以及由此而形成的基本结构形式。

第二，强调宾语类型：已知、确定、有定；一般不用无定的数量形式。

第三，强调谓语动词的处置性、影响作用以及由此而形成其后表示改变意义的其他成分。

第四，注意否定词、能愿动词、副词在“把”字句中的位置。

第五，理解“把”字句的使用环境、条件，正确掌握运用“把”字句。

四、主要教学环节步骤的设计

1. 点讲并引导学生理解

首先引导学生观察“把”字句使用的具体语用环境，从而理解“把”字句的使用条件、核心要义及形成的意义结构。

什么条件下应该使用“把”字句呢？播放 PPT，出示下面的图片：

妈妈把那件脏衣服洗干净了！

爸爸把宝宝逗笑了。

通过图片以及引导点讲，让学生理解什么是有所指的事物、具体动作以及使改变的情况，然后做总结：

“把”字句最重要的条件：

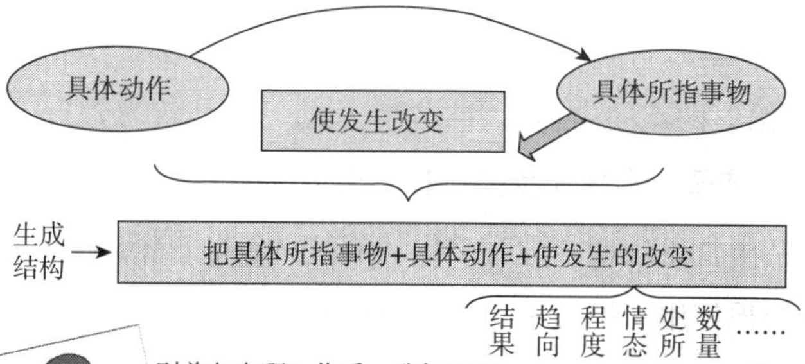

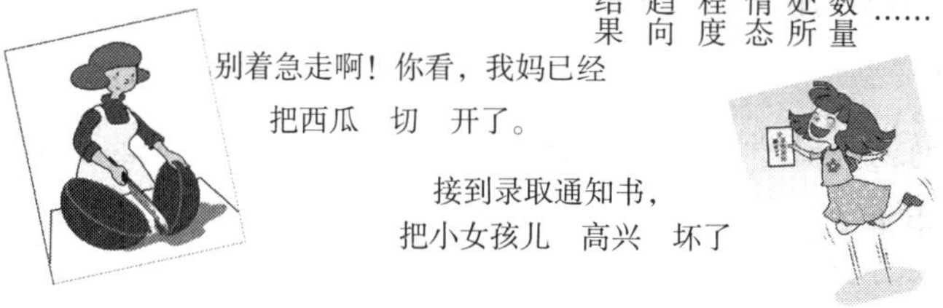

其次，以两种基本结构类型为例，让学生具体认知理解“把”字句的意义及结构形式。

A. S＋把＋O＋V＋结果/趋向

B. S＋把＋O＋V＋在/到＋场所

让学生通过观察分解了的擦黑板、放花瓶的具体动作，侧重理解其处置义，理解宾语的确指及改变，从而理解所生成的基本结构式。

2. 教学要点分解点拨及训练

第一，认知语境条件，叙述所发生事件的情况。（引导做练习一）

第二，区分“把”字句和一般主动句使用上的差别：“把”字句是强调处置和受事发生变化的句子，一般用于指令和叙述。通过场景指令做动作，并让学生进行描述的方法，让学生在实际活动中体会把字句的使用语境。（引导做练习二。可以教师先发指令，学生做动作，然后学生描述做了什么动作；可以让学生发指令，教师做动作，学生再描述教师做了什么动作；或者让学生两两练习。）

第三，通过观察理解把字宾语的确指或有所指的性质。（图片或实际观察，结构认知）

（引导做练习三、练习四）

第四，通过大量不同类型动词的举例对比，帮助学生认识“把”字句对谓语动词的限制：能使事物发生改变的具体动作动词可以用于“把”字句；不能使事物发生改变的动词不能用于“把”字句。

第五，通过举例、讲解，让学生理解“把”字句否定形式的几种基本情况：“把”字句叙述的一般是已发生的事情，否定句叙述的是到现在还没发生的事实，所以要用“没/没有”否定，不要用“不”；表示假设或意愿的“把”字叙述句可以用“不”；表示不许/不要做什么事，用“别”“不要”否定。

（巩固第四、第五两点的内容，引导学生做练习五、练习六）

3. 结合语境、情景，指导学生进行运用练习

提供三种生活中常见使用“把”字句的语境，通过看图说话、指令动作等，练习准确、得体、恰当地使用“把”字句。（引导做练习七）

4. 布置作业

实际应用性练习，让学生把学到的“把”字句准确恰当地运用到实际生活中。

为了使学生更准确、轻松、有趣地完成这些作业，还给学生提供了程序演示。

练习

一、用“把”字句说一说发生什么事了？

（1）

（2）

（3）

二、用“把”字句发指令，做动作，然后叙述所做的动作。（见课件样例）

三、用"把"字句说一说。

游客：大爷，您看到我们的自行车了吗？我们的自行车找不到了。

大爷：那两辆是你们的吗？它们挡着路了，____________________________。

游客：是我们的。对不起，____________________________________。

游客 A：不好意思，大爷，我怕狗。您可以____________________________吗？

大爷：没问题。

四、判断正误并改正错误的句子。

（1）田中把一件衣服弄脏了。

（2）老师把三本书拿走了。

（3）请把这些书包放到柜子里。

（4）请把一些笔放在桌子上。

五、根据图片提示，完成句子。

（1）

小狗把孩子吓________。

（2）

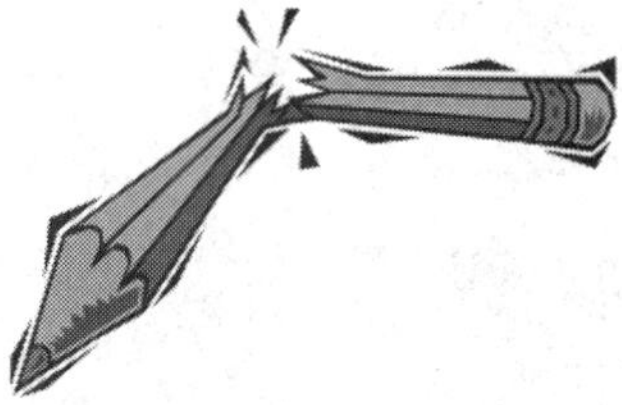

他把铅笔折________。

（3）

妈妈把玻璃________干净了。

（4）

洗衣服时，妈妈先把________放到洗衣机里。

(5)

________把小狗抱走，我要跟它玩。

他们________把小狗抱走，别哭了！

六、改错。

(1) 小明昨天不把作业写完。

(2) 你帮我把手机开吧。

(3) 妈妈把五斤苹果买了。

(4) 你把一张照片拿来了吗？

(5) 请放书桌子上。

(6) 杰瑞克把中国来了三次。

七、看图说话。

1. 快乐海边行。

2. 在机场……

3. 打扫和整理房间。

八、交换空间。

要求：1. 描述图中房间是怎么布置的。2. 如果是你，你会怎么布置？

作业：

分组制作美食小册子，要求介绍一道菜的做法，并展示出图片。

1. 可以观看 YouTube 上的美食视频，然后介绍这道菜的做法。

2. 也可以介绍你们国家传统食物的做法。

例如：

包饺子：

(1) 先把馅儿放在皮儿中间。

（2）再把皮儿捏紧饺子就包好了。

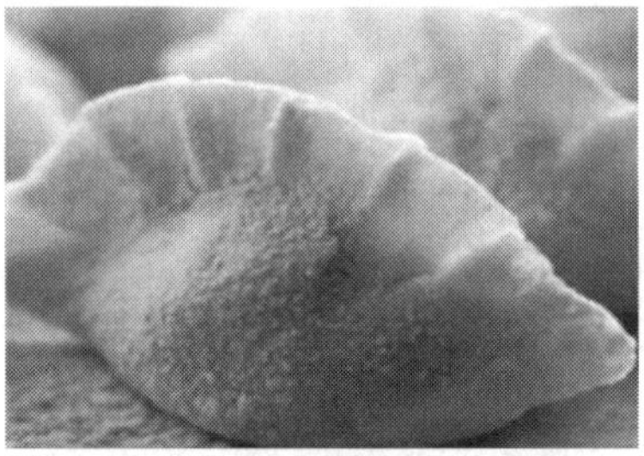

青芒果沙拉：

（1）先把芒果切成小块儿/片儿。

（2）再把酱放在上面一份青芒果沙拉就做好了。

3. “比” 字句

李　敏

一、相关语法知识

1. “比”字句

“比”字句是汉语表达比较的基本句式，由“比”字短语充当状语，用来比较不同事物或同一事物的某种属性在不同时间、不同情况下的差别或高低。

“比”字句一般由两个比较项 A、B 和一个比较焦点 F 构成，焦点 F 是句子的谓语部分，表示比较的结果。例如：

他的汉语　比　我　流利。

A　　　　B　F

2. “比”字句的结构式

“比”字句的基本结构式主要有两种：

一是，A 比 B+a。如：

（1）爸爸比妈妈高。

（2）姐姐的头发比妹妹长。

这一类“比”字句重在通过比较说明 A 比 B 具有什么属性 F，因此此类句式的 F 前不能添加“很/非常”等用于描写属性程度的副词；而表示具有同样性质并更进一层意义的“更/还”则可进入句式。如：

（3）*爸爸比妈妈很高。

（4）姐姐的头发比妹妹更长。

二是，A 比 B+a+［数量］。如：

（5）爸爸比妈妈高一点儿/一些。　（微量）

（6）姐姐的头发比妹妹长多了。　（大量）

（7）爸爸比妈妈高5厘米。　（具体量）

第二类“比”字句重在说明比较项之间属性差别的量度——多少，用汉语时间顺序原则解释其语序，应是先有属性，后有量度，量度是该句式的传信焦点，因此位于形容词之后。

3. “比”字句的一般否定式

客观地表示A与B相比不具有某种属性时，应该用“没有”进行否定，表示A“不及”B。其基本结构为：A没有B+a。

需要注意的是否定式中形容词的色彩：“有”“没有”表示的是一种达标式的比较，即以B为基准进行衡量，所以比较焦点F应具有积极色彩，是希望的、如意的或偏高大方向的。例如：“高、长、聪明”，而不能是“矮/低、短、笨”等。如：

(8) 妈妈没有爸爸高。

(9) *爸爸没有妈妈矮。

(10) 妹妹的头发没有姐姐长。

(11) *姐姐的头发没有妹妹短。

二、主要偏误类型

初级阶段学生习得“比”字句最常见的偏误有：

(1) ？我的年纪比同桌的年纪大。

(2) *我比朋友的房间大。

(3) *她的问题比我__多了。

(4) *李老师年轻比张老师。

(5) *姐姐比妹妹一点儿漂亮。

(6) *这次考试比上次考试非常难。

(7) *这道菜比那道菜不可口。

(8) *这件衣服没有那件短。

上述偏误可以归纳为以下四种类型：

第一，比较项A、B和比较焦点F三要素的缺失或冗余。

A、B两项的信息相同时，在表义清楚的情况下，一般A项保留完整信息，B项省略相同信息，而学生往往不省略，如句(1)；或者相反的，省略了A项信息，导致语义上出现错误，如句(2)。另一种情况是F信息的缺失，如句(3)，句中缺少表示比较性质的词语。

第二，比较焦点F的位置错误。

F位置错误引起的语序问题主要有：其一，将表示比较结果的F错放在“比”之前，如句（4）；其二，将说明属性量度的词语错放在属性之前，如句（5），学生错将数量短语“一点儿”放在了形容词前，造成了错序。

第三，“很”类程度副词等词语的误加。

在形容词前，误加“很”类程度副词等词语，如句（6）。

第四，一般否定式的形式或词语选用错误

使用否定形式时，或者直接否定属性，在形容词前加“不”，如句（7）；或者因没有准确理解“没有”比较句的校准义，误用具有消极色彩的形容词，如句（8）。

三、教学及教学设计的主要目的

第一，引导学习者认知“比”字句的句型意义：“A 比 B+a”比较 AB 两项的属性差别；“A 比 B+a+［数量］”进一步比较属性的量度差别；否定式“A 没有 B+a”比较 A 与基准 B 属性的差距。

第二，帮助学习者掌握“比”字句的结构要点：语序上，比较在先、结果在后，属性在先、量度在后；用来描写的“很”类程度副词等词语不可进入该句式；否定式“没有”句中形容词一般是积极意义的。

第三，引导学习者领会“比”字句的功能要点：三类句式在日常会话中的使用条件和语境各不相同；用“A 比 B+a+［数量］”比较属性的量度差时，模糊量和准确量的使用语境不同；“比”字句具有突出一方优势，以及说明选择理由等交际功能。

第四，通过生动形象的实物和图片、典型常见的生活场景、有趣的游戏和互动性强的活动等，营造贴近真实生活的交际场景，拉近课堂学习与实际使用的距离。

四、主要教学环节步骤的设计

1. 导入：从“比较”概念切入讲解

“看一看，比一比：它们一样吗？”

导入比较要素：两个比较项 A、B，属性 F；导入比较过程：认知 A、B 的 F 不一样——比较 A、B——得到 F 的差别；引入“比”字句。

利用图片，自然导入；通过图片动态路径，直观展示比较项间的差别。

2. 点练基本句式“A 比 B+a”的结构、语义及功能要点

点讲：

引入课件主要对比角色，告知姐妹身份，自然引入“年纪大小”的比较；点讲语义与结构的对应；以练代讲，让学生自行比较“个子高低/头发长短”两个属性。

要点分解练习：

角度之一： 用句式描述图片（练习一）。熟悉句式基本结构，要求学生尽量多用不同的形容词描述同一组事物间的不同属性，每幅图片都可以说出至少两个“比”字句。

角度之二： 用句式组织会话（练习二）。提供情景，请学生比较自己与同桌的东西；给出半开放的话题，要求学生完成表达。

角度之三： 用句式进行交际（练习三）。进入实际交际，通过两个游戏，让学生用句式完成任务，同时活跃课堂气氛。

3. 点练“A没有B＋a”的基本结构及语义

点讲：

通过设定“姐妹中选其一并说明理由”的情景问答，引入“A没有B＋a”的校准义，通过“别的没有我选的好”的典型语境，让学生了解句式中形容词的积极意义。

要点分解练习：

角度之一： 设定情景，了解句式使用语境，巩固形容词色彩要点（练习四）。

角度之二： 选择恰当的句式表达比较（练习五）。提供形容词，让学生根据不同的情景和句式要求选择不同色彩的形容词。

4. 点练基本句式“A比B＋a＋［数量］”的结构、语义及功能要点

过渡与导入：

通过“谁是姐姐、谁是妹妹”的身份问答，复习“A比B＋a”句；通过姐妹准确年纪的问答，引入“A比B＋a＋［数量］”句式；通过两组问答不同语境的对比，引导学生理解，与“A比B＋a”相比，“A比B＋a＋［数量］”具有提供量度差别的句子功能。

点讲：

通过一家三口的身高差，点讲句式的基本结构和句义；通过有无刻度的对比，展示表示量度部分的不同形式——表示模糊量的“一点儿/一些（微量）/多了（大量）”，及表示准确量的“数量（数量短语）”。通过量度的动态路径，演示属性与量度的先后关系——代表量度的词语应该在代表属性的形容词之后。

要点分解练习：

角度之一： 针对偏误操练要点（练习六）。呈现误加“很”及语序类偏误句，通过判断正误巩固语序要点。

角度之二：用句式描述图片（练习七）。熟悉句式基本结构，针对不同场景选用不同的量度表示形式。

角度之三：用句式组织会话（练习八）。请学生比较彼此生日与年纪差别的准确量；提供半开放话题，请学生比较相关属性差别的模糊量。

角度之四：句式选用，区别使用模糊量与准确量进行比较的语境（练习九）。

5. 整合操练两种“比”字句

角度之一：巩固比较三要素——比较项 A、B 及比较焦点 F（练习十）。训练学生寻找、确认比较要素及组织句子的能力。

角度之二：综合操练，选用合适的句式完成交际任务（练习十一）。设计任务，训练学生抓取比较项的能力；让学生掌握在日常交际中，“比”字句具有突出一方优势及说明选择理由的功能。

6. 布置作业

巩固本课知识，结合学习者生活实际和对中国文化兴趣进行应用性练习。

练习

一、看图说话。

A 比 B＋a　a＝快/慢　贵/便宜　多/少　热/凉　厚/薄　大/小

（1）

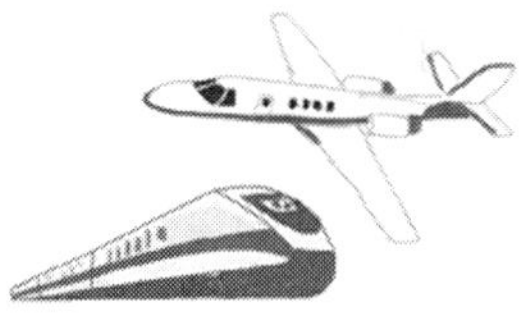

火车　飞机

（2）

大饭店　食堂

（3）

爸爸儿子

（4）

咖啡　可乐

（5）

词典　电子词典

二、两人一组说一说。

A 比 B＋a

1. 比一比你和同桌的东西。

n. 衣服、裤子、鞋、笔、本子、手机、眼镜（glasses）、手表（watch）……

a. 贵/便宜、多/少、热/凉、厚/薄、大/小……

2. 用给出的词语会话。

(1) Q：吃　　还是　　　　　　A：比　好吃/便宜/辣/酸/甜

(2) Q：喜欢　还是　　　　　　A：比　便宜/漂亮/帅

(3) Q：你的汉语　还是　　　　A：比　好

(4) Q：年纪　谁　　　　　　　A：比　大/小

三、小游戏。

A 比 B+a

1. 排一排。

你认识他们吗？你知道他们的年纪谁大谁小吗？请根据下面的句子排顺序。看看谁排得又快又对！

施瓦辛格比成龙大。

皮特比成龙小。

贝克汉姆比成龙小。

皮特比贝克汉姆大。

Chéng Lóng 成龙　Shīwǎxīngé 施瓦辛格　Bèikèhànmǔ 贝克汉姆　Pítè 皮特

2. 猜一猜。

全班分为两组，每轮每组派一位同学猜数字，其他同学用“比”字句帮助他们猜数字。用时更短的一组获胜。(注意：几秒钟后数字会消失）例：

猜：80。

答：不对，它比 80 小。

猜：50。

答：不对，比 50 大。

……

(数字：58，99，25，7……)

四、两人一组说一说。

A 比 B+a　　A 没有 B+a

请用“比”字句跟你的同桌表达称赞和谦虚。例：

A：你比我帅。

B：哪里哪里，我没有你帅。

A：你的汉语比我好。

B：哪里哪里，我的汉语没有你好。

……

五、根据情景选一选。

简单/难　　好吃/难吃　　年轻/老　　漂亮/难看　　聪明/笨

(1) A：你为什么只写拼音，不写汉字？

B：因为______________________。(A 比 B+a)

(2) A：你喜欢吃饺子还是面条？

B：________，________________。(A 没有 B+a)

(3) A：你跟老师谁更了解最近流行的东西？

B：当然是________，因为______________。(A 比 B+a/A 没有 B+a)

(4) A：你只知道逛街、看电影，你看你姐姐，每天看书、运动……

B：是是是，__________，__________，我知道了，你不喜欢我，喜欢她！

六、下面的句子对吗？不对的请改正。

A 比 B+adj+一点儿/一些/多了/数量

(1) 这条河比那条河太深了。　　(　　)

(2) 今天比昨天 5 度热。　　(　　)

(3) 我的男朋友非常帅比她的。　　(　　)

(4) 这个菜比那个菜有点儿辣。　　(　　)

(5) 今天的作业比昨天的比较多。　　(　　)

七、看图说话。

A 比 B+a+一点儿/一些/多了/数量

(1)

大碗　小碗

(2)

动车　普通火车

(3)

哥哥　弟弟

(4)

以前　现在

(5)

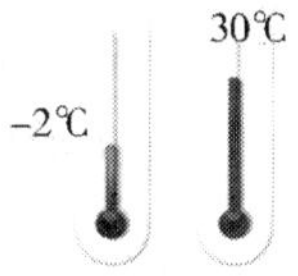

1月　7月

八、两人一组说一说。

A 比 B+a+［数量］

1. 比大小。

说一说你的生日，跟同桌比一比谁大？谁小？大多少？小多少？

2. 两人一组，选择合适的词语完成会话。

（1）Q：天气	今天/昨天？	A：比	冷/热/暖和/凉快	多了/一点儿
（2）Q：汉语	你的/她的？	A：比	好	多了/一点儿
（3）Q：放假	去韩国/去美国？	A：比	漂亮/近	多了/一点儿
（4）Q：买衣服	超市/商店？	A：比	便宜/多	多了/一点儿

九、选择合适的表达完成会话。

A 比 B＋a＋一点儿/一些/多了

A 比 B＋a＋数量

（1）A：你女朋友比老师漂亮吗？

B：____________________。

（2）A：我听说他爸爸的年纪比他妈妈________！

B：是真的，他爸爸比他妈妈________。

（3）A：您好，M 号的有点儿短，L 号的比 M 号的长多少？

B：________________。

（4）A：我们学校的女生好像比男生多，多多少呢？

B：这个……__________________！__________________！

十、根据短文内容说一说：读一读下面的短文，找出可以比较的事物，选择合适的表达比一比。

A 比 B＋a　　A 没有 B＋a　　A 比 B＋a＋一点儿/一些/多了/数量

一朵小花和一棵大树站在河边。小花问："大树，我们做朋友，好吗？""朋友？你又矮又瘦，我不想跟你做朋友！"

春天走了，夏天来了，小花越来越漂亮，许多蝴蝶来到她身边跟她一起玩儿。大树问蝴蝶："为什么你们跟她玩儿不跟我玩儿？你们看，我高高的，还非常强壮！"蝴蝶们说："小花很漂亮，还很友好，她喜欢跟我们做朋友，但是你呢？你喜欢小小的我们吗？"大树听了，说："对不起，小花，蝴蝶，我们一起玩儿吧。"小花说："刚才太热了，现在大树的叶子挡住了阳光，我觉得真凉快、真舒服！"大树高兴地笑了。

十一、小组活动：你和你的朋友都想找一份兼职，谁更有可能得到工作机会呢？请按要求，三人一组完成活动。

A 比 B＋a　　A 没有 B＋a　　A 比 B＋a＋一点儿/一些/多了/数量

1. 准备。

一位同学：公司经理。从小学生外语家教、广告模特、餐厅服务员中选择一个工作职位，制定具体的用人要求。例：

职位——小学生外语家教。

要求——（1）会说汉语；（2）性格外向；（3）会跟小孩子相处，比如玩儿游戏、讲故事；（4）住的地方离公司近……

两位同学：应聘者。写简历，包括基本信息、工作经历、特长爱好等。

2. 公开招聘。

两位应聘者根据公司要求和对方简历展开竞争，说明自己跟对方比的优势，公司经理做出选择并说明理由。

作业

1. 请你拿一张照片，用“比”字句来介绍自己的家人或朋友。例：

这是我的全家福。这是我，我左边是哥哥，哥哥比我高一点儿，也是大学生，他的汉语没有我好……右边是我妹妹，她比我小三岁……

2. 小调查：请你采访两位同学或朋友，然后说一说他们谁更喜欢中国？

	A姓名：	B姓名：	比一比
学了多长时间汉语			
有几位中国朋友			
吃过哪些中国菜			
看过几部中国电影			
会唱几首中文歌			

例：我觉得A比B更喜欢中国。因为A学汉语的时间比B……，还有，A的中国朋友比B……，……；但是，A看过的中国电影没有B……

4. “不”与“没（有）”

汪敏锋

一、相关语法知识

1. 关于否定副词

否定副词是对行为、状态进行否定的副词。现代汉语主要有“不、没（有）、别、甭”等。主要用法和一般副词一样，用来修饰动词或形容词，在句中谓语前做状语，如“他不是留学生”“马克昨天没去学校”等；少数否定副词还可以单独回答问题，如“不、没（有）、别”；“别”和“甭”等还可以用在祈使句中，在句首，表示禁止或劝告，意思为“不要”。如“别抽烟了，这样对身体不好”“甭说了，说了就让人很生气”。

2. 关于“不”与“没”

“不”主要用于否定人或事物的性质属性、对人或事物的判断以及说话人的意愿等，另外还可以否定自然界的某些运动。“不”跟时间过程一般没有必然的联系，但是由于表达意愿的事情主要发生在现在和将来，所以“不”主要用于否定现在和将来，也可以用于过去。

“没（有）”主要用于否定过去某时间内或到说话为止时动作、状态的发生、完成。因此“没（有）”主要用于否定过去和现在。在一定的条件下（如在假设句和表示估计的句子中）也可以用于将来。由于说话人是客观地叙述过去时段过程中的情况，所以“没（有）”的否定带有客观性。

二、主要偏误类型

学习者习得“不”与“没（有）”的主要偏误有：

（1） *来中国以后，还不（**没**）给妈妈打过电话。

（2） *马克没（**不**）喜欢吃中国菜。

（3） *他每天早上都没（**不**）吃早饭。

(4) *他的汉字不写得好(**写得不好**)。

(5) *昨天我跟马克没(**没跟马克**)去看电影。

上面的偏误句可以归纳成以下几个方面:

一是"不"和"没"的混用,对客观事实的否定,用"没",如句(1)。

二是"不"和"没"的混用,"喜欢"是心理动词,属于主观意愿,该用"不",如句(2)。

三是"不"和"没"的混用, "每天早上"说明是习惯性情况,应用"不",如句(3)。

四是"不"的错序,"不写得好"应为"写得不好",如句(4)。

五是"没"的错序,"没"否定的是"跟马克",应位于"跟马克"前,如句(5)。

三、教学及教学设计的主要目的

第一,让学习者了解"不""没(有)"否定的基本结构。

第二,掌握"不"和"没(有)"的句法语义条件。

第三,不能理解"不"和"没(有)"否定焦点,容易造成语序的错误,所以要强化"不"和"没(有)"语义指向的教学。

第四,通过学习,使学习者能够准确地使用"不"和"没(有)",而且能够根据实际语境和情景进行准确恰当的应用。

四、主要教学环节步骤的设计

1. 教学步骤

首先从理解结构入手,结合学生生活实际,通过图片提问、引导学生说出"表示主观意愿的否定"和"客观事实的否定"的目标句(所谓"主观意愿"既包括动作的发出者做某事的意愿,也包括说话者的主观评价和认识。所谓"客观事实"指的是动作的发生、进行、完成,或过去的经历。),从而让学生感知理解"不"和"没(有)"使用的语境及其结构和意义。结合例句,通过对比法分析"不"和"没(有)"的结构和语义特点,根据这些典型的目标句用简易的图式归纳"不"和"没(有)"的结构形式和语义特点。

然后进一步通过目的句感知"不"和"没(有)"的否定焦点,并设置情境,例如给动作行为增加一些修饰性成分,增加其背景信息,让学习者根据不同的情景进行表达。通过情境对比认知"不"和"没(有)"的否定焦点和语义指向方面的差异。

没+VP —— 客观事实（只有一个事实）　　不+VP —— 主观意愿（每个人可能不一样）

我不吃。

我明天也不吃。

我以前不吃，现在吃。

山田不去。

山田明天也不去。

用在『现在、将来、过去』

不+愿意/想/喜欢/可以/会/应该/希望/知道……

另外也要指出“没（有）”也可用在表示假设和估计的句子中，“不”用于“不＋V＋了”。归纳如下表：

	没（有）	不
形式	~+VP ~+adj.	①不+VP —不+想/愿意/应该…… —不+是/姓/像…… —常常/每天……不+VP ②不+adj. ③不……了
意义	客观事实	主观意愿
时间	主要用于“现在”和“将来” 一定条件下用于“将来”	主要用于“现在”“将来” 也可以用于“过去”
提问	VP了/过吗？ adj.了吗？	VP吗？ adj.吗？

2. 教学要点分解点拨及训练

角度之一：“不＋VP”和“没（有）＋VP”意义上的根本区别。

三个要点：(1)“不＋VP”表示“主观意愿”，“没（有）＋VP”表示“客观事实”，提问形式也不同；(2)“不＋VP”用在“现在”与“将来”，也可以用在“过去”；“没（有）＋VP”主要用在“过去”和“现在”，一定条件下可以用于“将来”；(3)“不”的个性用法。

针对教学要点，设计强化结构和理解意义的训练（练习一）。

练习1，操练“不＋VP”“没（有）＋VP”意义区别和时间上的差异。

练习2，操练“不＋VP”和“没（有）＋VP”的提问策略。

角度之二：“不＋adj.”和“没（有）＋adj.”意义上的差别。

针对教学要点，设计强化“不＋adj.”和“没（有）＋adj.”的运用，根据情境，突显“不＋adj.”的“主观评价”和“没（有）＋adj.”的“动态变化”（练习二）。

练习 1，操练“不”和“没（有）”的形式、意义上的区别。

练习 2，操练“不”和“没（有）”应根据语境进行正确的选择。

练习 3，操练“不”和“没（有）”的情景表达和综合应用，操练学习者的交际能力。

3. 布置作业

侧重结合学习者实际的应用性练习，巩固“不”和“没（有）”的运用。

练习

一、结构练习。

1. 说说下面句子对不对，为什么？

（1）这本书我没会买。

（2）这件衣服太贵了，我没买。

（3）昨天你不来，来了就能看到丽丽了。

（4）今天马克有事，不来。

（5）来中国以后，我还不去过长城。

（6）如果明天早上 8 点你还没来，我就走。

2. 根据情境，完成下列对话。

A：昨天你去爬山了吗？

B：昨天下雨了，（　　　　　　　　　　　　）。

A：明天我和马克想去，（　　　　　　　　　　　　）？

B：明天雨更大，（　　　　　　　　　　　　）。

A：那我们（　　　　　　　　　　　　）了。

3. 用“不”或者“没”填空。

（1）这个菜（　　　　）辣。

（2）已经秋天了，树叶还（　　　　）黄。

（3）上海去年冬天（　　　　）冷。

（4）这杯水（　　　　）热。

（5）水还（　　　　）热，还要等一会儿。

(6) 我去年 80 公斤，今年还是 80 公斤，(　　　) 瘦。

(7) 小的时候，我 (　　　　) 可爱，也 (　　　) 漂亮。

(8) 超市 (　　　　　) 远，就在前面。

二、应用练习。

1. 用“不”或者“没”填空。

(1) 我 (　　　) 喜欢太辣的菜。

(2) 他说那个女孩子 (　　　　) 漂亮，可是我 (　　　　) 觉得。

(3) 昨天我 (　　　　) 喝酒。

(4) 18 岁的时候我 (　　　　) 会开车。

(5) 昨天王老师给我的作业我还 (　　　　) 做完。

(6) 她眼睛很大，(　　　　) 像她爸爸。

(7) 他 (　　　) 喝酒，(　　　　) 吸烟。

2. 把下列句子改成否定句。

(1) 昨天晚上我去马克那儿了。

(2) 你应该买这幅画儿。

(3) 马克每天都写汉字。

(4) 苹果红了，可以吃了。

(5) 马克和陈思思国庆节结婚。

(6) 我去过北京长城。

3. 根据下列情景，看图说话。

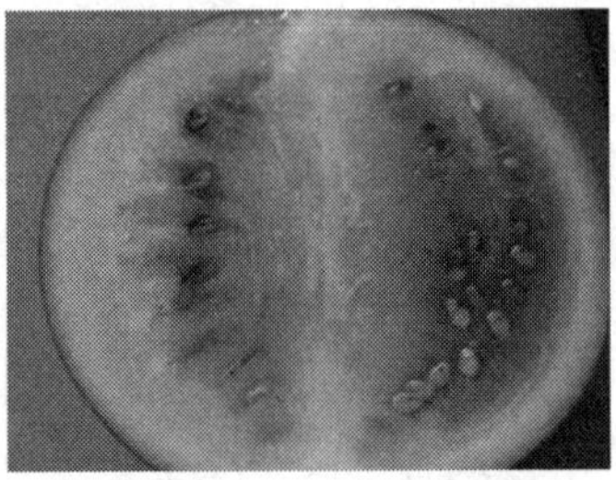

A：一号西瓜大吗？　　B：(________________)

A：西瓜的叶子黄了吗？　　B：(________________)

A：(________________)　　B：这个西瓜没熟。

A：为什么说西瓜没熟？　　B：(________________)

A：你会买一号西瓜吗？　　B：(________________)

作业

在生活中，你常常说出或者听到用“不”或“没”的否定句，请把它们记下来。至少记下五句，然后看看自己用得对不对。

5. “不但……而且……”

姬 瑜

一、相关语法知识

1. 关于连词和联合复句

连词是表示关联作用的词语，是可以连接词、词组、分句或句子等成分，表示某种逻辑关系（如并列、承接、选择、递进、因果、假设等）的虚词。如：因为、所以、虽然、但是、不但、而且……

复句是由两个或两个以上意义上密切相关、结构上互不包含的分句组成的句子。分句之间常用关联词语来标示逻辑关系。联合复句是指各分句间语法关系平等、没有主次之分、处于同一层次的复句。按分句间的逻辑语义关系，联合复句可分为并列、顺承、递进、选择和补释五种类型。

2. 关于连词“不但……而且……”和递进关系

递进关系复句的后一分句在程度、数量、范围、时间等方面比前一分句在意义上推进了一层。这种推进有两种方向，一种是顺递，即顺着前一分句的方向；一种是反递，即向与前句相反的方向推进。

“不但……而且……”联结的是前一种顺递关系，常前后配合使用。“不但”在前一分句中，“而且”在后一分句中，有时可以省去，用“也、还”等搭配。用“不但……而且……”搭配连接的顺递关系，根据句中主语的类型，可以分为两类。前后分句只有同一个主语，则表示其在性质、特征等方面上程度的递变；前后分句有两个不同的主语时，则表示后者与前者情况相似，但更不平常。

二、主要偏误类型

学习者习得连词“不但……而且……”的主要偏误有：

（1） * **不但**这件衣服漂亮，**而且**还便宜。

（2） * 学生**不但**要唱歌，**而且**老师也要唱。

（3） * **不但**男生喜欢踢足球，女生**而且**也喜欢。

（4） * **不但**安娜得了奖，**而且**铃木没得奖。

上述偏误可以归结为以下两种类型：

第一，语序问题。

一是前句主语即为全句的主语时，“不但”放在了句首，如句（1）。

二是前后分句主语不同时，“不但”放在了前句主语后，如句（2）。

三是后句连词“而且”前面出现其他成分，如句（3）。

第二，逻辑关系问题。

前句和后句间不存在递进关系或递进方向不一致，如句（4）。

三、教学及教学设计的主要目的

第一，让学习者了解连词和复句的基本结构功能。

第二，了解“不但……而且……”这组连词和递进复句的特点：在复句中前后搭配使用，连接和标示同一方向顺递的逻辑关系。

第三，“不但……而且……”为连词，“而且”一定处于后句的句首，“不但”的位置与前句主语关系密切，要通过训练强化两个结构的特征。

第四，通过学习，使学习者能够准确地使用“不但……而且……”构成准确完整结构的句子，而且能够根据实际语境和情景进行恰当的应用。

四、主要教学环节步骤的设计

1. 以动态图示结构带入，实例讲解教学

从学生熟悉的生活实例入手，用图示和实例来引入和讲解递进复句的两种递进关系。然后用图片和提示词，引导学生完成两个简单例句，并进行结构归纳。如下图。

归纳总结形成的结构如下：

S＋不但＋adj. 1/V1，（而且）＋（还/也）＋adj. 1/V2
不但＋S1＋adj. /V，（而且）＋S2＋也＋adj. /V

2. 教学要点分解点拨及训练

角度之一：连词“不但”和主语的位置关系。

两个要点：一是前句主语即全句主语时，“不但”在 S 后；二是前后句两个主语不同时，“不但”在 S1 前。

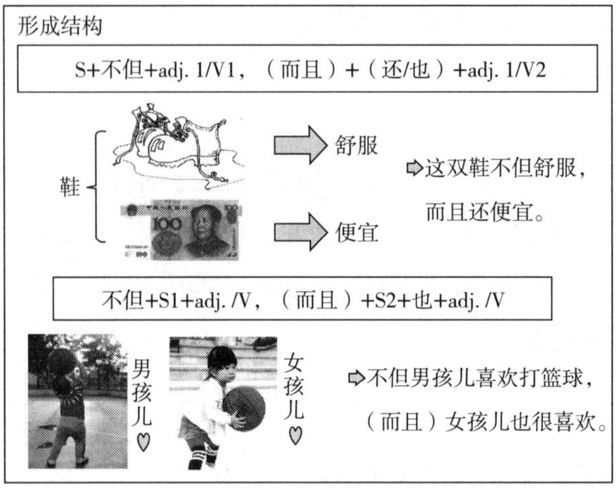

针对教学要点，设计强化结构和理解意义的组句训练。（练习一第 1、3 题）

其中第 1 题操练前后句主语相同与不同的情况下，复句的逻辑顺递关系，根据给出的结构来成句。

角度之二：递进的逻辑关系——突出两个结构各自的顺递关系。

两个要点：一是一个 S 时，前后分句都是对 S 的描述，顺递关系为“好→更好/坏→更坏”；二是前后句两个主语不同时，顺递关系是 S2 的情况比 S1 更不平常。

针对教学要点，设计逻辑顺递关系的理解训练——强调讲练结合。（练习一第 2、3 题）

然后进行前后分句搭配的整合理解和成句训练，使学习者能将前后部分准确自然地整合起来。（练习一第 4 题）

3. 结合语境、情景，指导学习者进行恰当的应用

根据语言、图片等情景提示，准确运用“不但……而且……”进行完成对话、成段描述、改写等练习。（练习二第 1、2、3 题）

4. 布置作业

结合学习者实际的应用性练习，让学生对“不但……而且……”进行恰当的实际运用。

练习

一、结构练习。

1. 把下面 a. b. 两段文字用“不但……而且……”组织成句。

（1）a. 今天下雨了　　　　b. 今天很冷

（2）a. 田中会说日语　　　b. 田中会说英语

（3）a. 迈克考了 100 分　　b. 小林考了 100 分

2. 用“不但……而且……”完成句子，表示出递进的关系。

（1）我们去别的地方吃饭吧……

（2）星期天的超市……

（3）这次运动会……

（4）《红楼梦》这部小说很有意思……

3. 改正错误。

（1）不但他想游泳，而且想打篮球。

（2）他不但会说汉语，而且不会写汉字。

（3）不但上网很有趣，上网而且很方便。

（4）自行车不但方便，而且公共汽车也很方便。

（5）爬完长城，我们不但很累，而且很开心。

4. 完成句子。

（1）大卫**不但**会说英语，________________。

（2）她**不但**喜欢唱歌，________________。

（3）**不但**中国人用筷子吃饭，________________。

（4）感冒的时候，**不但**要吃药，________________。

（5）安娜的汉字**不但**写得正确，________________。

（6）来中国以后，她**不但**____________，而且汉语也说得越来越好了。

二、应用练习。

1. 根据提示，完成对话：

（1）A：大卫，听说你想找一个中国女朋友，为什么呀？

B：因为________________。

（2）A：山田，你打算住在学校宿舍还是外面呢？

B：我想住宿舍，________________。

不过住在外面也不错，______________________。

（3）A：为什么中国人那么喜欢吃火锅呢？

B：______________________________。

2. 根据图画用“不但……而且……”说一说：

（1）

（2）

（3）

（4）这个公园怎么样？

3. 用“不但……而且……”改写下列文字中的画线部分。

对中国的高中生来说，（1）高考是最大、最重要的考试，（2）学生、家长和老师都很重视。考上了大学，（3）孩子们高兴，父母们更高兴。所以，为了实现目标，（4）学生们平常在学校和放假在家都很努力。

作业

用“不但……而且……”说一说你在中国的学习和生活。

1. 你去过中国哪些地方？你觉得这些地方怎么样？

2. 你对中国的交通、文化、饮食、住房等有哪些了解？

3. 你是怎么学习汉语的？你觉得汉语的哪些方面比较难？

6. “的” 字短语

汪敏锋

一、相关语法知识

“的”字短语是将助词“的”附在别的词或短语后用来指称人或事物，其作用相当于一个名词，在句中主要做主语和宾语。但“的”字短语与具体的名词不同，“的”字短语已将具体的人或事物“类化”，可以进入上位语义场，指称某类人、某类物，或描述某种人、某种物，具有“指称”功能。

结构上，加在“的”字前的成分主要是名词、代词、区别词、形容词或形容词性短语、动词或动词性短语等，“的”字后面没有中心词。

语义上，“的”字短语可以表示动作的发出者、承受者，物体的领有者，性质特点的所属者，通过特征、材料、性质、功能等来指称物和人。

语用上，“的”字短语是话语简约化的结构，在上下文中，或为了避免重复，或是可以意会，所指事物并没有说出来，具有很强的语境依赖性，是语境的产物。在使用“的”字短语时，要注意所指人和事物清楚明确，避免歧义或费解。

二、主要偏误类型

学习者习得“的”字短语的主要偏误如下：

（1） *你**吩咐地**（的）我照办。

（2） ***他的**（爷爷）会唱京剧。

（3） *山本喜欢**美丽的**（杭州）。

（4） *泰国的天气比较热，比较冷**中国的**。

（5） ***我说的话**（我说的）都是**真的话**（真的）。

（6） ***买的**很多。

上述偏误可以归结为以下四种类型：

第一，混淆“的”与“得”“地”，不能很好地鉴别“的”字短语，如句（1）。

第二，未能理解“的”字短语的“类化”功能，将“的”字定语等同于“的”字短语，入句时，随意省略中心词，句（2）（称谓）、句（3）（处所）等不能省略。

第三，对“的”字短语的“指称”功能认知不够，误将“的”字短语充当主语、宾语之外的其他成分，如句（4）；而且该用“的”的短语时，却没用，结果导致重复，不够简练，如句（5）。

第四，“的”字短语指称不明确，表意不清楚，如句（6）。

三、教学及教学设计的主要目的

第一，让学习者了解“的”字短语的基本结构。

第二，掌握“的”字短语的名词性句法功能——做主语和宾语。

第三，“的”字短语是话语简约化的结构，用来指称某类人、某类物，或描述某种人、某种物，具有类化功能，所以要强化区别“的”字短语与“的”字结构做定语间的差异，加强“的”字短语类化功能的认识。

第四，使学习者能够准确使用“的”字短语组成正确完整的句子，而且能够根据实际语境和情景恰当运用。

四、主要教学环节步骤的设计

1. 从理解结构入手，通过图片或课堂提问切入讲解教学

首先，从容易感性理解的衣服的颜色入手，通过课堂情景、图片演示，引导学生根据事物的颜色、材料、大小、使用季节及场合给事物分类。让学生感知理解“的”字短语使用的语境及其结构和意义。根据这些典型的目的句用简易的图式归纳“的”字短语的结构形式。

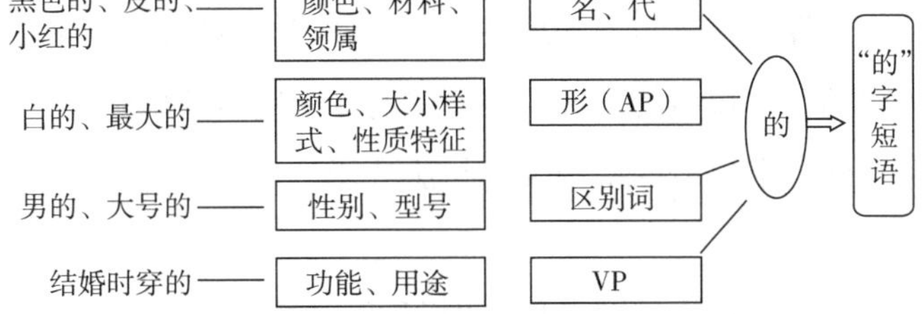

注意：“状态形容词＋的”（“红红的、干干净净的”等）不是“的”字短语。

然后，进一步通过目的句感知“的”字短语的句法功能，并设置情境，例如把实物或人分成若干类，要求学习者用“的”字短语表达。通过情境，认知“的”字短语

的“类化”“指称”功能，明确“的”字短语是话语简约化的结构。根据语境，中心词一般为已知信息或说话双方已经意会，为了简练，不用说出，如果需要说出中心词，做主语时可以将其置于“的”字短语前（见 S1），做宾语时，可以置于“的”字后（见 S2）。归纳如下表：

例句 1	（苹果）红的		很甜。	
S1	（名词）“的”字短语		动词性/形容词性词语	
句法位置	主语		谓语	
例句 2	我	要买	（一点儿）	吃的。（吃的东西）
S2	代词或名词	动词性词语	（数量）	“的”字短语
句法位置	主语	谓语（中心）	（定语）	宾语

根据“的”字短语的句法功能，注意区分“的”字短语与名词的差别，如下图：

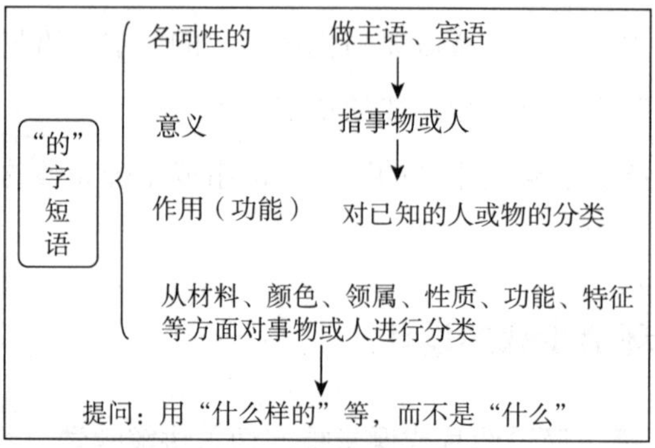

2. 教学要点分解点拨及训练

角度之一：“的”字短语与非“的”字短语的区分。

三个要点：第一，“的”字短语由两个部分组成，相当于名词性单位；第二，“的”字短语与非“的”字短语的区别；第三，“的”字短语的对已知事物或人的类化指称功能，其提问形式和名词的提问形式不同。

针对教学要点，设计强化结构和理解意义的训练。（见练习一第 1、2、3 题）

练习 1 操练“的”字短语的形式及与非“的”字短语的区别。

练习 2 操练“的”字短语的结构及其句法功能，掌握“的”字短语在句中的分布情况。

练习 3 操练“的”字短语的“类化”“指称”功能及与名词不同的提问方式，掌握“的”字短语使用的语境。

角度之二：“的”字短语的语用条件。

针对教学要点，设计强化“的”字短语的运用，根据情境，突显“的”字短语的语用条件——指称的人或物一般为已知信息或可以意会的。而且“的”字短语具有“类化”“指称”及“简约”功能。（练习二第1、2、3题）结合语境，指导学习者进行恰当的应用，根据语言、图片等提供的条件、情景，构成得体、准确、完整的句子，在实际生活中准确运用“的”字短语。

3. 布置作业

侧重结合学习者实际的应用性练习，巩固“的”字短语的运用。

练习

一、结构练习。

1. 下面句子里有没有“的”字短语，如果有请在下面画线，并说明为什么？

（1）这本书是马力的。

（2）她的脸红红的，很可爱。

（3）妹妹喜欢那些红色的。

（4）别着急，他会来的。

（5）马克买了一件漂亮的衣服。

（6）我要去超市买一些吃的。

2. 请用“的”字短语完成下列句子。

（1）这台电脑都是（　　　　　　　　　　）。（名/代＋的）

（2）水果（　　　　　　　　　　　　　　）好吃。（AP＋的）

（3）马克的衣服是（　　　　　　　　）。（名/VP/AP＋的）

（4）在那儿（　　　　　　　　　　）是我的同学。（VP＋的）

（5）要学好汉语，（　　　　　　）是多听、多说。（AP＋的）

3. 根据情境，完成下列对话。

情境一：

A：（　　　　　　　　　　　　）？

B：我去买衣服。

A：（　　　　　　　　　　　　）？

B：冬天穿的。

情境二：

A：（在商场）妈妈，我想去买个手机。

B：那边有，我们去看看。

A：这个黄的很好看。

B：但是要5000多，有点儿贵，我们买个（　　　　　），行吗？

A：好吧，那我们可以买（　　　　　）？

B：2000左右的吧。你看，这是1800的，那是（　　　　　），你选一个吧。

A：这个2100的很好看，就买它了。

二、应用练习。

1. 请用"的"字短语说出图片中的物和人。

（1）

（2）

2. 看图说话。

这里的游客很多，生活很丰富。请用"的"字短语把这里的人分分类。

3. 根据图画用“的”字短语表述图中的事物和人（至少 3 个“的”字短语）：

（1）

（2）

作业

下课后去食堂仔细看一看食堂里的人和东西，人有哪几种，菜有哪几类，你喜欢哪一类？根据自己的实际情况或看到的情况，用“的”字短语说一说。

7. “跟……一样”

雷　航

一、相关语法知识

1. 关于介词

介词的作用是介引，主要跟名词性词语组成介词短语，为动作、状态介引相关项，如：时间、处所、对象、方式、路径、条件、依据等。所以介词后的成分应具有名词性。

2. 关于介词“跟”

介词“跟”与一般介词的基本功能一样，是汉语中使用频率较高、义项较多的介词之一，有表示共同、协同、指示与动作有关的对方等作用。

在“A 跟 B 一样”结构中，介词“跟”的作用是引介同比比较对象。因此，其中心语必须是表示人或事物的名词性的词或短语。

二、主要偏误类型

学习者习得“A 跟 B 一样”结构的主要偏误有：

(1) ＊我的成绩比他的一样好。

(2) ＊汤姆的爱好一样跟我的。

(3) ＊小刚跑跟玛丽跑一样。

(4) ＊我高跟他高不一样。

(5) ＊我的衣服跟她的衣服一样颜色。

(6) ＊这部电影跟那部电影一样特别好看。

(7) ＊我跟他一样不开心。

上述偏误可以归结为以下五种类型：

第一，语序问题。学生没有掌握“A 跟 B 一样”的正确结构，导致语序出现问题，如句（1）。

第二，不用介词“跟”引介比较对象。学生误用其他介词代替结构中的介词“跟”来引介比较对象，如句（2）。

第三，比较双方不是名词性质。“A 跟 B 一样”结构中，要求比较双方必须是名词性质的，学生往往使用其他性质的成分，如句（3）中的“跑”是动词性质，句（4）中的“高”是形容词性质，两者都不能作为比较双方出现在句中。

第四，比较的角度在句中位置不当。学生常常将比较的角度放在结构之后，造成偏误，如句（5），学生错将比较的角度“颜色”放在了“一样”之后。

第五，误加副词。在“一样”和形容词之间多余使用副词修饰，如句（6）、（7）。

三、教学及教学设计的主要目的

第一，让学习者了解介词“跟”引介比较对象这一基本功能。

第二，了解“A 跟 B 一样”的基本结构和含义，即表示两个人或两个事物在某方面相同。掌握结构的否定形式（“A 跟 B 不一样”）和常用的疑问形式（“A 跟 B 一样吗?”“A 跟 B 一样不一样?”）。

第三，了解比较的双方应为名词性结构，并能够正确选择表示比较角度的词语在句中的位置。

第四，使学习者能够准确使用“A 跟 B 一样”结构，而且能够根据实际语境和情景进行恰当的应用。

四、主要教学环节步骤的设计

1. 从基本结构入手，切入讲解教学。

首先展示图 1，直观、感性地引导学生理解两者一样的含义，给出例句，总结基本形式结构：

A 跟　　B　　一样

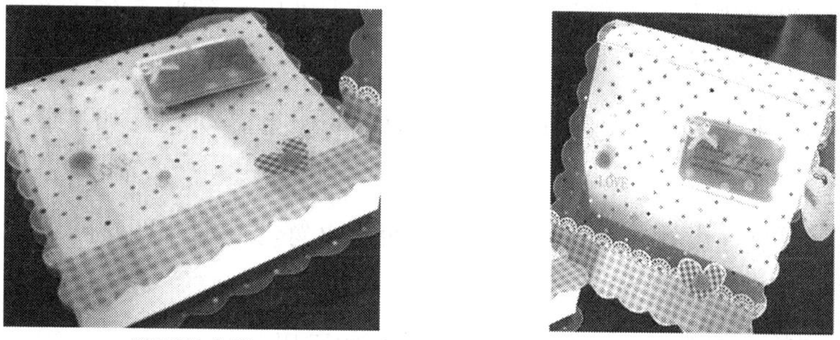

玛丽的本子　　　　老师的本子

图 1

然后，展示图2，点拨学生将肯定形式变为否定形式：在一般情况下，用“不”来否定。

图2

最后，引导学生总结出基本结构的疑问形式：A跟B一样吗？（“吗”字疑问句）、A跟B一样不一样？（正反疑问句）。

通过练习一进行巩固。

2. 教学要点分解点拨及训练

角度之一：A和B是表示人或事物的名词性结构。

由于这一结构表示的是A、B两者的比较，因此，A和B必须是表示人或事物的名词性结构。

针对教学要点，设计修改病句的训练（练习一第2题），强化学生对比较双方的名词性质的认识。

角度之二：比较角度的位置。

在比较两个人或事物的某个角度时，表示比较角度的词语只能放在A或B的后面，不能放在句末。

针对教学要点，设计突出比较角度位置的训练（练习一第3题）。

角度之三：与形容词或动词的结合。

“A跟B一样”后可接形容词或动词，但是形容词或动词不可受到副词（如“很、非常、特别”等）的修饰。

在形容词的使用上，一般选择可以测量的或可以看到状态的形容词，如“高、远、贵、干净、漂亮”等。

在动词的使用上，一般选择心理动词或部分能愿动词，如“喜欢、爱、会、能”等。

针对教学要点，设计判断正误的封闭式练习（练习一第4题）和看图完成句子的半开放式练习（练习一第5题）。

3. 结合语境、情景，指导学习者进行恰当的运用

根据语言、图表、图片等提供的条件、情景，准确运用“A跟B一样”结构，

构成得体、准确、完整的句子。（练习二第 1、2、3 题）

4. 布置作业

侧重结合学习者实际的应用性练习，让学生把介词“随着”准确恰当地运用到实际生活中。

练习

一、结构练习。

1. 根据下列两个句子进行问答。

（1）玛丽的生日是 5 月 11 日。夏娃的生日也是 5 月 11 日。

问：________________________________？

答：________________________________。

（2）弟弟的爱好是踢足球。哥哥的爱好是打篮球。

问：________________________________？

答：________________________________。

（3）莉莉的口语成绩是 95 分。琳娜的口语成绩是 90 分。

问：________________________________？

答：________________________________。

2. 改正下列句子中的错误。

（1）小刚跑跟玛丽跑一样。

______________________________。

（2）我高跟他高不一样。

______________________________。

（3）玛丽喜欢蛋糕跟莉莉一样。

______________________________。

（4）我写跟李雷写不一样。

______________________________。

3. 请比较小红和玛丽有哪些一样的地方和不一样的地方。

例如：小红跟玛丽头发的长度不一样。

4. 判断下列句子的正误。

(1) 我家跟他家特别一样干净。 (　　)

(2) 白色的小狗跟黑色的小狗一样可爱。 (　　)

(3) 她跟妈妈一样会做中国菜。 (　　)

(4) 我跟她一样不喜欢听音乐。 (　　)

5. 根据图片完成句子：

(1)

小红跟玛丽__________。

(2)

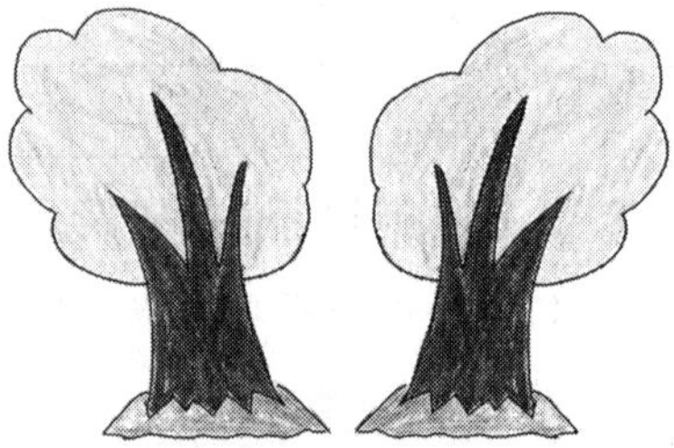

左边的小树跟右边的小树__________。

(3)

小明的衣服跟小刚__________。

二、应用练习。

1. 请描述下列两个表格中相同或不同的地方。

姓名	山本惠子	性别	女	年龄	23	国籍	日本
年级	初级 1			班级	2 班		
成绩：听力　95 分　笔试　89 分　口语　90 分							

姓名	渡步一郎	性别	男	年龄	23	国籍	日本
年级	初级 1			班级	3 班		
成绩：听力　90 分　笔试　80 分　口语　90 分							

2. 看图说话。

（1）

（2）

（5）

（3）

（4）

3. 课堂活动。

学生两人一组，每组的两个人互相采访，采访内容包括：国籍、爱好、学汉语的时间、喜欢的颜色和食物、生日、年龄等等。采访完毕分别向全班汇报两人相同和不同的地方。

作业

描述你的国家与中国一样和不一样的地方，至少写出五个句子。

8. “还是” 与 “或者”

卢福波　Lisa Huang Healy

一、相关语法知识

1. 关于连词

连词是汉语虚词的一种，它可以连接词、短语、句子等，表示二者间的逻辑关系。如：“炒菜及饮品”，连接的是词，表示的是并列关系；“她虽然没有同意，但是也没有反对”，连接的是句，表示的是转折关系。

2. 关于“还是”与“或者”

“还是”与“或者”都是连词，都可以连接两个或多个形式或语义相近的并列成分，这个并列成分可以是词，也可以是句，但表示的都是选择关系。二者在意义及功能上还有一定的差别。

最常用的一种情况是：“还是”主要用于疑问，对两种或多种情况是哪一种不确定，让听话人从中选择一项。因此，答话人的答话通常是“还是”所连接的两项或多项中的一项。例如：“你去学校还是回家?”——“我回家。”在陈述句中，如果是在表示对二者的不知道、不清楚、不明白，也可以使用“还是”。例如：“我不知道你想去还是不想去。”

“或者”主要用于陈述句，通常在说两者都可以，所以句中常常可用“都”。例如：“包子或者饺子都可以点。”

二、主要偏误类型

学习者习得选择连词“还是”与“或者”时的主要偏误有：

(1) *什么时候去？——今天还是明天都行。

(2) *你喝咖啡或者茶？我帮你取。

(3) *我不记得他姓张或者姓李了。

上述偏误可以归纳为以下两种类型：

一是将“或者”与“还是”混淆。如句 (1)，答句是确定的，不是疑问或疑惑，应该选用“或者”。句（2），说话人不知道对方想喝什么，是疑问的，应该选用“还是”。可见，学习者把这两种用法混淆了。

二是陈述句表示疑惑心理时，应该选用“还是”，误认为陈述句就都要用“或者”。如句（3），这是学习者泛化的学习策略造成的偏误。他们简单地认为，疑问句就都用“还是”，陈述句就都用“或者”，没有注意到有的陈述句是复杂结构，它的宾语是不清楚、不知道、不明白等词语的连带成分，这部分的内容是非确定的，有疑惑的，所以也应该使用“还是”。

三、教学及教学设计的主要目的

1. 教学目的

第一，区分“或者”“还是”的语义，掌握其不同的功能用法，以便区别使用。

第二，使学习者能够准确地使用“或者”“还是”构成结构完整、语义恰当的句子，而且能够根据实际语境和情景合理使用。

2. 教学重点、难点

重点：区分“或者”“还是”的语义，可以区别使用。

“还是”与“或者”需要从语法角度和语义角度进行分析，不能仅靠句式是疑问句还是陈述句来做判断，而是看语义指向哪里。

比较分析各种句式中“还是”“或者”的使用，让学生体会和理解两者语义指向的不同。

3. 教学基本策略

第一，利用图片导入，对比讲解。

第二，启发学生根据对话和用例归纳、总结“或者”与“还是”的区别。

第三，设置具体语境进行强化训练。

四、主要教学环节步骤的设计

1. 导入

首先，利用图片导入，让学习者认识两项同属性事物：国籍、水果、饭等。然后，对比使用，让学习者观察其不同——“还是”：问句（疑问句）；“或者”：答句（陈述句）。在此基础上，启发学生根据对话、用例对“或者”与“还是”的区别点进行归纳、总结——包括意义、结构、用法，教师择要讲解。

2. 讲练

针对“或者”与“还是”的基本意义、结构和用法进行应用训练——对话、游戏。

3. 举例点讲

针对“或者”与“还是”都可能出现在问句或陈述句里，通过举例点讲，让学习者了解不同功能的问句或答句（陈述句）等对“或者”与“还是”的选择。

4. 应用训练

针对所学要点，进行语句全面训练和应用训练。

5. 布置作业

练习

一、阅读下面的对话，选择“还是”“或者”填空。

A：你周五晚上想做什么？

B：听音乐________看电影吧。

A：我们一起去看电影怎么样？

B：好啊！

A：你想看中国电影________美国电影？

B：中国电影________美国电影都行。

A：我去你家找你________在电影院等你？

B：你在电影院等我吧。

二、学生两人一组扮演朋友聊天，了解彼此的爱好。

	茶		咖啡
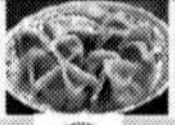	饺子		米饭、菜
	跳舞		唱歌
	工作		旅游
	洗衣服		收拾屋子
	打篮球		滑滑车

三、选择“还是”“或者”填空。

（1）小丽没想好今天穿裤子________穿裙子。

(2) 这周有报告________讲座吗?

(3) 你到底去________不去?

(4) 你知道吗? 他们是学生呢? ________公司职员呢?

(5) 他还没明白张总是乐意帮他________有别的意思。

四、判断正误。

(1) 你有哥哥还是姐姐吗? ( )

(2) 明天的比赛我或者米奇都可以参加吗? ( )

(3) 周末他们打算去看海还是去爬山。 ( )

(4) 你打算租房子住呢? 或者在宿舍住呢? ( )

(5) 我不知道这个问题的答案是A还是B。 ( )

(6) 昨天是谁到车站接的你? 家人或者朋友? ( )

五、两人一组,根据下面的内容用“或者/还是”会话。

(1) 这个周末

去商店买东西/去朋友家聊天儿

(2) 怎么去机场

坐地铁/打车——都方便

(3) 下个月去哪儿旅行

去中国/去日本——还没定

(4) 明天谁去机场接高老师

不清楚——王朋/李友

六、游戏——猜水果。

1. 将学生分为A、B组。
2. 先由A组派一位学生上台,老师给台上学生看一张水果字卡(谜底)。
3. 台下同学提问:它是________的,还是________的?
4. 台上代表回答:它是________的或者________的 。
5. 最快猜出答案的组别可得一分。
6. 猜出答案后,换B组派代表上台抽谜题。

作业

你喜欢做什么? 周末有什么打算? 将来做什么工作? 用“或者/还是”跟你的同学或朋友聊一聊。

9. 表时助词“了”与“的”

卢福波

一、相关语法知识

汉语的时态助词主要指——“了”“着”“过”。在表时上，“了”主要用在谓词后，表示动作完成或动作、状态出现变化。但是，汉语本体研究中，对“了”的语法意义的认识还存在一定分歧，汉语教学中的处理也不尽一致。考虑到汉语教学的基本原则是从简，所以我们在这里打破常规分类系统，将句末“了”（通常划入语气词）也纳入此部分一并处理。

此处将句中、句末“了”一并处理，截取的是它与表时的“的”相对立的一面，也就是学习者对二者容易发生混淆之处，并不去关注句末“了”的体意义及结句语气。

关于“的”，按照汉语本体研究的一般分类，也比较麻烦。本处讲到的“的”按照一般分类，应该隶属语气，可是本处讲到的“的”常常并不位于句末，而且过去时间是它出现的强制条件，因此，本处不打算研讨它的类属，截取它与表时“了”相对立的一面，一并称为“表时助词”。

关于表时助词“了”与“的”。它们在使用上有共同特点，即都与动作或状态发生的过去时间有关，但是，它们的功能性质截然不同。“了”表示的是从未完成到完成、未发生到发生的改变，所以它是对于事件的客观叙述，属于客观事件性的，反映在功能上，当然就是叙述性的；“的”不是用来叙述的，它总是对过去时间里发生了的动作或状态的相关某点进行说明，所以它的功能性质是说明性的。

二、主要偏误类型

学习者习得表时助词“了”与“的”的主要偏误有：

(1) *你怎么来了？（看到对方来了，想问来的方式）——打的来了。

(2) ＊（看着手里的东西）真漂亮啊！你在哪儿买了？——在北京琉璃厂买了。

(3) 大卫怎么没来上课？——＊他去医院看病的。

(4) ＊我不跟他们一起去的。我妈妈来的，我要陪妈妈。

上述偏误可以归结为以下两种类型：并不是向听话人讲述一个未知事件而误用了“了”，如句（1）、句（2）。讲述一个听话人未知的事件或发生了改变的事件而误用了“的”，如句（3）、句（4）。

总之，学习者将二者混淆的一个最大问题是，二者都是在说以前发生的事情，为什么有时候用“了”，有时候用“的”具有很大的疑惑，因为不明白而造成混淆。

三、教学及教学设计的主要目的

第一，帮助学习者着重理解表时助词“了”与“的”最易混淆的功能属性问题。

第二，帮助学习者具体区分和把握“了”与“的”的使用条件。

第三，使学习者能够准确区分和使用表时助词“了”与“的”，而且能够根据实际语境和情景进行恰当的应用。

四、主要教学环节步骤的设计

1. 教学导入

首先通过问题引发学习者对“了”与“的”使用中的问题加以关注。出示下面的句子：

上个月，他一个人去了西藏。

上个月，他一个人去的西藏。

请学习者思考：两句是否一样？如果不一样，哪里不一样？有什么不一样？以此促使学习者关注并思考二者形式的不同和意义的差别。

2. 学习、理解步骤的展开

通过有步骤的图示的展开，让学生一步一步理解“了”与“的”构句后的相同与不同。如下图（见下页）。

然后，总结并强调“了”与“的”功能差异和使用条件：

讲述听话人不知道的已发生事件或改变了的状态，用“了”；听话人已知某个已发生或改变了的事件/状态，说明、告知其发生的时间/地点/方式/原因/目的等，用“的”。

最后，结合一个具体实例，帮助学习者理解什么是“A 讲述一件 B 不知道的事

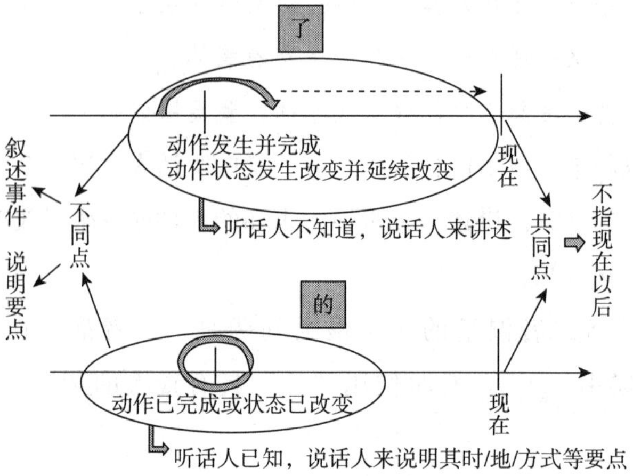

情”；什么是“B已知A所做的事情，但不知具体地点/方式”等。

3. 结合语境、情景，指导学习者进行恰当的应用

首先，设计练习帮助学习者区分“了”与“的”。

其次，设计练习帮助学习者辨析并改正“了”与“的”使用偏误。

然后，在以上两种练习的基础上，进一步设计练习让学习者根据前后文语境，准确选择“了”与“的”进行构句、完句；

最后，设计应用性的动态练习：根据图画内容，两人一组，用“了”或“的”完成对话。

4. 布置作业

侧重结合学习者的生活实际来对“了”或“的”加以选择应用。

练习

一、看看下面的句子，该用“了”还是该用“的”？

（1）这幅图画得真好，谁画________？

（2）我上个月去上海出差________。

（3）他一个人去________上海。

（4）你昨天晚上干什么________？我打电话你不在家。

（5）外面雪很大，路上还有车吗？你怎么来________？

（6）张伯伯帮我找________这份工作。

（7）我今天做________一件好事，帮________小李一个忙。

（8）你什么时候告诉她________？她怎么没说呢？

二、看看下面的句子对不对，不对的请改正：

（1）这篇文章是我昨天写了，你帮我看看好吗？

（2）A：这两天你怎么没来上课？

B：我妈妈生病住院的，我去医院照顾她的。

（3）上个星期我看了一个非常有意思的电影。

（4）这本书是他借给我了。

（5）哦，那件事是我告诉他了。

（6）A：刚才我来过一趟了，你不在。

B：哦，刚才我去洗手间的。

三、用括号中的词语，配合“了”或“的”完成对话：

A：这张照片照得真好，这是__________？（哪儿）

B：你不知道吗？我上周末去__________。（北京八达岭）

A：是吗？你__________？（一个人）

B：不是，和____________。（几个外国朋友）

A：你们__________？（怎么）

B：我们__________。（自己开车）

A：____________？（谁开）

B：____________。（我）

A：你会开车吗？

B：当然了，上个月__________。（刚拿驾照）

四、根据图画内容，两人一组，用“了”或“的”完成对话。

要求：每图至少说两个回合，每个回合都要用“了”或“的”。

（1）

（2）

（3）

（4）

（5）

（6）

作业

1. 跟你的朋友聊一聊上周末你们做了什么事以及做这件事的具体时间、地点、原因、方式等等。

2. 介绍一个一年以来你认为最有意思的事情或活动，具体说说这件事情或活动发生的时间、地点、原因、方式、相关人员等等，然后请你把它写下来。

10. “吗”和“吧”

门舒弢

一、相关语法知识

1. 关于语气词

使用频率最高的语气词大体有六个：了、的、呢、吗、啊、吧。根据以往的教学经验，学习者对语气词“吗”最为熟悉，因为在日常生活的语言使用中，人们经常会提出需要用是或否回答的问句，这就是是非问句。是非问句最常用的语气词就是“吗”。所以，在教授语气词时，首先要讲明白“吗”是一个表示疑问的典型的语气词，如果要发问，首先要学会“吗”的用法。在日常交际中，“吧”用法多样并且使用频率相对较高，它不像“呢”存在具体的意义，也不像“吗”是个典型的疑问词，所以我们在教授时，要考虑怎样解释它的语用。

2. 关于语气词“吗”和“吧”

关于“吧”的语法意义，目前学界并无统一意见，吕叔湘先生在《现代汉语八百词》中提到“吧”的五种用法：一是用在祈使句末尾，用来表示命令、催促、请求、建议等。二是用在问句末尾。“吧”用在问句末尾这种用法带有揣测的含义，不是单纯的疑问句。三是用在“好”“行”“可以”等词语的后面，表示同意。四是用在句子的停顿处。五是用在句子末尾，表示“没关系”“不要紧”之意。

“吧”和“吗”易混淆，它们都表示疑问语气，但是二者的疑问程度不同，对于事物的认知程度也不同，所以尽管句型结构相同，但是在实际使用过程中，“吗”的疑问语气要明显强于“吧”。用“吗”提问时，通常提问前对于情况一无所知。“吧”在使用时则带有明显的猜测语气，即便表示疑问，疑问程度也相对较弱，问前多有所知。

二、主要偏误类型

学习者学习语气词“吗”经常发生如下偏误：

（1）＊你能帮我拿个东西？

（2）＊他大概去买东西了吗？

（3）＊他应该不回来了吗？

上述偏误可以归纳为以下两点：

一是语气词“吗”或“吧”的遗漏。句中已使用明确表达有一定依据及推测语气的副词后，句末仍使用语气词“吗”表达完全疑问，前后矛盾，“吧”和“吗”的使用出现混淆。

二是在实际使用时“吗”和“吧”语调有误，表意不清。“吗”和“吧”都可出现在句末表示疑问，但是“吗”表示完全疑问，“吧”则有所猜测，所以二者在提问时的语调有所不同，“吗”句为升调，“吧”句为降调，表达的实际意义也明显不同。学习者极易都以升调疑问语调处理，使得二词在实际使用时出现意义表达不清问题。

三、教学及教学设计的主要目的

课堂的教学重点将着重放在“吧”和“吗”的不同点上，并针对学习者易出现的偏误进行着重处理，始终围绕“问前未知”和“问前有知”这个本质意义上的区别进行讲解和区分。因此，在教学中应注意设计实际语言情景让学习者体会两种疑问语气疑问程度的不同，将“问前有知”和“问前未知”的概念融入实际情景中，将两个抽象的语气词具象化，辨析不同的情境下转换使用不同的语气词“吗”和“吧”，使学习者能够熟练区分并掌握语气词“吗”和“吧”表疑问的不同情况。

此外，要求学习者掌握表达推测语气的副词，如“大概”“也许”“可能”等，使其能够准确捕捉句中表推测的标志性词语，并正确搭配使用表推测的副词和表疑问的语气词。

四、主要教学环节步骤的设计

1. 教学导入

从理解动态入手，切入教学：

——大家觉得今天天气很冷吗？

——天气这么冷，今天有0度了吧？

2. 辨析“吗”和“吧”句的异同

在用“吗”和“吧”表达疑问语气时，只需要在普通陈述句后面加“吗”或“吧”，二者结构相同，而且都不需要改变顺序。句子结构如下图：

陈述句	＋	吗/吧

“吗”和“吧”使用情况的不同在于：“吗”用于完全疑问，提问之前基本什么情况都不知道，对于要提问的内容不了解。疑问程度较深。“吧”用于对情况有所猜测和判断，知道一些事情，提问是为了获得肯定的答复。疑问程度浅。

“吗”和“吧”语调不同：“吗”表示完全的疑问，很疑惑，语气是上升的。“吧”有一定猜测和认识，内心有肯定，但存在怀疑，语气是下降的。

注意：一旦问句里面出现“可能”“或许”“大概”，这类表示推测意思的词语时，句末只能用“吧”，不能用“吗”。

五、总结

“吗”问句	“吧”问句
陈述句＋吗/吧？	
问前未知	问前有知
疑问大	疑问小
语气上升	语气平调或下降
×或许、可能	√或许、可能

六、练习设计及意图

	吗	吧
练习一	1. 她是老师吗？ 2. 大家都听懂了吗？	1. 她是老师吧？ 2. 大家都听懂了吧？
目的：以练习“吗”和“吧”的问句结构为目的，同时引出二者区别的讲解。		
练习二	1. 她吃过早餐了吗？ 2. 这个箱子里装的是苹果吗？ 3. 这个人是李小龙吗？	1. 她吃过早餐了吧？ 2. 这个箱子里装的是苹果吧？ 3. 这个人是李小龙吧？
目的：以图片为依据，深刻体会二者使用情况的区别，进行对照练习。		
跟读练习	1. 你家住在这里吗？ 2. 快要下课了吗？	3. 他是这个学校的学生吧？ 4. 这么晚了，他大概已经回家了吧？
目的：使学习者体会练习二者不同语调。		

续表

	吗	吧
练习三		1. 已经10点了，他大概不能回来了吗？ 2. 这件事你可能还不知道吧？ 3. 他也许去买东西了吗？ 4. 这么晚，公交车应该已经开走了吗？
目的：针对“应该”“可能”等词语在句中出现时只能用“吧”进行偏误改错练习。		
练习四 汤姆在餐厅吃饭，遇到了王老师，于是汤姆上前打招呼。 汤姆：您是王老师________？我们之前见过的。 王老师：啊，对不起，我们之前见过________？我不记得了。 汤姆：是的，我们之前见过，但很久没有联系了，您还在南开大学当老师________？ 王老师：是的。你汉语说得这么好，学汉语很久了________？ 汤姆：是的，学了四年了。 王老师：哇，那真的很厉害。你自己来这儿吃饭________？ 汤姆：和朋友一起，但他还没有到。 王老师：今天星期日，或许路上堵车了________？ 汤姆：有可能。		
目的：将整堂课语法点融入同一对话，综合运用。		

练习

一、根据图片选择“吗”和“吧”。

(1)

她是老师________？

(2)

她是老师________？

(3)

大家都听懂了________？

(4)

大家都听懂了________？

二、选择“吗”/“吧”填空。

(1)

她吃过早餐了________？

(2)

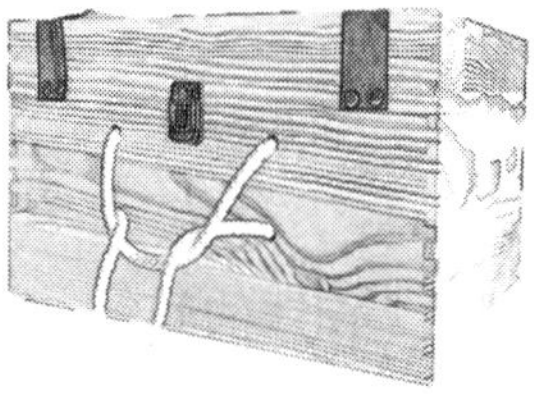

箱子里面装的是苹果________？

(3)

这个人是李小龙________？

三、判断正误。

(1) 已经10点了，他大概不能回来了吗？

(2) 这件事你可能还不知道吧？

(3) 他也许去买东西了吗？

(4) 这么晚，公交车应该已经开走了吗？

四、情景对话。

汤姆在餐厅吃饭，遇到了王老师，于是汤姆上前打招呼。

汤　姆：您是王老师________？我们之前见过的。

王老师：啊，对不起，我们之前见过________？我不记得了。

汤　姆：是的，我们之前见过，但很久没有联系了，您还在南开大学当老师________？

王老师：是的。你汉语说得这么好，学汉语很久了________？

汤　姆：是的，学了四年了。

王老师：哇，那真的很厉害。你自己来这儿吃饭________？

汤　姆：和朋友一起，但他还没有到。

王老师：今天星期日，或许路上堵车了________？

汤　姆：有可能。

作业

各搜集3至5个在生活中用到的以“吗”和“吧”结尾的问句，记录下来，在课上与同学们分享。

11. 趋向动词 “上” 与 “起”

卢福波

一、相关语法知识

1. 关于趋向动词

趋向动词是汉语动词中一个封闭的小类，是表示动作、状态发展方向的一种动词。它有单纯和合成两类。单纯的由一个趋向动语素表示，合成的由两个趋向动语素表示。如下表：

	进	出	上	下	回	过	起	开
来	进来	出来	上来	下来	回来	过来	起来	开来
去	进去	出去	上去	下去	回去	过去	—	—

单纯趋向动词表示一个单纯的趋动方向。如“上”，表示一个向上的趋动方向。

单纯趋向动词“来/去”与“进/出/上/下/回/过/起”有所不同：

“来/去”趋向的选择取决于说话人或叙述人立足点的认定，即说话人或叙述人以自己或某人为立足点，趋向立足点方向的为“来”，背离立足点方向的为“去”。

“进/出/上/下/回/过/起”等不同，它们的趋动方向是由客观实际空间类型决定的。如“进”是由空间外到空间内的趋动方向。

合成趋向动词表示双重的趋动方向。既有说话人立足点决定的方向，又有实际空间类型决定的方向。如“上来”，既有向上的空间趋向，又有向说话人立足点靠近的趋向。

2. 关于趋向动词“上”与“起”

趋向动词“上”与“起”都有从低处起点向上趋动的意义，但它们有所不同：“上”，向上后有到达的位置，因此其后可接处所词，而“起”没有，“起”只表示向上。由于本义不同，它们的隐喻路线也就不同，引申义也随之不同。由于意义不同，构成的结构及其结构的内部关系就会不同。

“上”表示由低到高，它可以引申表示“起点——过程——终点”的意义，因此结构上后边常常可接处所、标准、目标等。如：爬上山顶；答上来（符合答题标准）。

“起”表示由低向高，它引申表示“起点——过程”的意义，因此结构上后边常常可接动作支配的事物。如：抬起头；唱起歌。

二、主要偏误类型

常见的偏误主要有：

（1）＊他抬上脚，使劲踢了一脚。

（2）＊小鸟飞起空中。

（3）＊我已经没有办法停止起来了。

（4）＊把这些照片收上吧，别弄脏了。

（5）＊吹喇叭，跳舞，大家都高兴极了。

上述偏误可以归结为以下四种类型：

第一，只知道趋向动词“上”与“起”都有从低处起点向上趋动的意义，但不清楚它们的不同，这种偏误类型所占比例最大，如句（1）。

第二，因为不清楚它们意义上的差别，因此也不清楚它们结构上的制约，如句（2）。

第三，不能很好地理解由其基本义隐喻产生出来的各种引申意义，如句（3）、句（4）。

第四，当要表达动作趋动方向或过程起延状态时，不知道应该使用相应的趋向动词（趋向动词“上”或“起”缺项），如句（5）。

三、教学及教学设计的主要目的

第一，让学习者了解趋向动词“上”与“起”做补语的基本意义和用法。

第二，让学习者了解趋向动词“上”与“起”向上趋动后空间状态的不同以及由此而生成的不同结构形式及关系。

第三，让学习者了解“上”与“起”的隐喻：由空间的向上隐喻到事件的过程。但因其基本意义不同，隐喻路线也不同，生成的引申意义也各不相同。

第四，让学习者认识“上”与“起”通常出现的偏误问题，并对产生偏误的原因有所了解。

第五，使学习者能够准确地选用趋向动词“上”与“起”，并构成准确的结构，而且能够根据实际语境和情景进行恰当的选择使用。

四、主要教学环节步骤的设计

1. 教学导入

从理解向上趋动的动态入手，提出问题：趋向动词“上”与“起”有什么不同？以引起学习者的极大关注。

2. 要点讲解及训练

通过动态演示，指出：事物发生“上”与“起”的趋动后，在空间状态上是不同的——“上”由低到高；“起”由低向高。并借助情景图片，让学生认识其基本意义的差别。

通过类型归纳，让学生认识“上”与“起”由于意义不同，搭配关系也不同：“上”表示由低到高，因此结构上后边常常可以接处所。如：“走上主席台。”“起”表示由低向高，因此结构上后边常常可接动作支配的事物。如：“抬起头。”

（做第 4 页 PPT 上的练习，引导学生选填“上”或“起”并进行结构搭配归类；然后做练习一，来加强对“上”与“起”基本空间意义的认识和结构应用）

根据“上”与“起”的空间认识，认识它们的隐喻：

“上”表示由低到高，引申表示“起点——过程——终点”的意义，结构上后边常常可接处所、标准、目标等。如：“他答上来了。”“起”表示由低向高，引申表示“起点——过程”的意义，结构上后边常常可接动作支配的事物。如：“唱起歌来。”

通过各自不同的情景分别加以认知。

（做练习二来理解“上”与“起”各自不同的引申意义；做练习三来具体结合语境对其引申意义加以理解并应用；做练习四，通过判断选择，对用抽象的引申意义构成的句子进行辨析、理解）

3. 纠正偏误

选取学生最常见的偏误类型（做练习五），通过让学生修正偏误并说明原因的方法，来较深入地理解“上”与“起”的基本空间意义和引申意义，并对可能发生的偏误引起注意。

4. 综合运用

通过练习六的大量情景图片，进一步加强学生对“上”与“起”基本空间意义和引申意义的综合理解和运用。

5. 布置作业

侧重结合学习者的实际应用，让学生在实际生活中注意趋向动词“上”与“起”的准确选择和使用。

练习

一、看看下面的图，哪些该用“上”或“起”？应该怎么说？

(1)

(2)

(3)

(4)

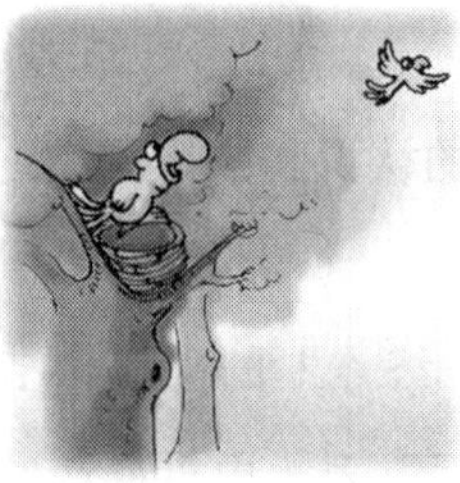

(5)

(6)

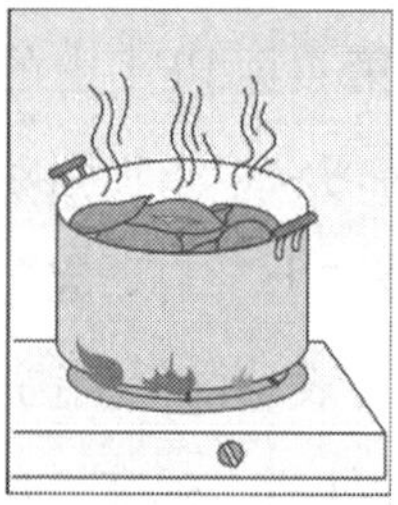

二、想一想，该填“上”还是“起”，它们是什么意思？

(1) 闭______眼睛　(2) 住______了新房　(3) 喜欢______集邮
(4) 唱______来了　(5) 鼓______嘴巴　(6) 把意见集中______来
(7) 背______唐诗　(8) 发展壮大______来

三、看看下面的图，哪些该用“上”或“起”？应该怎么说？

(1)

(2)

(3)

（4）

（5）

（6）

四、读一读下列句子，选择“上”或“起”填空。

（1）听说小张中________大奖了。

（2）大家热烈地讨论________来。

（3）他抓________衣服，戴________帽子，跑出门外。

（4）爬________了长城的孩子们一个个高兴坏了。

（5）他终于鼓________勇气说：“我爱你！”

（6）他拿________相机，拍了________来。

（7）经济发展________来了，老百姓的生活也提了________去。

（8）这么高的调他都能唱________来，太厉害了！

五、指出下列句子中存在的问题，并说出原因。

（1）把这些照片收上吧，别弄脏了。

（2）叔叔抬上胳膊，拍着我的肩膀说：“勇敢上来，相信自己。”

（3）我过马路时，一个小伙子骑着自行车，一下把我撞起来了。

（4）小伙子急忙扔上车子，跑起把我扶了上来。

（5）她不敢停起来，因为一旦停起来，身体就会胖上来 。

（6）吹喇叭，跳舞，大家都高兴极了。

六、看看下面的图片，用“上”或“起”来描述一下。

（1）

（2）

（3）

（4）

（5）

（6）

（7）

（8）

（9）

（10）

（11）

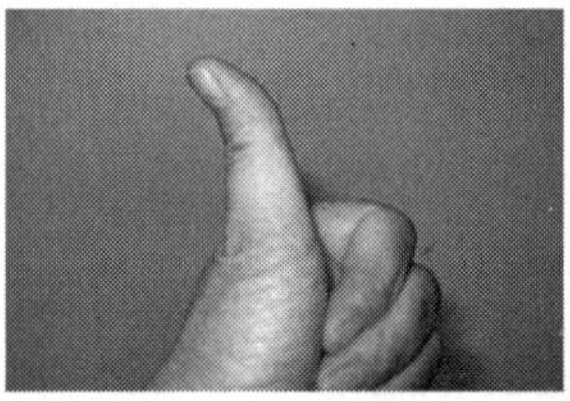

（12）

（13）

作业

用“谓词＋上/起”结构，说说你生活中的事情。比如：做向上方向的动作，实现目标或愿望，做事情的开始继续或发展等等。

12. “上”“里”“中”

顾 倩

一、相关语法知识

“上”“里”“中”在汉语中都是方位词，是名词的下属小类。但是单音节方位词与一般名词有所不同，在现代汉语中，通常不单用，常常与名词性词语结合，构成方位短语，作用相当于名词性词语。“上”“里”“中”对于汉语学习者来说，是容易混淆的一组词，其主要区别如下：

1. “～上”和“～里”

“～上”表示物体的表面（上表面、侧面、下表面均可）或上方；“～里”表示具有长、宽、高并且四周有一定边界围住的空间。“～上”表示物体表面，可引申为“方面”。

2. “～里”和“～中”

“里”和“中”都表示空间，不同的是：“～里”表示的是有清楚外围的、具体的空间；“～中”表示的空间通常不突显清楚、明显的外围界限，因此可以用于较为抽象的空间，也可以用于完全抽象的空间。如：时间空间、想象空间等。

二、主要偏误类型

学习者习得方位词“上”“里”“中”的主要偏误有：

（1）＊屋顶下有一排灯。

（2）＊他在我认识的人是最好的一个。

（3）＊把糖握在手心上，糖就软了。

（4）＊你的衣服有一只小虫子。

上述偏误可以归结为以下四个方面：

第一，“上”不仅能够表示物体的上表面，也能够表示物体的侧面和下表面。如句（1），“灯”附着在屋顶，是下表面，所以仍应选用“上”。

第二，对于外围不明显的抽象空间，应该使用方位词“中”。如句（2），很多人构成一个空间，外围和本身空间围域都不清楚，应选用“中”，即“在我认识的人中”。

第三，“上”只能表示物体的表面，对于具有长宽高这种外围明显清晰的具体空间应该使用方位词“里”。如句（3）手“握”起来形成的空间一定是具体的、有清楚外围的空间，所以选用“里”，即“手心里”，而不是“手心上”。

第四，普通事物名词用于表示处所时应添加方位词，构成方位短语，作用相当于处所名词。如句（4）应该用“衣服上”。

三、教学及教学设计的主要目的

第一，让学习者了解方位词“上”表示表面的意义。“上”不仅可以表示上表面，也可以表示下表面和侧面，由“表面”意义可以引申出“方面”“范围”的意思。

第二，了解“里”的空间意义。“里”指具有长宽高的具体空间，并有清楚、明显的外围界限。

第三，了解“中”的空间意义。“中”表示的空间，通常外围不明显，因此可以用于界域不清楚的抽象空间；“中”可以从物理空间折射到时间空间，表示动作在某时间段中的持续。

第四，让学生了解汉语普通事物名词不能表示处所，若表示处所应添加具有处所意义的方位词，与名词共同构成方位短语才能表示处所。

第五，使学习者在会话中能够准确地辨析选择“上”“里”“中”，并能够根据实际情景和语境进行恰当的应用。

四、主要教学环节步骤的设计

1. 教学导入

从理解“上”“里”“中”表示的方位意义及其差异切入，进行点讲教学。

（1）首先从认知上理解空间方位“上”表示的表面意义（用图片进行演示），突出“～上”不仅可指事物的上表面，也可以表示侧面和下表面（图片演示）；进一步指出：“～上”由“表面”意义可引申出“方面”“范围”的抽象意义。

（2）将“～里”和“～上”进行比对，指出二者的不同在于：“～里”表示具有长宽高的并且具有清楚外围界域的具体空间，而“～上”是有点、有面而不一定有边缘界域的。（图片演示）

（3）“里”的本义是器皿内或衣内，指具有三维和清楚明显外围的空间；“中”的本义是领地的中央，表示的空间不突显外围，而突显范围中的中心点，所以它表示的空间，可以没有清楚、明显的外围界域，如“空中”“人群中”等，所以常可用于较抽象的空间，如“朋友中”“关系中”“交往中”“过程中”等。

2. 点拨及训练

(1) 通过桌子、提包、手、墙壁、电脑、屋顶等图片，使学生理解方位词“上”表示物体的表面，这里的表面不仅指物体的上表面，也可以表示侧表面和下表面；通过房间、课桌和提包等图片理解方位词“里”表示具有长宽高具体方位的空间。根据图片的内容和教师的提示，指导学习者选择正确的方位词完成练习一至四中的句子，并将学习理解通过练习五、六进行实践练习。

(2) 通过练习八、九、十，指导学习者进行方位词的选词填空和改正错误，并能够说出选择和修改的原因。结合语境，训练学习者能够准确理解和选择方位词“上”“里”“中”，并注意可能存在的错误理解和病句的发生。

需要注意的是，练习九（PPT 第 8 页）的第 9 题应该既可以选择“上”，也可以选择“中”。选择“上”是说方面，即生活和学习方面，选择“中”是说过程中，即在生活和学习过程中，它们的意思是不同的。

(3) 通过练习十一、十二，指导学习者能够根据图片提供的情节、情境，恰当地选择应用“上”“里”“中”，说出准确的句子。

3. 布置作业

侧重结合实际应用性练习，让学生把学到的方位词“上”“里”“中”准确恰当地运用到实际生活中。

练习

一、请用“上”描述下面的图片。

(1)

盘子在哪儿？

(2)

电脑在哪儿？

(3)

帽子在哪儿？

(4)

漂亮的小花猫在哪儿？

(5)

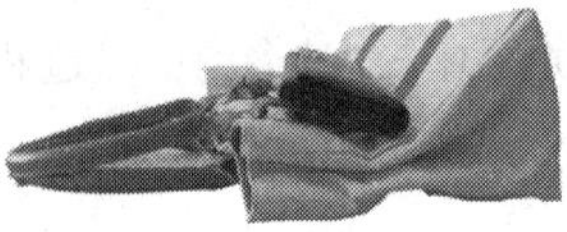

妈妈的钱包在哪里？

(6)

我的钢笔哪去了？

二、请用“上”描述下面的图片。

(1)

盘子在哪儿？

(2)

地图在哪儿？

(3)

哪儿有小猫？

(4)

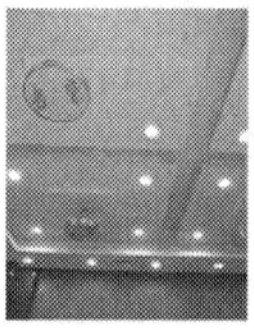

哪儿有电灯？

三、请从生活、学习、性格等方面夸夸你的朋友。

四、请用“里”描述下面的图片。

(1)

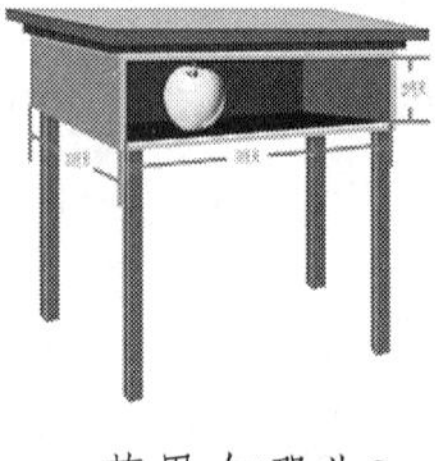

苹果在哪儿？

(2)

电视机在哪儿？

(3)

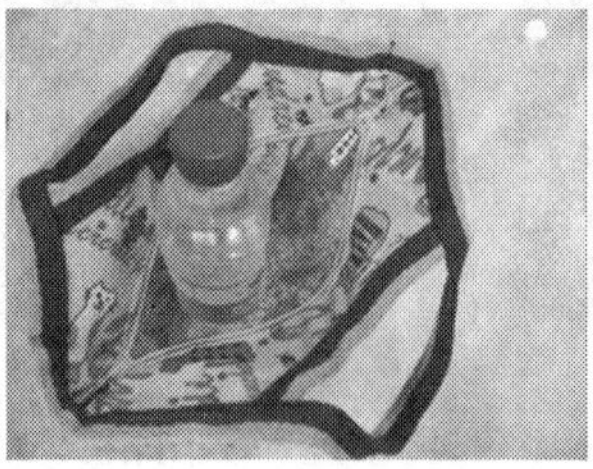

哪里有水？

(4)

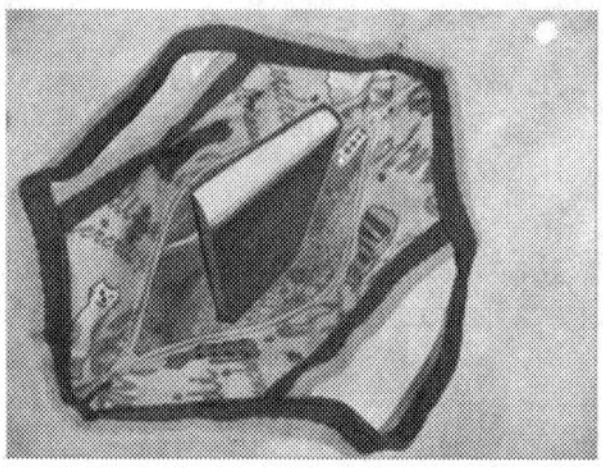

哪里有书？

五、请用“上”或“里”描述下面的图片。

(1)

(2)

(3)

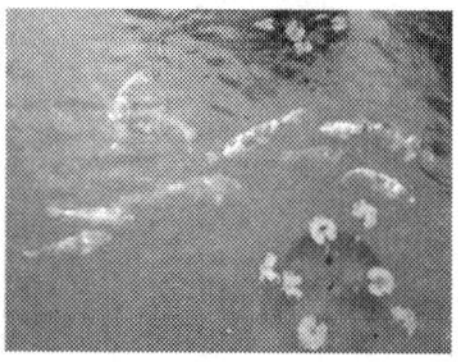

(4)

(5)

(6)

(7)

(8)

(9)

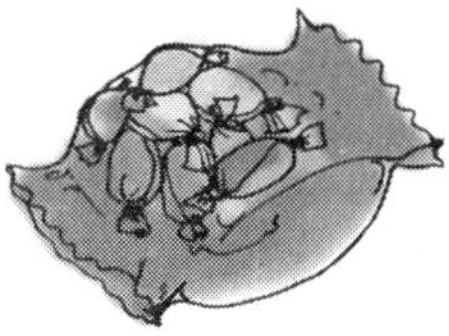

(10)

(11)

(12)

六、说话练习。

1. 请你说说，你通过什么学习汉语。(课堂、报纸、网络)

2. 说说你生活、学习、工作或交友方面的情况。

七、请用“中”描述下面的图片。

(1)

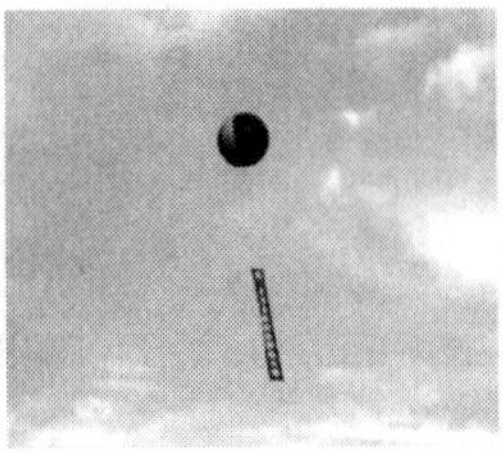

气球在哪儿？

(2)

经理在哪儿？

八、请用“里”或“中”填空。

(1) 校园________的景色非常漂亮。

(2) 相爱的人总是处在幸福________。

(3) 早上我总是钻在被子________不想出来。

(4) 奶奶的手术还在进行________，爸爸很担心。

(5) 公园________有很多老人在散步。

九、选择“上”“里”“中”填空。

(1) 在学习过程________，老师给了我很多帮助。

(2) 她的手________戴着手套。

(3) 她的手________紧紧握着铅笔。

(4) 山田是我的朋友________最有学问的一位。

(5) 天冷了，他总是把手放在兜________。

(6) 那家商店正在营业________。

(7) 教室的屋顶________有两排明亮的灯。

(8) 能很快学好汉语，我心________很开心。

(9) 爸爸是我生活________的榜样，学习________的动力。

(10) 杯子________有我最喜欢的可乐。

十、改正错误。

(11) 他在吃很讲究，在穿不讲究。

(12) 人与人的交往里，信任最重要。

(13) 深夜，圣诞老人把礼物放进孩子们的袜子上。

(14) 下雨了，人们跑到房子躲雨。

(15) 两个年轻人正在恋爱里。

十一、请用“上”“里”“中”描述下面的故事。

(1)

(2)

(3)

(4)

(5)

十二、请用“上”“里”“中”描述这幅图画。

作业

你今天收到一个朋友的邮件，请你用方位词“上”“里”“中”给他回复邮件。

> 亲爱的 Sam：
>
> 　　听说你在中国学习汉语，能谈谈你们学校的景色、说说你学习和生活的情况吗？

13. “一边……，一边……”

刘春兰

一、相关语法知识

“一边……，一边……”表示在同一时间内同步做两个动作或两件事情，是并列复句。

在实际运用时，当句型“S＋一边＋V1＋（O1），一边＋V2＋（O2）”中的 V1 和 V2 是并列或者矛盾关系时两者可以互换；而当 V1 和 V2 是主次、急缓、因果、修饰关系或 V1 是 V2 的前提时两者不可互换。

二、主要偏误类型

（1）＊我跟他一边用汉语，一边用英语，聊了半天。

＊他们一边唱着、跳着，一边很愉快。

（2）＊我一边趴着，一边吃饭。

＊他一边骑自行车，一边开汽车。

（3）＊一边他说，一边我记。

＊教练一边教，一边练。

上述偏误可以归纳为以下类型：

第一，V1 和 V2 不是具体动作或行为的，不能用“一边……，一边……”。比如句（1）中“用汉语”和“用英语”是行为方式，“很愉快”是表示性状的形容词，都不是具体动作或行为，所以是错误的。

第二，在同一时间内，V1 和 V2 在逻辑上不同步的，不能用“一边……，一边……”。比如句（2）中“趴着”时不能“吃饭”，“骑自行车”时不能“开汽车”，所以是错误的。

第三，在同一时间内的两个动作或行为不是同一主语发出时，两个主语都应该出现在“一边”之前。比如句（3）应改为：“他一边说，我一边记。”“教练一边教，学员一边练。”

三、教学及教学设计的主要目的

第一，通过对“S＋一边＋V1＋（O1），一边＋V2＋（O2）”句型的讲解和操练使学生掌握该句型，并能正确地运用到日常交流中。

第二，让学生体会主次、急缓、因果、修饰或前提等概念并注意到这种情况下V1与V2是不能互换的。

第三，虽然“一边……，一边……”句型中的两个动作既可以是同一主语发出的，也可以是不同主语发出的，但为避免初级班学生产生理解和使用上的混乱，本次教学将重点放在对同一主语发出的动作进行讲解和练习上。

四、主要教学环节步骤的设计

1. 句型导入

教师以问题导入的方式引导学生注意该句型。

例如：老师一边在黑板上写“唱歌”两个字，一边问（T：老师　S：学生）

T：老师在做什么？

S：老师在写汉字。

T：（指着“唱歌”两个字读）唱歌。老师在做什么？

S：老师在读汉字。

T：（把黑板上的“唱歌”两字擦掉，重新写，且一边写一边读）老师在做什么？

S：（老师做边写边读的动作）老师在写汉字和读汉字。

T：（举“S＋一边＋V1＋（O1），一边＋V2＋（O2）”句型卡）老师一边写汉字，一边读汉字。

S：（老师做“一起读”手势）老师一边写汉字，一边读汉字。

2. 句型讲解

打开PPT，将句型“S＋一边＋V1＋（O1），一边＋V2＋（O2）”列在PPT顶端。

语法点简单讲解：“S＋一边＋V1＋（O1），一边＋V2＋（O2）”表示在同一时间或时期里两个动作或两件事情同时进行（sb. be doing sth. 1，while be doing sth. 2.）。V1和V2是两个同时发生的动作，V1是主要动作（more important），V2是次要动作（less important）。

PPT 展示图片

T：她在干什么？

S：她在吃饭。/她在看电视。

T：她是先吃饭，然后看电视吗？

S：不是，（老师可指着句型或者拿着句型卡）她一边吃饭，一边看电视。

S 全：（老师做“一起”的手势）她一边看电视，一边吃饭。

老师将句型打在 PPT 上。老师讲解：看电视和吃饭同时进行，没有主次的时候，谁在前面，谁在后面都可以。

T：他们在干什么？

S：他们在一边看电视，一边吃饭。

T：应该说：他们一边吃饭一边看电视。为什么呢？因为一家人在一起吃饭是主要的，所以要放在前面。

显示一张图片，问学生他在干什么。

然后显示：他一边?，一边?。让学生选项填进去。

展示 PPT 上的句子：主要的动作放到前面。

3. 句型操练

练习一，让学生看图片的内容，用“S＋一边＋V1＋（O1），一边＋V2＋（O2）”句型说一说图中的人都在干什么。侧重注意哪个在前，哪个在后的顺序。

练习二，他们在做什么？先说做的动作，然后用“一边 A，一边 B”组织句子。

练习三，用“一边……，一边……”把下面的句子说完整。可以多说一些课堂上的行为，例如：

T：上课的时候，老师常常……

S1：上课的时候。老师常常一边讲课，一边做手势。

T：（找个比较外向活跃的学生）上课的时候，Luis 经常……

S2：Luis 经常一边上课，一边玩手机。

T：岛田，你常常……（指着“S+一边+V1+（O1），一边+V2+（O2）”句型）

S3：我常常一边写作业，一边听音乐。

T：Ana，你呢？

S4：我常常一边逛街，一边吃东西。

S 全：岛田常常一边写作业，一边听音乐。Ana 常常一边逛街，一边吃东西。

练习四，判断下列句子的对错，错的请改正，并说一说为什么。如果学生说不出来，老师可以帮助他们分析错误的原因。

（1）我们一边玩游戏，一边很快乐。　　×（“快乐”不是动作或行为）

（2）他一边吃早餐，一边看报纸。　　√

（3）他经常一边迟到，一边上课。　　×（这两个动作或行为不能同时进行）

练习五，用“一边……，一边……”改写句子。

（1）小明跑步的时候听音乐。⟶小明一边跑步，一边听音乐。

（2）哥哥喜欢吃饭的时候看电视。⟶哥哥喜欢一边吃饭，一边看电视。

（3）我打扫房间的时候唱歌。⟶我一边打扫房间，一边唱歌。

（4）出租车司机开车的时候跟客人聊天儿。⟶出租车司机一边开车，一边跟客人聊天儿。

接着导入在一段时间同时做两件事情的句子和本句型的否定形式。例如：

T：（老师问某个同学）你在中国生活多长时间了？

S1：半年。

T：你来中国的目的是什么？（示意学生用句型）

S1：我来中国一边学习汉语，一边了解中国文化。

T：你们国家的学生能一边学习，一边打工吗？

S2：不能。

T：但是，有的留学生在中国一边学习，一边打工。大家一起说……

S 全：留学生在中国不能一边学习，一边打工，但是有的留学生在中国一边学习，一边打工。

T：请问，你喜欢出租车司机一边开车，一边打电话吗？

S3：不喜欢。

T：为什么？

S3：因为不安全。

T：所以我们可以对出租车司机说：请不要一边开车，一边打电话。大家一起说……

S全：请不要一边开车，一边打电话。

练习六，老师用PPT展示该句型的“否定”练习，让学生一起说：

S全：请不要一边吃饭，一边看电视。

S全：不应该一边开车，一边打电话。

S全：不应该一边上课，一边睡觉。

五、布置作业

1. 用“一边……，一边……”说一说你今天做的事情，再说一说不应该做什么。

2. 让学生看一个中国电视剧或者电影，用“一边……，一边……”句型尽可能多地描述其所看到的情景。

练习

一、用“一边……，一边……”说一说他们都在干什么。

(1)

(2)

(3)

(4)

二、他们做了什么动作？用“一边……一边……”说一说。

(1)

(2)

(3)

三、用“一边……，一边……”把下面的句子说完整。

（1）同学们一边……，一边做游戏。

（2）我们一边喝茶，一边……

（3）我常常一边……

（4）上课的时候，老师……

（5）上课的时候，学生们……

（6）操场上，……

四、判断下列句子对错，错的请改正，并说一说为什么。

（1）我们一边玩游戏，一边很快乐。

（2）他一边吃早餐，一边看报纸。

（3）他经常一边迟到，一边上课。

五、用“一边……，一边……”改写句子。

（1）小明跑步的时候听音乐。

（2）哥哥喜欢吃饭的时候看电视。

（3）我打扫房间的时候唱歌。

（4）出租车司机开车的时候跟客人聊天儿。

六、用“不要”“不应该”等等否定方式来说一说。

（1）

（2）

（3）

作业

用“一边……，一边……”说一说你今天做的事情，再说一说不应该做什么。

14. “有”/“在”存在句

李　敏

一、相关语法知识

1. 关于存在句

存在句是现代汉语特殊句式之一，表示某处/某时存在某事物/某人。基本结构为“处所/时间词语＋动词＋（定语＋）名词语”。“处所/时间词语”表示事物存在的空间或时间，为句子主语，同时也是整个句子的话题，其中处所词语占大多数；“（定语＋）名词语”表示存在物或人，大多具体而无定，结构上一般需要数量结构等定语成分的修饰和限制。

存在句多出现在布景介绍或写景部分，主要用于引入新信息。

2. 关于“有”字句和“在”字句

“有”字句是存在句的基本句型，表达静态的存在概念，可替换大多其他类型的静态存在句并保持基本语义不变，具有存在句结构、功能等方面的一般特点。存在句有很多下位句式，各句式的功能有所区别，其中“有”字句的主要功能为对存在情况做出简要说明。

“有”和“在”都可以表示存在，但是二者的话题和传递的新信息不同：“有”字句的处所/时间通常是确指的，存在的人或者事物通常是不定的；而“在”字句前的名词性词语一般是确指的，“有”后的名词性词语往往是不确指的。功能上，“有”字句更侧重于对处所存在事物的说明，而“在”字句则主要是对事物存在位置的说明。

二、主要偏误类型

学习者习得表存在的“有”字句的主要偏误有：

（1）＊在北京有很多好玩儿的地方。

（2）＊桌子有一个大蛋糕。

（3）＊学校有图书馆东边。

(4) ？南楼前面有留学生。

(5) ＊南开大学旁边有天津大学。

(6) ＊客厅很漂亮，一个大桌子在客厅里，还有一个大书架，很多书在书架上。

上述偏误归纳为以下两类：

第一，表层的结构偏误。包括：

处所表达方式不准确：处所词语前误加“在”；普通名词表处所时，后面缺少方位词，如句（1）、(2)。

“处所词语”“（定语＋）名词语”两部分语序颠倒，如句（3）。

在非类举、对举等特定语境下，表存在物或人的名词语前缺少数量等定语修饰，如句（4）。

第二，深层的应用偏误。包括：

“有”字句与其他表存在的句式混淆，如在应该用“有”字句的语境中，用了“在/是”字句，或者反之，如句（5）、句（6）；而出现这种混淆的原因在于学习者没有掌握“有/是/在”字句之间功能及语用条件的区别。

三、教学及教学设计的主要目的

第一，引导学习者认知“有”字存在句的句式意义——某处存在某物或某人。

第二，帮助学习者掌握“有”字存在句的结构要点——以处所为句首的语序、处所的正确表达方式、存在物名词语前定语成分的必要性。

第三，引导学习者领会“有”字句的说明功能及其在日常会话中的使用条件和语境；让学习者理解“有”字句与“在”字句不同的表达意图——“在”字句是已知事物，明确位置，“有”字句则是已知位置，明确存在事物。

第四，化特殊为一般，通过生动形象的实物和图片、典型常见的生活场景、有趣可操作的游戏和活动进行讲练，使学习者不仅能够准确地使用句型完成课堂学习任务，并且能够根据实际语境和情景运用所学所练进行恰当的选择和应用。

四、主要教学环节步骤的设计

1. 导入

第一步，从理解“存在”概念切入讲解。

“看一看　听一听　猜一猜”

认知“处所”主语及话题的双重身份；认知“存在物”的未知性、不确定性；认知“存在”：可以被看到、听到、感知到。

第二步，限定话题“处所”，引导学习者表达存在物，了解存在句传信焦点所在。

老师的书包里有什么？（练习一）

要点：（1）模仿练习，了解句型结构。（2）引导认知数量等成分对于说明存在事物的重要性。（3）简单提示否定形式。

练习设计意图：让学习者在交际任务中对“有”字句的结构及意义有直观的了解，从一开始强调处所部分的话题性质以及存在物的不定性，为结构点练做铺垫。

2. 点练句型结构及功能要点，以处所部分为主

第一步，基本结构要点举例。

第二步，要点分解练习——处所部分的多样表达。

练习二第1题，练习“N里/上有……”

要点：（1）认知与普通事物相关的处所表达。（2）相关方位词的正确表达。

练习设计意图：利用民间俗语、著名影视剧、趣闻逸事等激发表达兴趣。

练习二第2题、第3题，练习“N前边/后边/里边/外边左边/右边/旁边有……”

要点：（1）认知与人有关的处所表达。（2）相关方位的表达。（3）“一”以上多数量结构的运用。

练习设计意图：（1）从一图一句的限定式练习进入一图多句的半开放式练习。（2）巩固名词语前的数量结构要点。

练习二第4题，练习“N周围/附近/东边/西边/南边/北边有……”

要点：（1）认知较大范围处所的表达方式。（2）相关方位的正确表达。

练习设计意图：（1）用地图或景观模型来引导学习者认知更大的处所及存在的表达方式。（2）提供典型语篇语境——描述小区内部环境。（3）复习巩固各部分结构要点。

练习二第5题，练习“N处所＋有＋N＋吗？”

要点及设计意图：（1）点练问句形式。（2）典型语境综合训练——打听小区内的商店或机构。

3. 点练句型语用功能要点

第一步，引导认知“引起对方注意某处所”的功能及典型语境。

练习三第1题，练习“请注意！那儿有……”

设计要点：（1）“有”字句在日常交际中的典型语境：提请他人注意某处。（2）提供多样的生活场景进行训练。

第二步，引导认知“有”字句与“在”字句不同的语用条件。

用"有"还是"在"?

要点：用最简单的话进行"有"字句和"在"字句的语境条件对比。

练习三第2题，完成对话。

设计意图：在有场景限定及要点提示的对话中进行二者的区别运用。

练习三第3题，排句子。

设计意图：提高难度，通过连贯的上下文语境引导让学习者体会两个句型话题、焦点的区别，让学习者体会同一个名词出现在两个句型中时的不同位置和作用。

练习三第4题，你说我画。

设计意图：开放练习，在前两个练习的基础上引导学习者综合运用两个句式进行小语段的表达：用"有"字句宏观地说明存在物的基本情况，再用"在"字句对上文提到的存在物的位置进行进一步的具体说明。

4. 布置作业

巩固本课的知识，结合学习者对中国文化兴趣和生活实际进行应用性练习。

练习

一、找书包。

要求：把书包都放在桌子上，然后闭眼，老师将书包随机发给学习者；请两人一组模仿例子进行对话，找回自己的书包。例：

A：你好！这是我的书包。

B：真的吗？你的书包里有什么？

A：我的书包里有<u>一本汉语课本，一个红色的手机，两支圆珠笔。</u>

B：对！这是你的书包，给你！

A：谢谢！

二、看一看，说一说。

1. 请先不要看图片，发挥想象力完成句子；然后看图说一说你看到的。

(1)

________有一只猫。

(2)

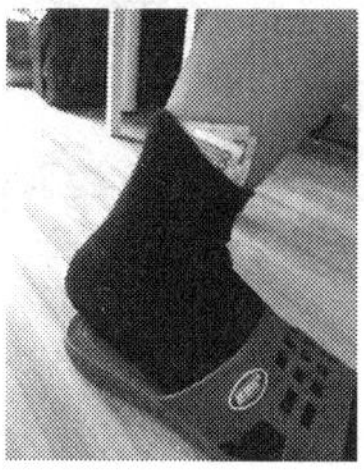

________有很多钱。

（3）

________有一条船，________有一个年轻人和一只老虎。

（4）

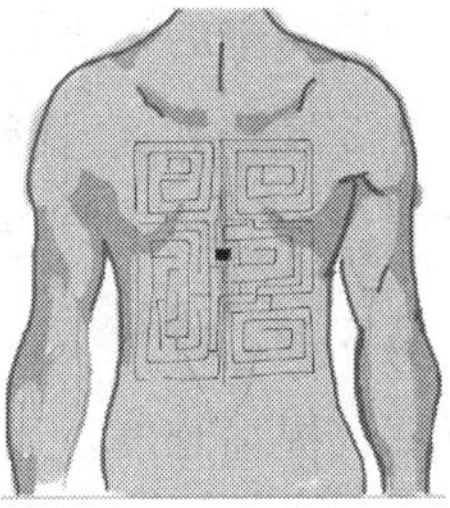

______有一幅地图。

2. 看图说话。

（1）

电脑前边有____________。

（2）

这两个男人后边有____________。

（3）

教室里边有______________________。

____________有一位女老师。

（4）

男人旁边有一只狗。

（左边？右边？旁边？）

3. 找不同。

下面有 A、B 两组图，每组有 3 个不同之处，请看图说一说，比一比谁找得又快又准。

A.

哥哥的房间

弟弟的房间

(1) 哥哥的左边有一只小狗，弟弟______________。

(2) 哥哥的桌子旁边有________________________，

弟弟的____________________________________。

(3) 哥哥的________________有________________，

弟弟的____________________________________。

B.

姐姐的房间

妹妹的房间

4. 看图完成句子。

(1) 6 号楼周围有什么？请你说一说。

a. 6 号楼________有很多商店。

b. 6 号楼________有一个饭馆。

c. 6 号楼________有两座高楼。

d. 6 号楼________有一条路。

(2) 老师住的小区里有什么？请你说一说。

a. 6 号楼________有……。

b. 饭馆儿________有……。

c. 面包店________有……。

d. 路________有……。

5. 两人一组，完成对话：A 留学生第一次来这个小区，现在在 5 号楼前边，他有一些问题，请 B 帮助他。例：

A：我想买水果，请问这附近有水果店吗？

B：有，6 号楼东边有一家水果店。

(1) A：我想换人民币，请问________？

B：有，________________________。

(2) A：我想买汉语书，请问________？

B：有，________________________。

(3) A：我想寄包裹，请问__________？

B：有，________________________。

三、对话练习。

1. 看图完成对话。

例：

老师：怎么了？

学习者：老师，教室外边有一个人！

(1)

A：你在看什么？

B：别动！你的头发上________！

(2)

A：小心！__________！

B：好的。我知道了，我会注意！

(3)

A：老板！____________！

B：哦！对不起，马上给您换一碗！

2. 看图，根据提示完成会话。

(1)

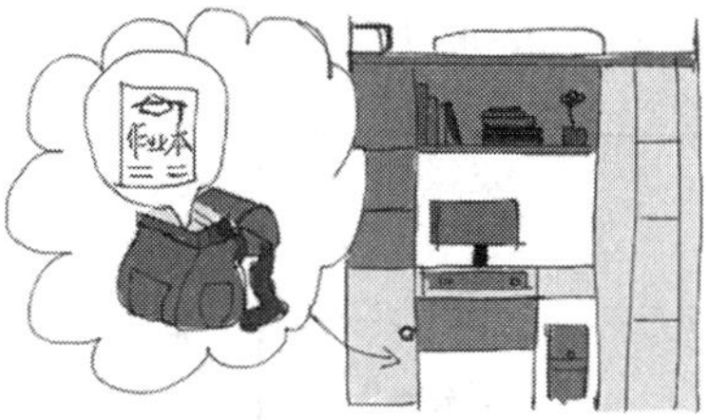

A：我感冒了，今天不去上课了。

B：好，我帮你请假。

A：我的书包里 ______，你帮我交给老师吧。

B：好啊，可是 ________在哪儿？

A：哦，__________。（书包　柜子）

(2)

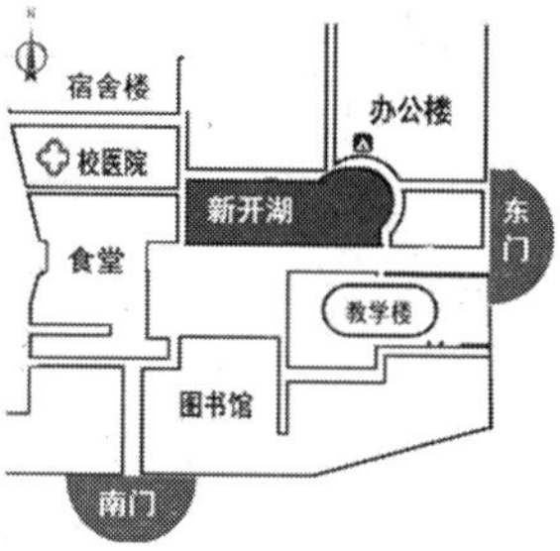

A：食堂的饭真好吃！

B：是啊。吃完饭我们去看书吧，听说图书馆______________。

B：离这儿远吗？

A：不远，图书馆______________。

(3)

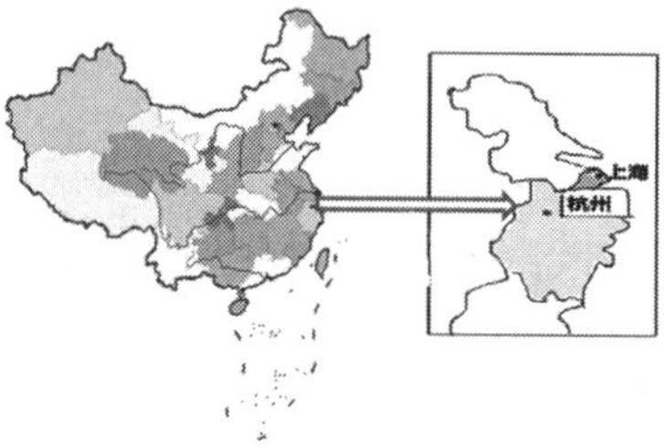

A：我想去旅游，你说去哪儿好？

B：中国 ________________（好玩儿的地方），比如杭州！

A：杭州？没听说过，_____________？

B：嗯……你知道上海吧？

A：知道。

B：______________。（上海　南边）

3. 排一排。

例：a. 你们教室里的空调在哪儿？　b. 你们教室里有空调吗？

你们教室里有空调吗？在哪儿？

(1) a. 卫生间在哪儿？　b. 不好意思，请问这儿有卫生间吗？

____

(2) a. 医院在哪儿？　b. 学校里有医院吗？　c. 老师，我病了，想去医院。

____

4. 你说我画。

两人一组，用“有”字句和“在”字句完成练习。

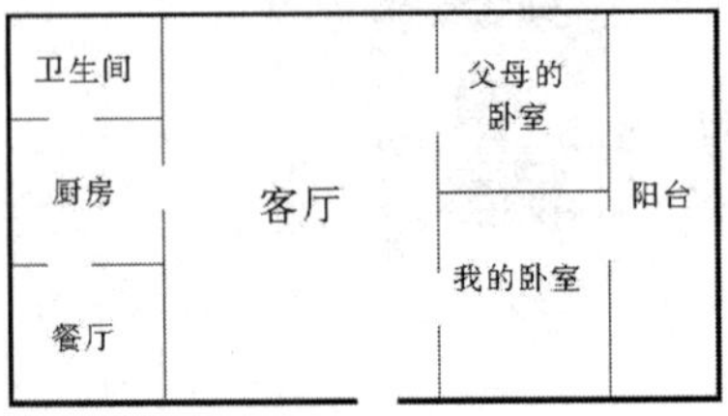

(1) A有10秒时间看一幅图，B请A闭眼；

(2) 请A说一说你看到的东西，B画图；

(3) 画完之后比一比，谁画得最准确？

作业

1. 请你根据下面的句子画三幅画，然后给你的中国朋友看，问他知不知道画里的故事。

(1) 石头里有一只猴子。

(2) 月亮上有一个美女。

(3) 杭州有一座塔，塔的下面有一条蛇。

2. 谁住的地方更方便？更漂亮？比一比！

(1) 两个同学一起完成作业。

(2) 画一幅图给你的同学看。

(3) 用今天学过的句子介绍自己住的地方。

3. 你的钱包丢了，一个中国人捡到了你的钱包，你说什么才能让他确认钱包是你的并把钱包给你呢？请跟你的同学或者中国朋友一起表演。

A：这是谁的钱包？

B：你好！我叫……，我是这儿的留学生，这是我的钱包。

A：是吗？

B：……

15. “有点儿” 和 “一点儿”

卢福波

一、相关语法知识

1. “有点儿”

“有点儿”是程度副词，表示程度较低。程度副词的基本功能是修饰限制形容词或心理动词等谓词，所以在句中形成的基本结构是：有点儿＋形容词/心理动词等。

“有点儿”表示的较低程度是偏离理想程度的，因此用“有点儿”构成的结构其意义大都偏向不如意，所配合的词语大多偏向消极意义。例如：

（1）选择贬义性词语搭配：

有点儿马虎　　有点儿糊涂　　有点儿丑

*有点儿仔细　　*有点儿清楚　　*有点儿漂亮

有点儿生气　　有点儿担心

*有点儿愉快　　*有点儿放心

（2）如果是褒义性词语，一般用其否定式：

有点儿不舒服　　有点儿不划算

如果是肯定式，通常已赋予词语消极情态，表达的一般是否定性的。

有点儿便宜了——不想要便宜的

有点儿热情了——热情得可能过度，不太合适

（3）“大/小/远/近”等可测量性形容词，本身无所谓褒贬，只要与“有点儿”配合，就带有不如意色彩。

有点儿大（不符合尺寸要求，希望小一点儿）

有点儿重（不符合重量要求，希望轻一点儿）

2. “一点儿”

“一点儿”是数量词语，表示少而不确定的数量意义。数量词语的基本功能是补充谓词，做补语；修饰限制名词性词语。例如：

(1) 跟形容词配合——形容词 +（一）点儿

有三种基本功能：

一是表示比较。

这孩子比上个月又高了（一）点儿。

日子好了点儿，也不能乱花钱啊。

这里，形容词所表达的意义跟实际情况一致。

二是用来描述或评价。

这件衣服长了点儿。

这间屋子小了点儿。

形容词表达的是不如意的情况，反映的是实际情况，而这个实际情况不符合说话人的希望。说话人的希望是衣服"短点儿"、屋子"大点儿"。

三是表示要求或愿望。

快（一）点儿。

我要大点儿的屋子。

形容词表达的是说话人要求的或希望的，而实际情况不符合说话人的要求或愿望。即，实际情况是听话人"慢了"、屋子"小了"。

(2) 跟名词配合，可与"这么""那么"连用，强调少。

基本结构：(这么/那么) +（一）点儿（+名词）

就这么一点儿东西，我自己就搬了。

那么一点儿吃的，够谁吃的啊？

(3) 用在"不""没"的前面，表示完全否定。

基本结构：一点儿 +（也/都）+ 形容词/动词

这个电影一点儿也不好看。

这孩子太贪玩了，作业一点儿也没写。

3. "有点儿"和"一点儿"的区别

"有点儿"和"一点儿"属于不同的词性，因此具有不同的功能。

(1) "有点儿"是程度副词，程度副词的基本功能是修饰限制形容词或心理动词等谓词，所以在句中形成的基本结构是：有点儿+形容词/心理动词等。

"一点儿"是数量词语，数量词语的基本功能是补充谓词，做补语；修饰限制名词性词语。所以在句中形成的基本结构是：形容词/心理动词+（一）点儿；一点儿+名词性词语等。例如：

这件衣服有点儿大。（* 一点儿大）

这件衣服大了点儿。（* 大了有点儿）

周围一点儿声音也没有。

（2）“有点儿”表达的是偏离理想程度的较低程度，因此多用于不如意的事情，与消极意义词配合；“一点儿”既可表达不如意的情况，也可表达说话人要求或希望的，因此，根据不同的句义限制，可以接积极意义的形容词，也可以接消极意义的形容词。

（3）从句子表达功能上，“有点儿”只用于评价、描述。而“一点儿”除描述评价外，还可用于祈使、比较、强调等。例如：“大一点儿；比我高一点儿；一点儿也没有”等。

二、主要偏误类型

学习者的主要偏误如下：

（1） * 这件衣服一点儿大。

（2） * 他比我一点儿高。

（3） * 他比我有点儿高。

（4） * 他比我高有点儿。

（5） * 今天有点儿暖和。

（6） * 你再有点儿快吧。

上述偏误可以归纳为以下三种类型：

第一，对于“有点儿”和“一点儿”所属不同词性和因此而具有不同的功能不清楚，混用。句（1）—（4）都属于这种情况。

第二，对于“有点儿”表达的是偏离理想程度的较低程度，因此多用于不如意的事情，应与消极意义词相配合不清楚，如句（5）。

第三，对于“有点儿”和“一点儿”分别所具有的不同的句子表达功能不清楚，因此出现不同句子类型的混用问题，如句（6）。

三、教学及教学设计的主要目的

第一，了解“有点儿”作为程度副词的基本功能用法，尤其还要让学习者了解到“有点儿”表达的是偏离理想程度的较低程度，多用于不如意的事情，与消极意义词语相配合的问题。

第二，了解“一点儿”作为数量词语的基本功能和用法以及在不同类型的语句中表示的不同意义。

第三，了解“有点儿”和“一点儿”的区别：词性上、结构上、意义上、句功能上的等等不同，克服因混淆而产生的偏误问题。

第四，使学习者能够准确地使用“有点儿”和“一点儿”，构成准确完整结构的句子，并能够根据实际语境和情景，准确理解意义，进行恰当的应用。

四、主要教学环节步骤的设计

主要将教学要点进行分解、点讲并针对所讲进行理解、应用训练。

1. “有点儿”

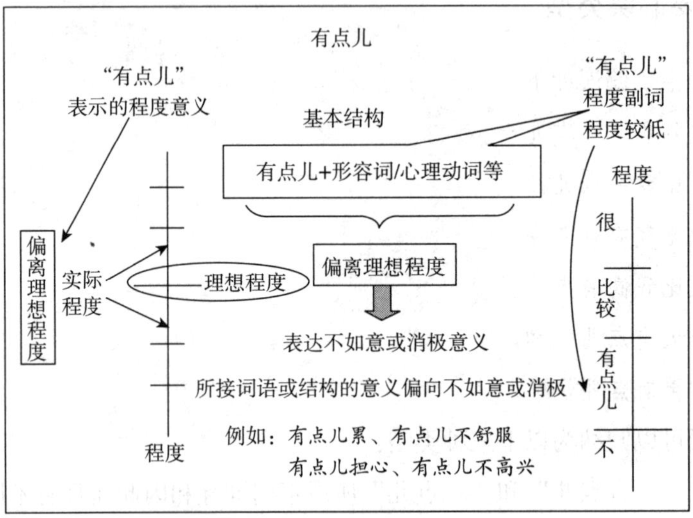

点讲“有点儿”，并进行针对性训练。用上图让学生了解“有点儿”所表示的程度意义以及作为程度副词它应构成的基本结构。通过左侧图示，让学生了解“有点儿”表示的程度意义是偏离理想程度的，因此多用于不如意的事情，与消极意义词语相配合。然后配合练习一和练习二，加强对此部分的理解、结构掌握和实际应用。

2. “一点儿”

点讲“一点儿”，并进行针对性训练。让学生了解“（一）点儿”是数量词语，表示少而不确定的数量意义。因此，它会有以下不同的结构构成形式，表示不同的具体数量意义。

(1) 跟形容词配合——形容词 +(一)点儿

有三种基本功能：表示比较、用来描述或评价、表示要求或愿望。

(2) 跟名词配合，可与“这么”“那么”连用，强调少。

基本结构：(这么/那么) +(一) 点儿 (+名词)

(3) 用在“不”“没”的前面，表示完全否定。

基本结构：一点儿 +(也/都) +不/没+ 形容词/动词

然后，配合练习三和练习四，加强对此部分的理解、结构掌握和实际应用。

3. 点讲要点

点讲“有点儿”和“一点儿”的区别，并进行针对性训练：

(1)“有点儿”和“一点儿”属于不同的词性，因此具有不同的功能。

基本结构是：有点儿+形容词/心理动词等

形容词/心理动词+(一) 点儿

一点儿+名词性词语等

(2)“有点儿”表达的是偏离理想程度的，多用于不如意的事情，与消极意义词配合；“一点儿”既可表达不如意的情况，也可表达说话人要求或希望的，因此，根据不同的句义限制，可以接积极意义的形容词，也可以接消极意义的形容词。

(3) 从句子表达功能上，“有点儿”只用于评价、描述。而“一点儿”除描述评价外，还可用于祈使、比较、强调等。

然后配合练习五加强对此部分的理解、结构掌握和实际应用。

4. 应用训练

通过练习六，整合“有点儿”和“一点儿”，结合语境、情景，指导学习者进行恰当运用。

5. 布置作业

侧重结合实际情景进行综合应用。

练习

一、下列哪些词语可以跟“有点儿”配合，怎么说?

(1) 贵	(2) 聪明	(3) 不认真	(4) 好
(5) 干净	(6) 不难看	(7) 笨	(8) 凉快
(9) 生气	(10) 难	(11) 马虎	(12) 不好意思

二、看下图，用“有点儿”来说一说。

（1）

（2）

（3）

（4）

三、根据下面句子的意思，用“一点儿”来说一说。

（1）我嫌这件衣服有些短，要求换一件。

（2）我认为，时间非常少，不够用。

（3）我认为，这个孩子完全没有礼貌。

（4）他做得不够仔细，我要求他仔细。

（5）现在住的地方比较远，我希望近。

（6）她前些日子心情不好，最近有改变。

四、根据图示和问题，用“（一）点儿”说一说。

（1）

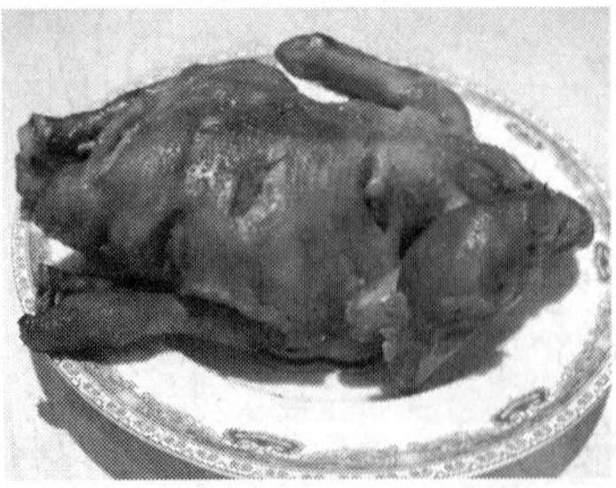

这只烤鸡 2.5 斤，李明想买 2 斤左右的，他应该怎么说？

（2）

这条围巾 380 元，如果降到 350 元丽娜就买，她该怎么说？

五、用“有点儿”或“一点儿”完成句子。

（1）这家饭店怎么样？＿＿＿＿＿＿＿＿＿＿＿＿＿＿＿＿＿＿＿＿。

（2）你站偏了，＿＿＿＿＿＿＿＿＿＿＿＿＿＿＿＿＿＿＿＿＿＿。

（3）她怎么了？＿＿＿＿＿＿＿＿＿＿＿＿＿＿＿＿＿＿＿＿＿＿。

（4）今天外面热吗？＿＿＿＿＿＿＿＿＿＿＿＿＿＿＿＿，很凉快。

（5）他比你重吗？＿＿＿＿＿＿＿＿＿＿＿＿＿＿＿＿＿＿＿＿＿。

（6）她＿＿＿＿＿＿＿＿＿＿＿，吃＿＿＿＿＿＿＿＿＿＿＿药吧。

（7）这双鞋试了吗？怎么样？＿＿＿＿＿＿，换双＿＿＿＿＿＿吧。

六、看图，用“有点儿”或“一点儿”来说一说。

（1）

（2）

（3）

（4）

（5）

（6）

（7）

（8）

作业

用“有点儿”或“一点儿”讲一讲下面的故事。

（1）

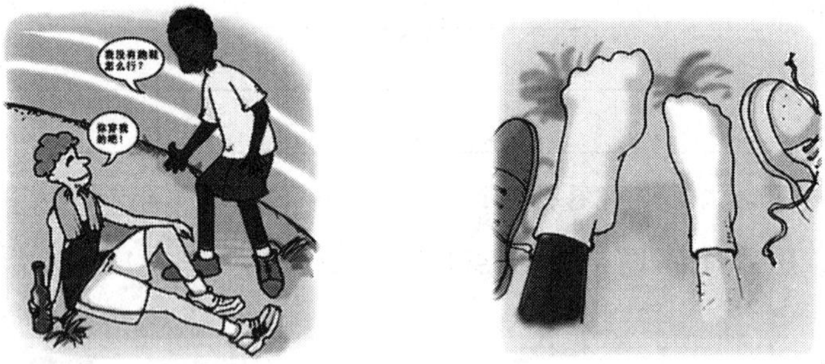

（2）

16. “又”与“再”

翟梦雪

一、相关语法知识

1. 共同点

“又”与“再”均表示“重复”，即此前同样的动作或性状至少已经出现过一次。例如：

真高兴我们又见面了。(之前见过)

我还不懂，请老师再讲一遍。(之前讲过)

但是，当表示“重复”义时，二者存在很大差别。

2. 不同点

第一，“又”表示相同类属动作性状的相加，用于已然的情况。所以，在形式上，动词或句子后常跟表示完成实现等语法意义的“了”或其他成分。例如：

又下雨了　　又吃了一个　　又胖了

“再”只表示同一动作的重复，而且重复尚未发生，属于未然的重复。所以在形式上，动词或句子后一般不接“了”。例如：

再帮我看看有没有错儿。(还没有看第二遍)

第二，“又”主要用于对已然情况的客观叙述，“再”主要用来表示主观意愿或要求，所以“再”可以用在祈使句、意愿句、假设句等，而“又”不可以。例如：

我又写了一遍。(客观叙述)

我想再试一次。(意愿)

你吃得太少了，再吃点儿吧。(祈使)

*你吃得太少了，又吃点儿吧。

你要是再这么不讲理，我就不客气了。(假设)

*你要是又这么不讲理，我就不客气了。

所以，二者的区别可以做如下概括：

又	说话以前	重复动作状态已然（常现“了”）	客观叙述
再	说话以后	重复动作状态未然（多数没有“了”）	主观祈使意愿

二、主要偏误类型

在使用“又”和“再”时，学习者会产生多种类型的偏误，比如：位置不当，“又”“再”遗漏等。但是，在涉及二者的辨析时，最主要的偏误类型是混用，无法区分“又”和“再”不同的时间条件而造成对“又”和“再”的选择错误。例如：

（1）*过了几天，后来再来了个和尚。——又来了个和尚

（2）*一开始，我就被这本小说吸引了，它的情节很有意思，所以我再看了一遍。——又看了一遍

（3）*很高兴我们再见面了。——又见面了

三、教学及教学设计的主要目的

首先，向学习者明确“又”和“再”在表达重复义时的三点对立：现在说话以前与现在说话以后的对立，已然与未然的对立；客观叙述与主观祈使意愿的对立。

其次，让学生掌握上述三点对立在结构形式上的具体表现：“又”的句子里常出现“了”、表示过去时间的词；“再”的句子里一般没有“了”，可以出现“请、能、想”以及表示未来时间的词语。

最后，让学生能够根据实际语境、交际目的准确地选择运用这两个词来表达重复义。

四、主要教学环节步骤的设计

1. 引导性点讲

第一，结合情景，从师生问答入手，引导学生回答出含有“又”“再”的句子：

老师昨天讲了一遍，刚才又讲了一遍。

老师，您能再讲一遍吗？

老师，请您再讲一遍。

第二，借助时间轴，让学生判断例句中的“又讲了一遍”和“再讲一遍”发生在什么时候：过去还是将来。进而向学生明确“又”和“再”在时间条件上的对立：过去和将来的对立，已然和未然的对立。

第三，利用问答和图片进一步展示例句，引导学生发现包含“又”和“再”的句

子在形式上有哪些特点，并整理出“又”“再”的结构形式：

过去时间＋又＋V＋了……

将来时间＋请/能/想＋再＋V……

第四，明确“又”和“再”在形式上的区别，帮助学生理解二者在形式上出现区别的原因。

2. 教学要点点拨及训练

角度之一：“又”和“再”的时间条件不同——过去已然与将来未然的对立。

针对教学要点，设计选词填空。通过选择时间词语填入句中，来突显二者在时间条件上的特点和区别，从而加深学生对时间条件这一区别的认知和理解。（练习一第1题）

然后更换角度，让学生判断句中的时间词语发生在过去还是将来，进一步强调“又”和“再”在时间条件上的区别。（练习一第2题）

角度之二：“又”和“再”的使用条件不同：客观叙述与主观祈使、意愿的对立。

针对教学要点，设计词语替换练习。为学生提供一个使用“又”和“再”的典型对话，要求学生分别用四个不同的动词短语来完成对话。通过替换和反复阅读，让学生体会“又”和“再”在使用条件上的区别：“又”主要用来客观叙述，“再”则用来表达主观的祈使和意愿。

角度之三：整合训练。

首先，针对“又”和“再”的区别，设计强化结构规则和理解意义用法的选词填空，对二者进行辨析练习，从而加深学习者对二者结构和用法的辨识和理解。（练习一第4题）

其次，针对学习者在这部分出现的偏误，设计改错练习，强化学习者的正确理解和选用，从反面加强对二者区别的注意。（练习一第5题）

3. 强化理解

利用图片、语言提示等，为学生提供语境和情景，加深学生对“又”和“再”使用条件和交际功能的理解，让学生准确地选择运用“又”和“再”表述出重复义，构成得体完整的句子。（练习二第1、2、3题）

4. 布置作业

设计结合学生实际生活的应用性练习，让学生在日常生活中能准确地选择“又”“再”来表达重复义。

练习

一、要点分解练习。

1. 选词填空。

一会儿　　明年　　刚才　　上个月

(1) 我这会儿没时间，________再去。

(2) 我昨天晚上给他打了一个电话，________又给他打了一个电话，他都关机了。

(3) 他去年去了一次北京，________想再去一次。

(4) 他去年去过一次北京，________又去了一次。

2. 判断句中的时间词语是在过去还是将来。

(1) 他上午来了，下午________来了。

(2) 他上午来了，他想下午________来。

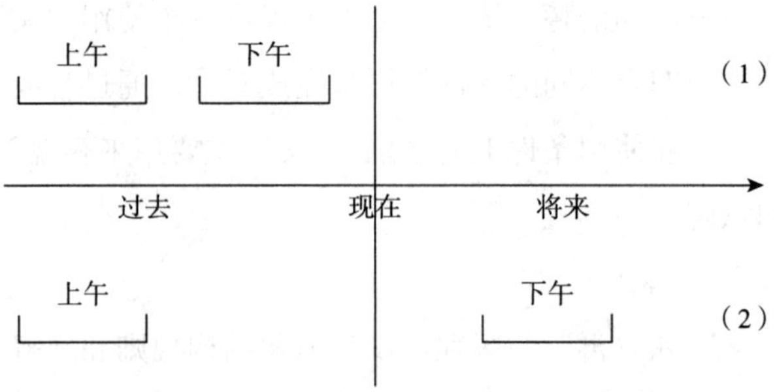

3. 选择“再”或“又”填空。

(1) 昨天我给朋友打电话，她不在，刚才我________打了一次，她还是不在。

(2) 他不在，你能明天________来一趟吗？

(3) 这些练习很难，我想________检查一遍。

(4) 奶奶________难受了，快拿药来！

(5) 这本书已经卖完了，书店的人让我下个星期________去看看。

(6) 玛丽________买了一本汉语词典。

(7) 这个电影太好看了，我昨天________看了一遍，以后还想________看两遍。

(8) 我________写了一遍，请老师________看看吧。

4. 分别选用“再”或“又”完成下面的对话。

A：昨天你是不是____________？

B：是啊，今天上午我________。

A：你想什么时候________？

B：我想明天________。

A：明天咱们班要去爬山，你能改天________？

B：那我下星期________。

5. 下面的句子说得对吗？如果不对怎么改？

(1) 雨刚停，现在再开始下了。

(2) 这件衣服洗得不干净，能又洗一次吗？

(3) 这咖啡真好喝，我想又喝一杯。

(4) 昨天我做作业做错了，今天再错了。

(5) 时间还早呢，我们又学习一会儿吧。

二、应用练习。

1. 用“又”或“再”完成对话。

(1) 妈妈：起床了，该上学了。

儿子：________。

(2) 小美：你怎么了？为什么闷闷不乐的？

小明：________。

小明的成绩

第一次	第二次
48	44

(3) 妈妈和儿子在吃饭。儿子不吃了。

儿子：我吃饱了。

妈妈：____________。

(4) A：发生什么事了？

B：这段路经常发生交通事故，__________，__________。

上周

刚才

2. 根据下图，用“又”或“再”完成句子。

昨天　　　　今天　　　　明天

________________________________。

3. 根据所给条件，用“再”或“又”表达。

（1）小明发烧了，在看医生。

早上体温	下午体温
38℃	38.3℃

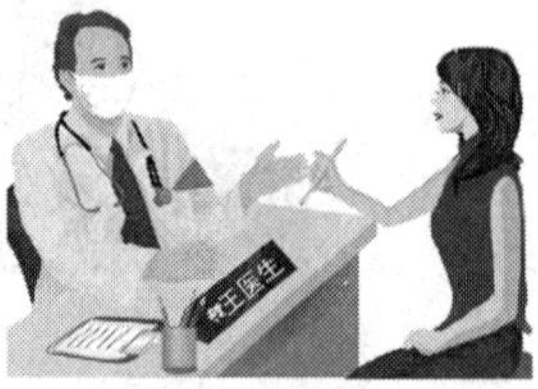

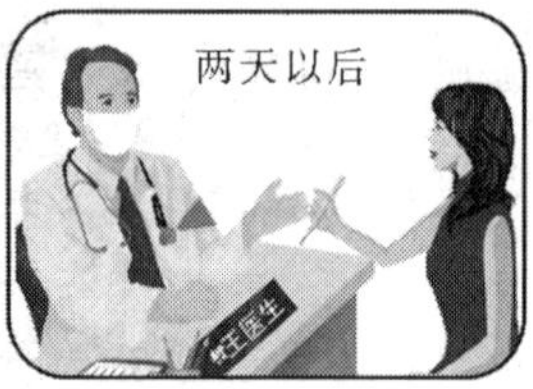

（2）今天是星期天。请向大家描述过去三天的天气情况。

星期四	星期五	星期六
小雨	中雨	大雨转中雨
低温：7℃	低温：5℃	低温：2℃
高温：12℃	高温：9℃	高温：5℃
西北风 4 级	西北风 5 级	东南风 4 级

作业

用“又”“再”，向同学介绍一下这个星期做的事情和下个星期想做的事。

17. “越……越……”“越来越……”

卢福波

一、相关语法知识

1. “越”是副词

副词的基本功能是修饰限制谓词性词语，所以，在句中，“越”应位于谓词性词语前。

2. 关于“越……越……”

“越……越……”表示的是一种倚变关系，是指随着某种条件、状况的增强，程度也随之增强。因此，前后配合，应连用两个“越”。有时为了表达需要，连用三个“越”也可以（本课件用于初级阶段教学，暂限于连用两个“越”）。“越……越……”可以只陈述一个主体，即“S＋越……越……”；也可以分别陈述主体，即“S＋越……，S＋越……”。

3. 关于“越来越……”

“越来越……”中的“来”表示的是时间进程，因此“越来越……”表示程度随时间变化而增强。

二、主要偏误类型

学习者习得“越……越……”或“越来越……”的主要偏误有：

（1）＊他汉语说得越好了。

（2）＊最近越来越春天了。

（3）＊他最近越吃饭，越睡觉。

（4）＊他汉语越来越很流利了。

上述偏误归结为以下四种类型：

第一，想表示倚变关系，却只用了一个“越”，即没有“越”的连用配合，没有把倚变关系表示出来，句（1）。

第二，“越”是副词，其功能是修饰限制谓词性词语，所以应出现在谓词性词语前。学习者分不清词性，有时会直接将它用于名词前，句（2）。

第三，用“越……越……”联系的前后两部分应有倚变的发展变化关系，没有这种关系，不应用“越……越……”，句（3）。

第四，“越……越……”或“越来越……”因表示程度随发展变化或时间而增强，所以“越”联系的部分不能再用程度副词，学习者常常习惯性地在形容词前添加程度副词，句（4）。

三、教学及教学设计的主要目的

第一，让学习者了解“越……越……”连接的前后两项的基本结构和关系——条件变，程度随之变，程度随着条件的变化而增加；同一主体和不同主体所形成的不同结构形式。

第二，了解“越来越……”表示的意义和关系——程度随时间变化而变化。

第三，突显学习者在学习“越……越……”和“越来越……”时可能存在的理解问题和偏误类型，从反面帮助学习者避免类似问题的发生。主要方面有：汉语副词与谓词的关系；“越……越……”和“越来越……”与程度副词的关系；“越……越……”连接的前后两项之间的关系等。

第四，设计大量结构性和应用性练习，以培养语感和准确、熟练的应用能力。

第五，使学习者能够准确地使用“越……越……”和“越来越……”构成准确完整结构的句子，而且能够根据实际语境和情景进行恰当的应用。

四、主要教学环节步骤的设计

第一，从动态理解入手，切入对“越……越……”的教学。即：

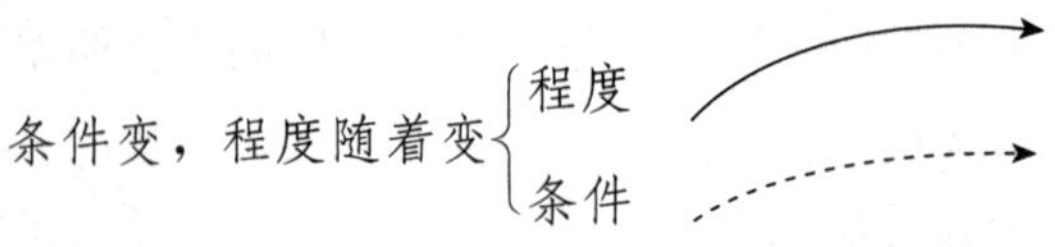

通过给出形象的图片和相应的条件，让学习者体会“越……越……”同一主体和不同主体所形成的不同结构的实际例句和结构形式。即：

句式一：S＋越 v＋越 adj/v

句式二：S＋越 adj/v，S＋越 adj/v

然后，分别针对句式一、句式二给出四幅图，进行应用训练。

第二，再从动态理解入手，切入对“越来越……”的教学。即：

事件的程度随时间变化{程度 →
条件 ⇢

通过给出形象的图片和相应的条件，让学习者体会“越来越……”的实际例句和结构形式。即：

句式：S＋越来越＋adj/v

然后，给出三幅图，让学习者从不同角度说出多个运用“越来越……”的句子。

第三，针对学习者可能存在的理解问题和偏误类型，从反面帮助学习者避免类似问题的发生，讲解使用“越……越……”和“越来越……”应注意的四个方面的问题：

其一，表示前后随条件/时间而递增程度时，应连用两个“越”。

学生的错误：＊外面雨下得越大了。

＊他汉语说得越好了。

其二，“越”是副词，应出现在谓词性词语前。

学生的错误：＊最近越来越春天了。

其三，用“越……越……”联系的部分应有发展变化关系。

学生的错误：＊他越来越说汉语流利了。

＊他最近越吃饭，越睡觉。

其四，因程度随发展变化而增强，所以“越”联系的部分不再用程度副词。

学生的错误：＊他汉语越来越很流利了。

＊他汉语越说，越很流利。

配合讲解，针对性地设计改正错句的练习，覆盖以上所讲的方面。

第四，为使学生熟练、准确掌握“越……越……”和“越来越……”的结构，并能准确加以运用，设计了三种类型的应用练习：

一是设计列表，让学生据此用“越……越……/越来越……”来说一说。

二是提供一些情况，让学生据此用“越……越……/越来越……”来说一说。

三是提供五套图画，让学生据此用“越……越……/越来越……”来进行描述。

第五，为使学生能够将所学运用到日常交流中，给学生布置结合生活实际运用“越……越……/越来越……”的作业，培养学生有意识地运用“越……越……/越来越……”的能力。

练习

一、基础练习。

1. 用句式一“S＋越 v＋越 adj”来说一说。

（1）

（2）

（3）

（4）

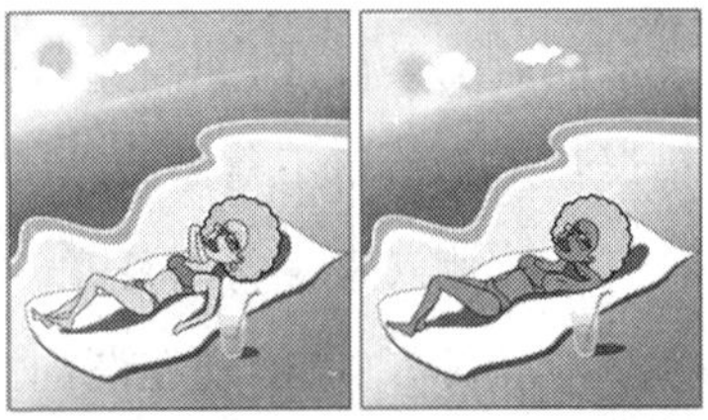

2. 用句式二“S＋越 adj/v，S＋越 adj/v”来说一说。

（1）

（2）

（3）

（4）

3. 用句式“S＋越来越＋adj/v”说一说。

（1）

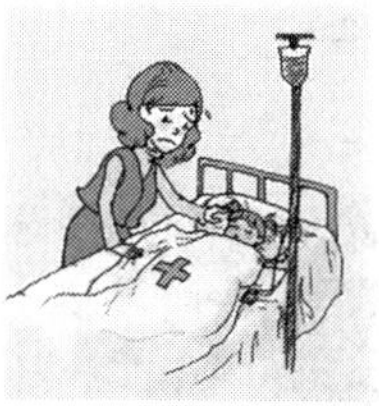

（2）

（3）

4. 改正下列句中的错误：

（1）我越喜欢她，越她不理我。

（2）最近我的工作越忙了。

（3）她来中国后，越吃水果，越去商店。

（4）他越来越长得帅气了。

（5）这个女孩儿越长越很漂亮了。

（6）天气越来越暖和了，我起床越早了。

二、应用练习。

1. 根据列表，用“越……越……/越来越……”说一说。

（1）明杰的汉语水平：

2月份	7月份	12月份
3级	4级	5级

（2）工厂每年都搞技术革新，产值：

2010年	2011年	2012年
60万元	80万元	100万元

2. 根据提供的情况用“越……越……/越来越……”说一说。

（1）孩子大了，懂事了。

（2）放假的时间临近了，他更加高兴了。

(3) 快要考试了，她心里很紧张。

(4) 科学种田普及后，粮食产量一年比一年高。

3. 根据图画，用“越……越……”或“越来越……”表述。

(1)

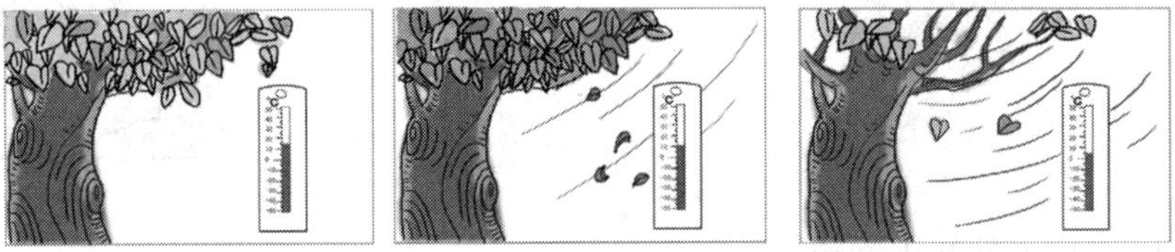

(2)

(3)

(4)

（5）

作业

根据自己的实际情况或看到的情况，用“越……越……”或“越来越……”说一说。

1. 你开始学汉语时觉得汉语难不难？现在呢？你汉语水平提高以后想做的事情有变化吗？

2. 你来这里多长时间了？认识的人、生活习惯、对周围环境的了解有变化吗？

18. “左右”“前后”“上下”概数表示法

卢福波

一、相关语法知识

“左右/前后/上下”属于汉语名词下位小类中的方位词。方位词，即表示方向、位置的词。分为单纯方位词和复合方位词两类。单纯方位词即：“上、下、前、后、左、右……”；复合方位词，即与“边、面、头”等组合而成的词，如“上边、下面、里头”等。

“左右/前后/上下”是由方位语素与方位语素结合而成的词，它们除了可以表示方位以外，还可以用来表示时间、数量的概数。

概数即为大概的数。在日常生活中，我们有时候需要用准确的数字进行表达，比如：“今天下午是两点半上课，别忘了。/ 这种苹果5.5元一斤，你要多少?”但是，有时候你无法或无须说出一个准确的数字，而交际语境却要求你说出一个数量，这时候你就需要用概数表示法来进行表达。

汉语中的概数表示法在不同的量度上刻画得比较细致、准确，所以表达方式丰富多样。有表示一两个数范围的数字相连表示法，如“两三个”；有表示接近某数的表示法，如“三尺来长、个把小时”；有表示数量范围稍大一点儿的，如“三斤左右、50上下”；有表示数量范围更大一些的，如“200多人”等等。

“左右/前后/上下”都可以表示一个临近某数的概数。“左右”表示一个在左右相邻的范围内的概数，如“5”——它的左边是“4/3”，右边是“6/7”，那“5个左右”表示的概数大约就是三四个到六七个之间的概数。“前后”也表示一个在前后相邻的范围内的概数，如：5月，它的前边是4月，它的后边是6月，从4月到6月就是“5月前后”表示的大概时间。“上下”也表示一个在上下相邻的范围内的概数，如：温度。如果是20度上下，那么它的上面应该是二十一二度，它的下面应该是十八九度，这个温度范围就是“20度上下”表示的概数。

“左右/前后/上下”虽都可以表示一个临近某数的概数，但使用范围和用法却有差异。“左右”表概数的范围广泛，人、事物、时间等都可使用；“前后”则仅用于时间。“上下”则多用于有上下刻度形式的概数范围。如，温度、年龄（高低之分）、个子等。在表示时间上，“左右”“前后”在用法上还有所不同，“左右”既可表时点，又可表时段；“前后”则只表时点。如“五点左右、五个小时左右，五点前后、*五个小时前后”。在表时点时，“左右”只用于数量词后，不用于名词后，“前后”则既可用于数量词后，也可用于名词后。如“*元旦左右、元旦前后”。

二、主要偏误类型

（1）*珊珊 15 岁左右（可能在 13—15 岁之间）。

（2）*国庆节左右他打算去旅行。

（3）*这个作业他写了一个小时前后。

（4）*参加活动的有五个人上下。

（5）*这个行李有 25 公斤前后。

上述偏误可以归纳为以下四种类型：

其一，用在不是以一个数为中心向两边延伸的概数范围上，如句（1）。

其二，将“左右”用于时间名词上，如句（2）。

其三，将“前后”用于时段上，如句（3）。

其四，将“上下”“前后”用于一般人与物上，如句（4）、句（5）。

三、教学及教学设计的主要目的

第一，帮助学习者理解什么是概数，为什么要使用概数，什么时候使用概数。

第二，帮助学习者理解“左右”“前后”“上下”表示的意义以及在表示概数时所表示的意义。

第三，了解表示概数的“左右”“前后”“上下”与不同类型事物结合的规律及其相互之间的差异。

第四，使学习者能够准确、熟练地使用表示概数的“左右”“前后”“上下”，并能够根据实际情况恰当运用。

四、主要教学环节步骤的设计

1. 点讲

首先提出一个问题——“在生活中，当我们想说一个数量却不能准确地说出来时，我们该怎么说呢?”以引起学生们关注其表达方式方法；再通过几个具体问题，让学习者理解为什么需要用概述方式进行表达；然后，利用图示引导，让学生理解“左右”“前后”“上下”所表示的概数意义。

2. 教学要点分解点拨及训练

角度之一：理解“左右”所表示的概数意义。

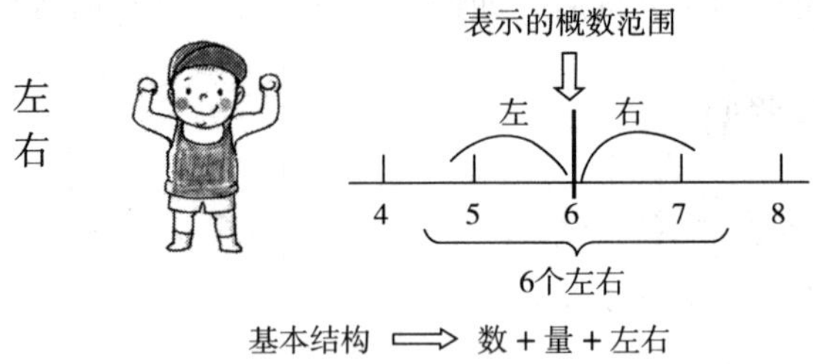

紧接着做练习一。

角度之二：以时间如流水引导学生理解“前后”所表示的意义，紧接着做练习二。

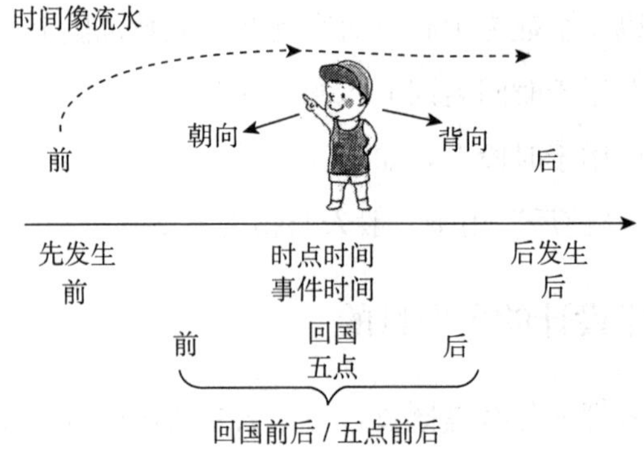

角度之三：理解“上下”所表示的概数意义。紧接着做练习三。

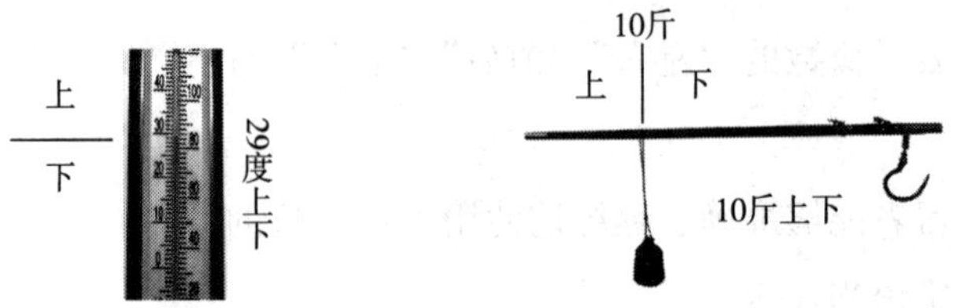

“上下”大多用于有刻度测量的事物上。如：气温、温度、重量、高度等。

然后，通过练习四，整合掌握“左右”“前后”“上下”的概数表达。

角度之四：

集中讲解“左/右”“前/后”在表示时间上的差别：

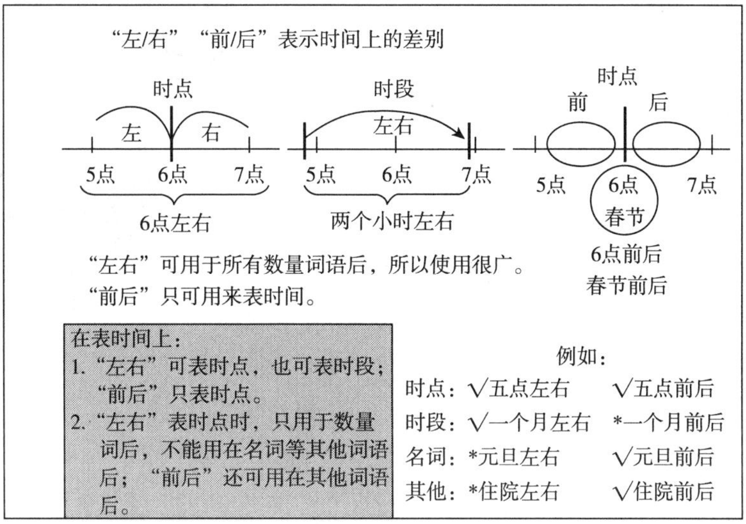

通过练习五，指导学生进行练习和应用。

3. 应用训练

结合语境、情景，再通过练习六指导学习者在全面仿真语境中进行应用练习。

4. 布置作业

侧重结合学习者实际的应用性练习，使学习者能够学会在生活中准确运用概数表示法。

练习

一、用“左右”试着说一说。

（1）14 岁—16 岁　（2）30 本—50 本　（3）25 分—35 分

（4）2.8 斤—3.1 斤　（5）1 点 50 分—2 点 10 分　（6）4.6 公里—6 公里

二、用“前后”试着说一说。

（1）11 号—13 号　（2）周二—周四　（3）春节　（4）事故发生

三、用“上下”试着说一说。

（1）外面大概有 39—41 度的样子　（2）他的个子有 1.78—1.82 米的样子

（3）这棵树有 1800—2100 年的样子　（4）这件行李大约有 28—31 公斤的样子

四、根据图片，用“左/右”“前/后”“上/下”回答问题。

（1）今天的温度可能是多少？

（2）老爷爷大概多大年纪了？

（3）小朋友大概几岁了？

(4) 小朋友大概有多高?

(5) 他们大概几点来这儿放风筝的?

(6) 他们在这儿大概放了多长时间风筝了?

(7) 买这样一个漂亮的风筝大约需要多少钱?

五、用“左/右”“前/后”试着说一说。

(1) 10 点 20 多一点—10 点 35 多一点

(2) 做了三五个小时的时间

(3) 需要二十八九天或三十一二天

(4) 9 号—11 号之间

(5) 接近半夜—半夜刚过

(6) 七十五六、七十六七公斤的样子

(7) 在这儿生活了十一二—十二三年

(8) 也许是放假前三五天去,也许是放假后三五天去

六、根据图片,用“左/右”“前/后”“上/下”来说一说。

(1)

这里可能有多少条鱼?

(2)

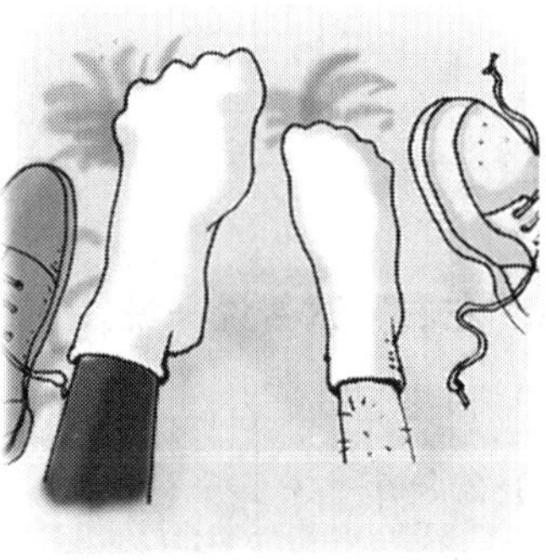

他们的脚分别可能有多大?穿多大号的鞋?

(3)

这里可能有多少个西瓜?一个西瓜可能有多重?

(4)

这两个小朋友大约几岁?现在可能是什么时间?

（5）

这里大约有几棵椰树？
这些椰树可能几岁了？

（6）

这里大约有多少鸭宝宝？
这些鸭宝宝可能多大了？

（7）

你估计这艘豪华游轮有多少层？
有多高？能装多少人？

（8）

这串香蕉大约有多重？
大约有多少根？

（9）

你估计这对老夫妇有多大年纪了？

作业

根据实际情况，用“左/右”“前/后”“上/下”回答下列问题。

1. 你每天的作业大约需要多长时间能够完成？
2. 你看到你同学的妈妈，估计一下她的年龄。
3. 你估计一下你的一位同学的个子和体重。
4. 你估计一下今天的气温或屋子里的温度。
5. 你今年打算出去旅游，你可能安排在什么时候？
6. 你将来工作的话，大概什么样的工资水平你能接受？

19. 结果补语

雷　航

一、相关语法知识

1. 关于补语

补语是谓语后的连带成分，补充说明谓语的结果、程度、趋向、可能、状态、数量等。补语句一部分是将原本可能需要用两句话来说明的内容，略掉重复信息，简约、准确地用一句话来表达的现象，是汉语中比较特殊的一种结构现象。

2. 关于结果补语

结果补语主要表示动作或状态的结果——引起动作者或动作受事的状态发生变化，一些结果补语也表示对动作的评价、判断。在汉语中，结果补语由动词或形容词充当，常常用作叙述由于一个动作或状态引起（或将引起）的某种具体结果。

结果补语与动词的关系十分紧密，结果补语紧紧附着于动词之后，两者之间不能插入任何其他成分（如宾语、语气助词等），形成“动词＋结果补语”的动结结构。

汉语中，带有结果补语的谓语动词一般是单音节动词，受此影响，充当结果补语的动词或形容词通常也选择单音节的形式。汉语中，能够充当结果补语的常常是一些最常用的动词，大概有几十个。如“完、懂、见、倒、醒、掉、破、破、飞、伤、肿、动、跑、成、死、胜、住、裂、断、到、败”。

除此之外，一部分趋向动词实际上也表示了一定的结果，如“上（贴上了）、下（记下这笔账）、开（离开这里）”。

相对于动词，单音节形容词做结果补语的可能性普遍比较大，如“好、坏、对、错、累、满、大、小、高、低、胖、瘦、快、慢、老、强、弱、远、近、紧、熟、饱”。

少量双音节形容词也可以做结果补语，如“高兴、清楚、明白、整齐、舒服、糊涂、干净、利索、结实、合适”。

在时间意义上，结果补语表示动作产生的结果，意味着动作过程的截止，因此，动词前后不可再与表示持续、进行等意义的词语结合。如：＊他正打完电话。/＊他打完着电话。

二、主要偏误类型

(1) ＊妈妈每天早上七点醒我。

(2) ＊我听后面有人叫我。

(3) ＊我清楚听了老师的话。

(4) ＊你的作业写不对了。

(5) ＊公共汽车开过了。

(6) ＊同学们打扫教室干净了。

(7) ＊他吃了饱。

(8) ＊他听懂着老师的话。

上述偏误可以归纳为以下五种类型：

第一，动结结构主要成分的缺失。一种情况是缺少谓语成分，如句（1）；另一种情况是缺少补语成分，如句（2）。

第二，结果补语错序。学生对结果补语的构成结构和作用理解不清，将结果补语安置到状语的位置，如句（3）。

第三，结果补语选用不恰当。选用不正确的词语来充当结果补语造成的偏误，如句（4）、句（5）。

第四，动词和结果补语之间插放其他成分。动词和结果补语之间不能加入任何成分，而学生往往意识不到这一点造成偏误，如句（6），在动词和结果补语之间插入了宾语；句（7）在动词和结果补语之间插入了时态助词“了”。

第五，选用错误的时态助词。出现结果补语的句子往往表示动作过程结束，而很多学生错误地选用表示持续的时态助词“着”，如句（8）。

三、教学及教学设计的主要目的

第一，让学习者了解结果补语的基本结构和功能，包括结果补语的肯定形式和否定形式。

第二，了解如何选择充当结果补语的词语，建立常用动词与可能产生的结果间的联系。

第三，了解谓语部分与结果补语的内在联系，能够根据谓语部分的语义特征来选用对应的词做结果补语。

第四，了解汉语动作方式和动作结构的紧密结合关系，即表现为形式上的两者之间不可插入任何其他成分。

第五，使学习者能够使用结果补语构成准确完整的句子，并能恰当地运用于情景语境和实际生活当中。

四、主要教学环节步骤的设计

1. 教学导入

介绍结果补语的肯定结构形式，以此切入讲解教学。

首先播放视频 1，直观、感性地引导学生用两句话分别说出视频中人物的动作、动作产生的结果，而后将两句话合并成一句，归纳形成的结构：

V ＋ v/adj.（结果补语）

↓ ↓

动作 结果

简单解释含义：动作发生，产生结果。

通过练习一第 1 题进行巩固练习。然后，播放视频 2，点拨学生将肯定形式变为否定形式：在一般情况下，用“没”或“没有”来否定结果的发生，并通过练习一第 2、第 3 题进行操练。

2. 教学要点分解点拨及训练

角度之一：结果补语的音节特点。

通常而言，汉语动结结构在音节上多是“单音节＋单音节”，只有少数情况下可以选用双音节形容词充当结果补语。针对教学要点，设计选择恰当结果补语的训练（练习一第 4 题），强化学生对结果补语音节特点的感觉。

角度之二：结果补语与谓语动词间的内在联系。

谓语动词的某些语义特征决定了需要选择哪些与之相吻合的词语来充当结果补语。针对教学要点，设计运用图片来突显这种内在联系的训练（练习一第 5 题）。

角度之三：结果补语与谓语动词间的结合形式。

汉语动结结构结合十分紧密，表现在形式上为动作和结果之间不能插入任何其他成分。针对教学要点，设计强化结构的训练（练习一第 6 题）。

角度之四：结果补语的时态助词选择。

结果补语表示的是动作结束后所产生的结果，这种“动词＋结果补语”的动结结构有相当一部分替代了其他语言中的过去时、完成时等时态的形式和意义，因此，结果补语后的时态助词可以选用“了”或“过”，不能用表示动作进行或状态持续的“着”。

针对教学要点，设计突出时态助词选择的训练（练习一第7题）。

3. 应用训练

结合语境、情景，指导学习者进行恰当运用，根据语言、图片等提供的条件、情景，运用结果补语，构成得体、准确、完整的句子（练习二第1、2、3题）。

4. 布置作业

侧重结合学习者实际的应用性练习，让学生把学到的结果补语准确恰当地运用到实际生活中。

练习

一、基础练习。

1. 把下列两个句子合并成一个句子：

（1）她打蚊子。　　蚊子死了。　________________。

（2）妈妈晒衣服。　　衣服干了。　________________。

（3）他跑步。　　他累了。　________________。

（4）莉莉倒水。　　杯子满了。　________________。

（5）老师讲这个问题。这个问题大家明白了。

________________。　________________。（听）

2. 把下列句子变成否定形式：

（1）蛋糕做好了。　________________。

（2）鸡蛋煮熟了。　________________。

（3）她把水喝光了。　________________。

3. 根据图片完成句子。

（1）小明看__________了汉字。

汤姆________________。

（2）李雷听________了音乐。

杰克________________。

4. 选择恰当的结果补语。

（1）砍____　　A. 断　　B. 断裂　　（2）做____　　A. 完成　B. 完

（3）变____　　A. 火红　B. 红　　　（4）洗____　　A. 干净　B. 净

（5）听____　　A. 清　　B. 清楚

5. 选择恰当的图片和对应的结果补语。

（1）

小明每天吃很多东西。一个月以后，他吃____了。

（2）

小刚每天上学很累。一个月以后，他累____了。

(3)

去年种的小树苗，现在长____了，也长____了。

6. 改正下列句中的错误：

(1) 他写了完作业。 ______________________。

(2) 爸爸问路清楚了。 ______________________。

(3) 啤酒喝了光。 ______________________。

(4) 我做了好蛋糕。 ______________________。

(5) 我听问题清楚了。 ______________________。

7. 判断下列句子的正误：

(1) 他的衣服淋湿着。 ( )　(2) 他做错过这个题。 ( )

(3) 我买到过这本书。 ( )　(4) 窗户打开着。 ( )

二、应用练习。

1. 选词填空（近、光、整齐、满、晚）。

(1) 冬天到了，树叶都掉____了。　(2) 他走____了才发现这个人是汤姆。

(3) 山坡上开__了玫瑰花。　(4) 他来____了。

(5) 房间收拾____了，她还在桌子上摆上了花。

2. 根据图片完成句子。

(1)

他睡____了。

(2)

他吃____了。

食物吃________了。

（3）

小红答____了问题。

玛丽答____了问题。

玛丽__________问题。

（否定形式）

（4）

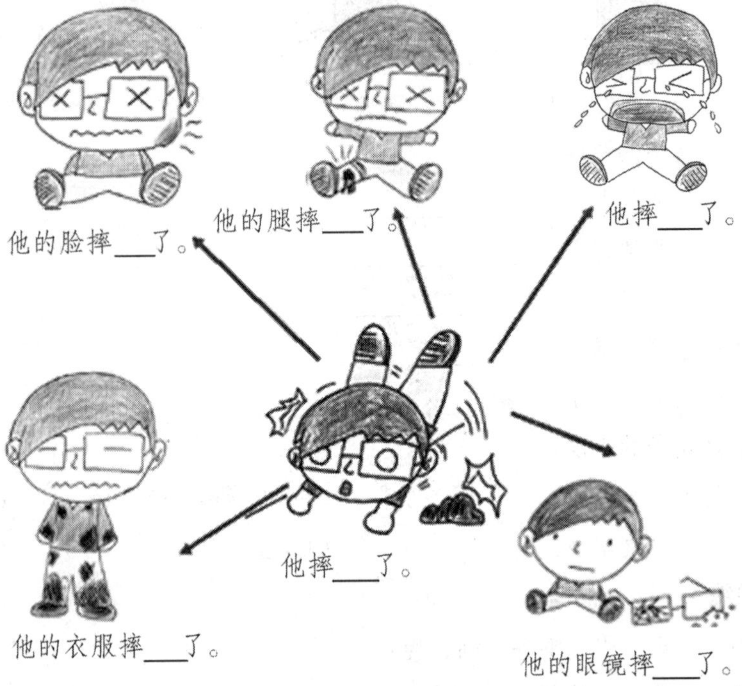

3. 课堂活动。

老师将一些含有结果补语的句子分别写在小纸条上，然后让一组学生抽取小纸条并根据句子表演，另一组学生猜句子，两组轮流进行，分出胜负。

例句：（1）他把水喝完了。　（2）他把书翻开了。

（3）他把灯关上了。　（4）他把衣服穿好了。

作业

用结果补语来描述身边发生的小故事。

例如：玛丽看到墙上有一只蚊子。她用书打了一下，没打着，蚊子飞走了。玛丽却碰倒了旁边的杯子。杯子掉到地上，摔碎了。

20. 能愿动词“能”与“会”

王雅静

一、相关语法知识

能愿动词“能”与“会”是对外汉语教学的难点和重点，二者的意义和用法存在一定区别。首先，“会”表示通过学习获得某种能力，而“能”指在具备主客观的条件下有能力做某事；其次，在表达推测、估计的意思时，“能”强调主客观上是否具备某种条件，因而事情是否有可能发生，“会”则更多的是说话人主观想法；最后，在表达“允许”这样的意思的时候，一般使用“能”而不使用“会”。

二、主要偏误类型

学习者习得能愿动词“能”和“会”的主要偏误有：

（1）*在中国学习了一段时间，我会讲汉语了，而且会讲得很好。（“会”与“能”的混用）

（2）*我衷心希望以后能机会再见①。（不了解“能”的意义和使用的条件）

（3）*我会在这里抽烟，可以吗？（表示允许，只能用“能”不可用“会”）

上述偏误可以归结为以下三种类型：

其一，“能”与“会”基本语义的混淆。

其二，表达预测、估计时，不清楚“能”与“会”的使用条件不同。

其三，表达“允许”时，不可以用“会”。

三、教学及教学设计的主要目的

第一，掌握“能”和“会”的基本语义和使用特点。

第二，在掌握二者基本语义的基础上，理解二者引申后的用法。

---

① 该例句选自卢福波《汉语语法教学理论与方法》，北京大学出版社，2010年，第100页。

第三，通过“能”和“会”的教学理解能愿动词表达语义的特点和使用条件。

四、主要教学环节步骤的设计

1. 教学要点分解点拨及训练

角度之一：“会”和“能”的基本语义及异同。

这一部分，是掌握二者语义和基本句式的基础，所以我们分为“会”和“能”两个部分，先讲清“会”的语义，点拨其使用，并附上练习；再引出“能”的语义，点拨并练习（练习一、练习二）。最后将二者结合起来，通过练习使学生明确二者的语义区别（练习三）。

此外，这一部分还在给出大量例句的情况下，提炼能愿动词的句式结构，潜移默化中帮助学生掌握简单的能愿动词的句型。

角度之二：推测将来可能发生的事情上，“会”和“能”的区别。

这一部分是学生在掌握“会”和“能”的基本语义以后所做的引申，也就是说在对将来的事件进行预测时，二者表达的重点不一样，如果强调主观意愿，那么使用“会”，如果强调是否具备主客观方面的条件，则用“能”。强调的方面不同，使用不同的能愿动词，这一意义比角度一的基本意义更虚灵，所以需要在设置充分语境的情况下，对二者的区别进行点拨和练习（练习四）。

角度之三：表“允许”时只能用“能”。

这一部分是“能”的引申用法，与上述两个角度对比，语义更加虚灵，这就要求教师在抓住二者本义的情况下，对这一意义进行引导。在一般情况下，我们做某事可能给对方带来不便，这个时候，得到对方的“允许”也是一种条件。只有“能”有可能表达这种条件，因而“能”有了这一种用法，“会”则不可以（练习五）。

2. 应用训练

结合语境、情景，指导学习者进行恰当运用，根据语言、图片等提供的条件、情景，准确运用“能”和“会”，构成得体、准确、完整的句子（练习六、练习七）。

3. 布置作业

侧重结合学习者实际的应用性练习，让学生把“能”和“会”准确恰当地运用到实际生活中。

练习

一、看图片说一说，通过学习，你会做什么了？

（1）

（2）

（3）

（4）

（5）

二、看图片说一说，他们能做什么了？

（1）

（2）

（3）

（4）

三、用“能”或“会”填写下列句子：

（1）他________游泳，________游 1000 米。

(2) 妈妈________做饭，________做十几个菜。

(3) 她不但________用电脑了，而且一小时________打几千字呢！

(4) 爸爸很喜欢看书，一周________看四五本小说。

四、根据情境，用“会”或“能”填空。

(1) A：我真心爱你，我________一生一世照顾你。

B：可是你工资那么低，你________好好照顾我吗？

(2) A：这个菜挺辣的，你________吃吗？

B：________吃啊，我喜欢吃辣的。不过感冒的时候，我________吃些清淡的。

五、请用“能”/“不能”完成下列对话：

(1) A：我________借这个书架上的书吗？

B：只有研究生________借阅这个书架上的书。您是研究生吗？

A：不是。

B：哦，那么抱歉，您________借阅这里的书。不过那边的书您可以随便借阅。

A：好的，谢谢您！

(2) A：先生，很抱歉，这里宠物____进入。

B：哦，知道了。

六、看图片，用“能”或“会”造句。

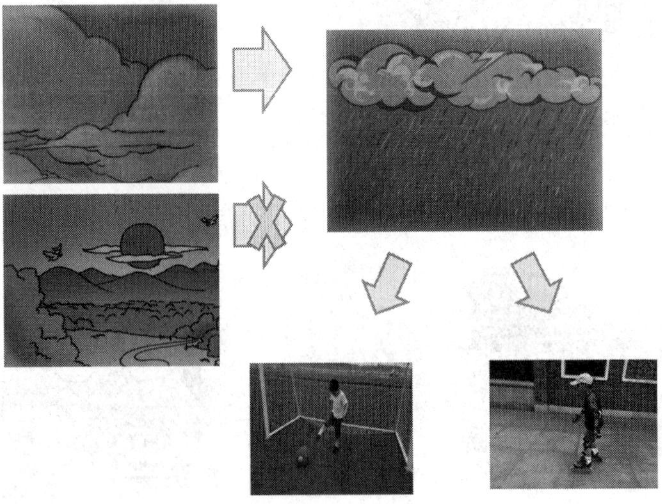

七、想一想：用“能”还是用“会”?

(1) 他都学了一个月了，还不________用电脑。

(2) 我没那么大本事，一天怎么________写五篇稿子呢？

(3) 屋里正在开会，你不________进去。

(4) 没有钱，怎么________结婚？

(5) 这个月钱不够了，不________缴手机费了。

(6) 我今天感冒了，不________去学校上课了。

作业

1. 用"能"和"会"来介绍一下自己的家人。

2. 来中国以后，你"能"做什么，"会"做什么了？

3. 假设你是这个班的班长，正在准备圣诞晚会，请你用"能"和"会"估计一下晚会的参与情况。

4. 两个同学一组，一个扮演主人，一个扮演客人。客人用"能/不能"询问主人自己是否可以吸烟/使用洗手间等，主人用"能/不能"表示允许或不允许。

21. 时点、时段表达法

季德毅

一、相关语法知识

在对外汉语教学中，为了便于留学生理解和运用，我们把时间表达分为两大类：时点和时段。时点表示的是某个特定的时间（时间上的某一点），可回答“什么时候”的问题。时段表示时间长短，回答“多长时间”的问题。

1. 时点、时段的表达方法

点钟时间的时点、时段表达法如下：

时点	八点五分	或	八点过五分
	八点一刻	或	八点十五（分）
	八点半	或	八点三十（分）
	八点三刻	或	八点四十五（分）
	差十分九点	或	八点五十（分）
	差两分九点		

时段	十五分（钟）	或	一刻（钟）
	半个小时/钟头	或	半小时
	一（个）小时零五分		
	一（个）小时二十五分		
	一个半小时		

时间还有其他表示方法。如：

时点：二号/十五号/星期一（或周一）/二月/二月八号/二零一二年……

时段：两天/一周（或一个星期）/半个月/三个月/一年……

注意：

(1)“钟头”与数词之间一定要加“个”，而“小时”可加可不加。“钟头”为名词，“小时”在“半个小时”中做名词，在“半小时”中做量词。在时间表达中，时点词不加“个”，时段词只表示量时，不加“个”，如“两天、三年、一周、五分钟、一刻钟”；只做名词时，需加“个”，如“两个钟头、一个月”；又做名词，又表示量时，可不加“个”，如“一（个）小时、两（个）星期”。即：加“个”，为名词；不加“个”，本身为量词。

（2）不足一个时段或多于一个时段的部分为 0.5 个时段时，在汉语里用数词“半”，具体用法是：不足一个时段时，“半（＋个）＋时段”，如“半年、半天、半个钟头、半（个）小时、半个月、半（个）星期”。多于一个时段时，如果时间词是单音节词，且不加“个”，即时间词为单音节量时，后边加“半”，即“整数＋时段＋半”，如“两天半、三分半、一年半、一周半”。如果要加“个”，则表示整数的词在量词前，“半”在量词后，即“整数＋个＋半＋时段”，如“一个半星期、两个半月、三个半小时、一个半钟头”。

（3）在汉语中，几个时间词连用，表示一个较为复杂的时间，其顺序是按时间单位从大到小排列。时点排列顺序为“年＞月＞日/号＞点＞分”，时段排列顺序为“年＞月＞星期＞天＞小时/钟头＞分”，如“二零零一年五月八日、三年四个月零八天一小时十分”。

2. 点钟时间的问答方式

时点：用“几点/什么时候”问，如“现在几点（了）?”“现在（是）什么时候（了）?”回答时，将“几点/什么时候”替换为时点即可，如：“现在八点。”

时段：用“多长时间”问，如“一节课多长时间?”“一场足球比赛多长时间?”回答时，将“多长时间”替换为时段即可，如：“一节课四十五分钟/三刻钟。”

3. 描述动作时，时点、时段在句中的位置

时点表示动作状态发生的时间，一般放在谓语前。即：

时点	＋	V
十点半		睡觉

时段表示动作状态经过或持续时间的长短，一般放在谓语后，即：

V	＋	时段
睡了		八个小时

宾语类型不同，时段所处的位置也不同，一般名词通常位于时段后；人称代词或称呼通常位于时段前，处所宾语通常位于时段前。即：

V	＋	时段	＋（的）	$O_{事物}$
看了		一个半小时		书

V +O人/处所 + 时段
喜欢 她 两年了
来 中国 三个月了

教学时，要根据汉语的时间顺序思维模式，明确时点、时段的主要分布形式。即：

时点	动作	时段
十点半	睡觉	
七点	起床	
	睡（了）	八个半小时

在用时间描述动作时，问与答的句子结构具有一致性。时点的提问用“什么时候”来替换时点；在提问点钟时间时，可用“几点”等来替换时点；在提问其他时间时，可根据情况，用“几号”“星期几”等来替换时点。如：“我们几点上课?”“我们什么时候下课?”时段的提问用“多长时间”来替换时段，如：“她睡了多长时间?”“他看了多长时间（的）书?”“你来中国多长时间了?”“张雷喜欢她多长时间了?”

二、主要偏误类型

（1）＊在中国住了十月/＊来这里二月以后/＊写了一点钟头/＊晚到她家去一点/＊我们下午两小时开始上课。

（2）＊比我早学三个年。/＊这两个年我实习。/＊那个天我很高兴。/＊我学了一半年中文。/＊我还有两个月半回国。/＊今天是十二号一月。

（3）＊我们中午两小时下课。/＊我到中国去年四月。/＊已经一年学习了汉语/＊我坐公共汽车一个小时。/＊我来二月这儿。/＊我等半个小时你。

上述偏误可以归纳为以下几种类型：

其一，时点、时段混淆。这一偏误的产生，一方面是由于学生对于“月”“点”“钟头”“小时”等相对的时点、时段单位区分不明，另一方面是由于这些对应单位的形式相似，给学生区分时点、时段带来了困难。主要表现为将时点“数＋月”与时段“数＋个＋月”混淆，“点”“钟头”“小时”混淆或混合使用等。

其二，时间表达方式错误。其中包括：与量词“个”的组合错误、与数词“半”的组合错误、多项时间词排列顺序错误。产生这一偏误主要是因为汉语表示时间时，在与“个”“半”的结合、多项时间词排列顺序上与其他语言（例如英语）有很大差异。

其三，时点、时段分布混乱。其中包括：时点分布错误——时点位于动词后，时段词在句中位置错误——时段词位于动词前、时段词位于表事物的宾语后、时段词位于动词与表人或处所的宾语之间。产生这一偏误的原因有两个：一是学生对时间词的判断不清，误把时点当作时段放在动词后，把时段当作时点放在动词前；二是受宾语类型的影响，时段词分布较复杂，给学生的掌握带来了困难。

三、教学及教学设计的主要目的

第一，让学习者了解时点、时段的表达方式和功能，包括：掌握点钟时间的多种表示方法及问答方式；掌握其他时间的表示方法；掌握“个”与时段的结合，既要清楚只有时段才可以加“个”，还要能够说出加“个”与不加“个”的主要区分点；掌握“半”的使用方式；掌握复杂的时间表达中多项时间词的排列顺序。

第二，让学习者能够区别出时点与时段。

第三，让学习者掌握时间在描述动作的句子中的位置，包括：明确用时间来描述动作的句子中，问与答的句子结构是一致的；掌握时点在描述动作发生的时间时，在句子中的分布位置和问答方式；掌握在无宾语的情况下，时段在描述动作发生的状态经过或持续时间的长短时，在句子中的分布位置和问答方式；掌握宾语类型分别为一般名词、人称代词或称呼、处所宾语的情况下，时段在描述动作发生的状态经过或持续时间的长短时，在句子中的分布位置和问答方式；明确时点、时段与动词的相对位置的不同。

第四，让学生在生活中熟练运用时间的表示方法，包括：能够熟练掌握时间的认读和问答；能够运用时间的表示方法描述动作；能够在不同的场景中，选择正确的时点或时段表示方法进行较为复杂的交际。

四、主要教学环节步骤的设计

1. 点讲

（1）点钟时间中的时点的多种表达方式。

（2）时点与时段。汉语时间表示方法分为时点与时段。时点表示的是某个特定的时间（时间上的某一点），时段表示时间的长短。

（3）点钟时间中的时段的多种表达方式。

（4）区分“小时”与“钟头”、不同时段中“个”的用法。

（5）点钟时间的问答方式。

（6）其他时点的表示方法。

（7）多项时间词的顺序。

（8）其他时段的表示方法。

（9）“个”在时段表示中的用例。

量：两天、三年、一周、五分钟、一刻钟

n：两个钟头、一个月

量/n：一（个）小时、两（个）星期

（10）“半”在时段表示中的用法。

（11）用时间来描述动作时，问与答之间的转换。

在用时间描述动作时，问与答的句子结构具有一致性。所以可将特指时间的疑问与时间词进行相互替换。

描述/答	时点	时段
问	什么时候/几点/几号/星期几	多长时间

时点：提问时，将时点替换为“什么时候”，在提问点钟时间时，可用“几点”等来替换时点，在提问其他时间时，可根据情况，用“几号”“星期几”等来替换时点。

时段：提问时，将时段替换为“多长时间”。

（12）用时点描述动作发生的时间。

S＋时点＋V

如：A：我们几点上课？

B：我们八点上课。

（13）用时段描述动作（无宾语）发生的时间。

S＋V＋（了）＋时段

如：A：她睡了多长时间？

B：她睡了八个小时。

（14）时点、时段在句中分布位置的不同。

时点位于谓语动词前，时段位于谓语动词后。从汉语时间的顺序思维模式来理解，先到了某个时间，谓语动作才发生，所以时点位于谓语动词前；谓语动作结束，说话人才知道该动作经过或持续了多长时间，所以时段位于谓语动词后。

（15）用时段描述动作（有宾语）发生的时间。

宾语类型不同，时段所处的位置也不同，一般名词通常位于时段后；人称代词或称呼通常位于时段前，处所宾语通常位于时段前。即：

宾语为一般名词，句子结构为：

S+V+（了）+时段+（的）O事物

如：A：他看了多长时间（的）书？

B：他看了一个半小时（的）书。

宾语为人称代词、称呼或处所宾语，句子结构为：

S+V+O人/处所+时段

如：A：你来中国多长时间了？

B：我来中国三个月了。（O为处所）

A：他喜欢她/李丽多长时间了？

B：他喜欢她/李丽两年了。（O为人）

2. 教学要点分解点拨及训练

角度之一：点钟时间中的时点的多种表达方式（配合练习一，让学生根据图片说出不同类型的点钟时点时间）。

角度之二：点钟时间中的时段的多种表达方式（配合练习二，让学生根据图片说出不同类型的点钟时段时间）。

角度之三：其他时点的表示方法（配合练习三，让学生根据图片及标记说出不同类型的时点，同时也让学生在练习中巩固汉语多项时间词的顺序）。

角度之四：区分“小时”与“钟头”、不同时段中“个”的用法及用例（配合练习四，通过改错的形式，让学生知道什么样的时段可以加“个”，什么样的不可以加，同时巩固时段表达法）。

角度之五：“半”在时段表示中的用法（配合练习五，通过形式转换的方式，让学生掌握“半”的用法，同时巩固时段表达法）。

角度之六：区分时点、时段（配合练习六，让学生区分不同类型的时点和时段，尤其是几种学生容易混淆的类型）。

角度之七：描述动作时，时点、时段在句中的分布位置（配合练习七，让学生通过所给图片进行问答来练习用时点描述动作发生的时间，并练习不同的提问方式。配合练习八，让学生练习无宾语动作经过或持续时间的长短的问答。配合练习九，让学生练习宾语为一般名词时，动作经过或持续时间的长短的问答。配合练习十，让学生练习宾语为人称代词、称呼或处所宾语时，动作经过或持续时间的长短的问答。配合练习十一，通过改错的方式，针对学生在时间分布方面的几大偏误——时点位于动词后、时段位于动词前、时段位于表事物的宾语后、时段位于动词与表人或处所的宾语之间进行练习，目的在于使学生能够正确区分时点与时段的分布，并正确使用时间描述动作）。

3. 结合语境、情景，指导学习者进行恰当的应用

练习十二，训练学生在情境中练习时点时间的问答。

练习十三，训练学生在情境中练习时段时间的问答。

练习十五，训练学生在情境中练习时点、时段时间的问答。

练习十四，训练学生根据表格练习时点、时段时间的问答。

作业：设计结合学习者实际生活的应用性练习。

练习

一、说出下列钟表上的时间。

（1）

（2）

（3）

（4）

（5）

（6）

（7）

（8）

二、说出下列每组两个钟表之间相差的时段。

（1）

（2）

（3）

（4）

(5)

三、说出图中所标示的时间。

(1)

(2)

四、下列时段中"个"的用法对吗？不对的请改正。

(1) 一个小时　(2) 四个分钟　(3) 一个星期

(4) 三个周　(5) 两个年　(6) 四个月

(7) 一个刻钟　(8) 七个天

五、用"半"改写下列时间。

(1) 5.5 个小时　(2) 45 天　(3) 9.5 分

(4) 2.5 个星期　(5) 12 个小时　(6) 30 分钟

(7) 3.5 天　(8) 1.5 周　(9) 6 个月

(10) 4.5 年

六、指出下列时间是时点还是时段。

(1) 2012 年 5 月 4 日　(2) 18 号　(3) 两年

(4) 五个月　(5) 五月　(6) 周三

(7) 三周　(8) 七分钟　(9) 差三分九点

(10) 两个半星期　(11) 五点半　(12) 十点过五分

(13) 一刻钟　(14) 五个半小时

七、根据下列图片对动作发生的时间进行问答。

(1)

(2)

(3)

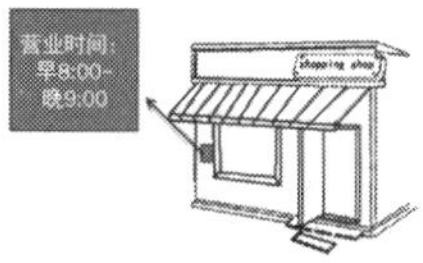

（4）

（5）

八、根据图片或和所给词对时段进行问答。

（1）

（2）工作　　八个小时

（3）迟到　　五分钟

九、根据图片和所给词对时段进行问答。

（1）

半个小时

（2）

四十分钟

（3）

一刻钟

（4）

三个小时

十、根据所给词对时段进行问答。

（1）去北京　　半年　　（2）离开学校　十分钟

（3）等她　　二十五分钟　　（4）照顾他　　一个星期

十一、改病句。

（1）麦克三个月学习汉语了。

（2）她打电话一个小时了。

（3）玛丽和李明两个小时看了电影。

（4）我来十分钟火车站了。

（5）我们考试九点。

（6）我认识五个星期你了。

（7）我们开学九月一日。

十二、根据下面的表格进行问答。

篮球比赛就要开始了！你的同学拿来了比赛的时间表，你问他各场比赛的时间。

篮球比赛时间表

比赛班级	时间
初级 1—初级 2、中级 1—中级 2、高级 1—高级 2	9 月 15 日 14：30
初级 1—高级 1、初级 2—中级 2、中级 1—高级 2	9 月 15 日 15：45
初级 1—中级 1、初级 2—高级 1、中级 2—高级 2	9 月 15 日 17：00
初级 1—中级 2、初级 2—高级 2、中级 1—高级 1	9 月 16 日 15：00
初级 1—高级 2、初级 2—中级 1、高级 1—中级 2	9 月 16 日 16：15
学生组—教师组	9 月 16 日 17：30

例如：

A：初级 1 和初级 2 什么时候比赛？

B：初级 1 和初级 2 十五号下午两点半比赛。

十三、根据下面的表格进行问答。

放假啦！你要去中国的几个城市旅游。朋友问你你的旅游时间计划。

旅游计划表

城市	时间
北京	7 天
天津	6 天
广州	3.5 天
大连	4 天
上海	5.5 天
三亚	5 天

例如：

A：你去北京多长时间？/你在北京玩多长时间？

B：我去北京七天。/我在北京玩七天。

十四、情景对话。

A 要在 11 月 7 日买 11 月 8 日的列车车票（发站为北京），B 为售票员，A 向 B 询问不同车次的信息，包括：出发时间、到站时间、所用时间，根据下表所提供的时间，两个人一组，一个人为 A，另一个人为 B，进行对话。

车次	到站	发时	到时	历时
C2015	天津	09：30	10：03	00：33
K285	天津	16：33	18：35	02：02
G161	上海	17：38	23：01	05：23
T109	上海	19：33	10：26	14：53

续表

车次	到站	发时	到时	历时
T15	广州	10：59	07：32	20：33
Z79	大连	20：27	07：28	11：01
T201	三亚	18：09	05：30	35：21

提示：

你好，我想去天津，有（下午/16：33/K285 次列车）的票吗？

你好，有（明天去上海）的票吗？

可用以下句型：……什么时候/几点开？……什么时候/几点到？

……行驶多长时间？/从北京到上海需要多长时间？

谢谢，请给我一张……的车票。/我买一张……的车票。

十五、根据下面的表格对时点、时段进行问答。

王明的作息时间表

起床	6：50
学习汉语	7：00—7：30（30 分钟）
吃早饭	7：40—7：55（15 分钟）
出门	8：05
坐车	8：05—8：20（15 分钟）
到公司	8：25
工作	8：30—11：50（3 小时 20 分）
吃午饭	11：55—12：35（40 分钟）
回家	18：40
看电视	19：05—21：35（2.5 小时）
睡觉	22：00

例如：

A：王明几点起床？

B：王明差十分七点起床。

A：王明学习多长时间汉语？

B：王明学习半个小时汉语。

作业

了解一个你的朋友或同学的作息时间，将你的作息时间跟你朋友的作息时间比较一下。（注意：用上时点和时段这种时间表达方式；最少说五个句子）

比如：我的朋友晚上 10 点睡觉，我 12 点半睡觉，我比朋友晚睡两个半小时。

22. 数字连用概数表达法

曹　锐

一、相关语法知识

1. 关于概数

汉语中，当说话人不知道、不愿意或者不需要说出准确的数目时，可以说一个大概的数目。

汉语概数常见的表示方法有：(1) 相邻两个数字连用（“三五，百八十”是特殊情况）；(2) 数（量）词后加上表示概数的词语（常见的有“来、多、把、左右、前后、上下、以上、以下”）；(3)“几”“两”活用。

汉语是比较严密的语言，即使是概数表达也具有相对的准确性。我们要针对实际生活中的不同情况，选用合适的概数表达方式，表达相对准确的数量。

2. 关于数字连用

数字连用形式一般是把相邻的两个数连接起来，通常小数在前，大数在后，所表达的数在这两个数之中。比如，“二三十个”表示 20 到 30 个之间；“五六个”表示 5 个或者 6 个。

有一些特殊的不相邻的数也可以连用，如“三五（个）、百八十（个）”。“三五（个）”表示从 3 到 5 的范围；“百八十”表示 80 到 100 的范围。需要注意的是，零结数与相邻的两个数不连用，如“9、10、11；90、100、110”等。

二、主要偏误类型

(1) *9 个或者 10 个 →九十个　　*10 个或者 11 个 → 十十一个

(2) *2 个或者 3 个→二三个　　*2000—3000→二三千人或二千三千人

(3) *15 个或者 16 个→十五十六个

(4) *盘子里有六八个苹果。

(5) *这个教室真大，能坐八十百人。

(6) ＊13000－14000 → 十三四千

上述偏误可归纳为以下几种类型：

其一，将零结数与相邻的数进行连用，如句（1）。

其二，“二”接量词没有改成“两”的错误，如句（2）。

其三，十以上的数字连用位数重复使用，如句（3）。

其四，不相邻数字连用的泛化，如句（4）。

其五，“百八十”连用顺序排列错误，如句（5）。

其六，对于较大的数字（超过一万的）认读和表达上错误，如句（6）。

三、教学及教学设计的主要目的

第一，使学生了解确数与概数使用的不同以及在什么语境下应该使用概数，让学生知道如果我们对一个数量不太确定或者不需要准确说出某个数量时，应该选用怎样的恰当方式来表达。

第二，使学生能够根据语境正确选用数字连用形式表示概数。

第三，使学生在学习本课语法点的过程中，复习“二”和“两”的用法，并且能在新知识中正确运用。

四、主要教学环节步骤的设计

1. 引入环节

出示图片“玛丽在中国的家，”对话导入，旨在让学生了解什么情况下需要用概数，并且引入数字连用表概数的形式。

老师：大家看，这是玛丽在中国的家。她的家怎么样？

学生：很高/很漂亮……

老师：玛丽住的楼有多少层？

学生：25层/30层（答案不同）。

老师：大家能确定吗？

学生：不能确定，楼的下面看不见。

老师：我们都不能准确说出这座楼有多少层，但是大概知道在20层到30层之间。这样，我们可以说“玛丽住的楼有二三十层。”这里的“二三十”是一种概数的表达方式，表示一个大概的、不确定的数。

2. 点讲——什么是概数

有时候我们不能说出准确的数，只能说一个大概的数。概数的表示方法有很多，其中一种是把相邻的两个数连起来，表示一个数在这两个数之间。比如：5 和 6——五六（个）。

3. 教学要点分解学习

（1）十以内的数字连用。从最简单最基础的数字切入练习一，让学生读一读。注意数字连用时小数在前大数在后，汉语数和量常常连用，所以后面常常加上量词。读成：一两（个）；两三（个）；三四（个）；五六（个）；七八（个）；八九（个）。

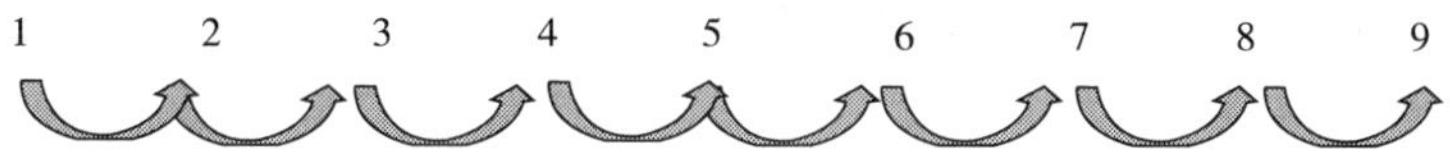

（2）“二”和“两”的用法复习。练习二，请学生根据给出的句子介绍玛丽在中国的情况。注意回忆“二”和“两”的读法。

单用的量词前用“两”：两把伞、两个月

十位的数目，无论位前位后都用“二”：二十二分钟

表示序数用“二”：二楼、初级二班

以“2”开头的“千”“万”“亿”，通常读成“两”：两千五百八十七公里

（3）零结数不和相邻数连用。比如“9 和 10、10 和 11、90 和 100、99 和 100”。用图示让学生观察零结数的特点，了解零结数和相邻数不能连用的原因。因为如果 9 和 10 连用变成“九十个”，那么“十”既可能是位数也可能是数，容易产生混乱——是“9 个或 10 个”？还是“90 个”？同时启发学生思考还有哪些数也不能连用。

（4）学习 10 以上的数字连用。应该注意，先定位数，再把相邻的数字相连。最高位上的数字是一样的，只用一次，再把后面相邻的数字连起来加上位数即可。比如“11 个或者 12 个”就可以说“十一二个”。相邻的数字相连后面一定要加上位数。

（5）整十、整百、整千（包括万、亿）的数连用。将最高位上相邻的数字相连，后面加上相应的位数和量词。位数前面的数字读法和“十”以内的数一样。注意多让学生练习较大的数（万以上）的用法，重点练习如何确定最高位。

（6）引入特殊的不相连的数字连用，注意强调这样的用法只限于“三五”和“百八十”，防止学生在使用时泛化。

4. 应用训练

结合适当的练习，指导学习者恰当运用，要注意使用情境。

（1）改写练习可以帮助学生回忆数字连用的规律，让学生直接进行转化运用。此练习较为基础，但同时也考查学生对特例和较大数字连用的掌握情况。如：

16 个小时—17 个小时——→十六七个小时　　250000—260000 ——→二十五六万

（2）改错练习旨在提醒学生本课学习的重点和难点所在，提醒学生避免一些典型错误的出现。与改写练习相比，改错稍难，因为学生只有掌握了数字相连的规律，才能指出错误所在并加以改正。如：

这间教室可以坐二十二十一人。⟶二十一二人

（3）完成对话旨在训练学生在具体语境中使用数字连用表示概数的能力。它既要求学生能估计出大概的数，又考查学生针对具体事物选择量词的能力，同时还考查学生是否已经掌握数字连用的正确规律。此练习难度较大，与具体语境相结合，有一定的综合性（练习五）。

（4）看图说话练习比完成句子要求更高。它要求学生能够运用给出的词和图片自己生成句子，提问并且回答。让学生更深地体会在什么情境下可以使用数字连用形式表示概数，并且练习如何组织对话（练习六）。

5. 布置作业

侧重结合实际的应用性练习，要求学生通过问题、提示词以及图片的引导，自己生成更多的句子。旨在回顾所学的语法点，帮助学生复习并运用于实际。

练习

一、连一连，想一想哪个数在前面？

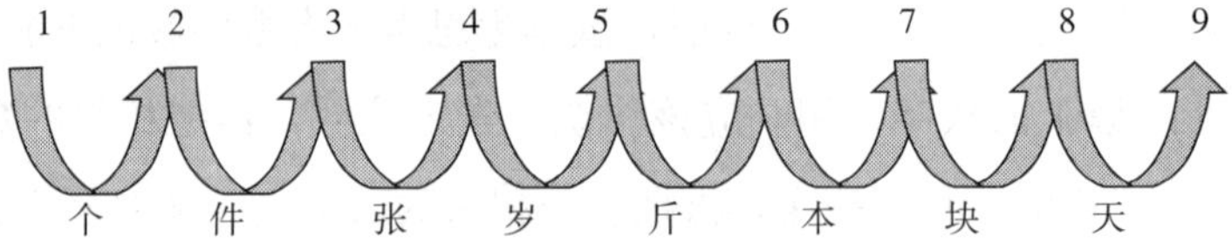

二、“二”和“两”——我们一起来认识一下玛丽。

（1）来中国已经2个月了

（2）住在2楼

（3）有2个中国朋友

（4）在初级2班学习中文

（5）走路上学要22分钟

（6）她的国家很远，离中国2587公里

读“两”的有：

读“二”的有：

三、请用概数表示下面的数。

（1）6斤—7斤　　　　（2）20—30本

(3) 3 天—5 天　　(4) 80 台—100 台

(5) 16 个小时—17 个小时　　(6) 1300 人—1400 人

(7) 250000—260000　　(8) 400000—500000

四、改正下面句子中的错误。

(1) 玛丽有四千、五千块钱，可以买电脑了。

(2) 昨天她在图书馆借了六八本书。

(3) 玛丽生病了，有四三天没来上课了。

(4) 这间教室可以坐二十二十一人。

(5) 玛丽的朋友告诉她，北京的房子很贵，每套要三百、四百万。

五、完成对话。

上个周末，玛丽和她的中国朋友小李一起去买东西。

小李：玛丽，这里就是中山路。这儿有＿＿＿＿＿＿大商场，什么都能买到。

玛丽：太好了！只是人太多了！光这条路上就有＿＿＿＿＿＿吧。

小李：今天是中国的国庆节，所以人多。你看，这条街上就挂了＿＿＿＿＿＿中国国旗（qí）。

小李：咱们已经逛了＿＿＿＿＿＿小时了，天快黑了。

玛丽：7 点还要和马克一起吃饭呢。咱们走吧。

小李：马克刚才打电话说，路上车太堵了，他要晚到＿＿＿＿＿＿。

玛丽：哎呀！我忘了，他还让我帮他买苹果呢。他说不要太多，＿＿＿＿＿＿就可以。

六、看图片，猜一猜，用概数表述。

(1)

船上有多少人？

(2)

照片中有多少条鱼？

(3)

照片中有多少只鹅？

(4)

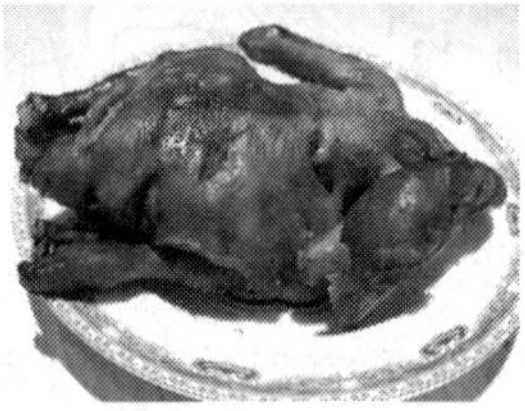

这只烤鸡有多重？

作业

1. 我们了解了玛丽的中国生活，你的生活中一定也有许多可以用概数表达的部分，请你用概数说一说。（至少五句话）

例如：（1）我每天要做一两个小时的运动。

（2）在中国，留学生常常两三个人租一套房子住。

2. 你的假期计划是什么？请用概数说一说。（打工、休息、旅游等等）

23. 双宾语句

刘书近　卢福波

一、相关语法知识

1. 双宾语句

双宾语句是指一个谓语动词连带两个宾语——近宾语（间接）和远宾语（直接）。近宾语一般指人，远宾语一般指事物、话语等。双宾语句中的谓语动词一般是具有授受意义的动词（有方向性）。例如：

（1）他给我一本英汉词典。

（2）我问老师几个问题。

（3）他告诉我明天早上7点在校门口集合。

双宾语句的结构式是：

动作＋宾语1（指人）＋宾语2（指事物）

2. 谓语动词的意义及其构成的结构关系

双宾语句的谓语动词都是具有方向性特点的动词，由“给予”“取得”义或有认定性、方向性言语活动类动词担当。这类动词主要有：

“给予”意义：“给、送、卖、发、交、还、付、退、输、赔、奖、赏、赠、托、喂、找（钱）、奖励”等。这类动词与主语、宾语构成的关系是：事物从动作者（主语）处通过动作移向接受者（表人宾语）处。如：“我还了他一本词典。”（词典从我这儿通过“还”到他那儿）

“取得”意义：“拿、借、买、偷、抢、夺、收、要、赢、罚、赚、骗、占、扣”等。这类动词与主语、宾语构成的关系是：事物从表人宾语处通过动作移向动作者（主语）处。如：“我买了她一束花。”（花从她那儿通过“买”到我这儿）

方向性言语活动类动词：“教、夸、骂、告诉、嘱咐、教导、责怪、报告、麻烦；问、求、请教”等。有称呼、称号等认定义的动词：叫、当。这类动词一般都跟言语活动有关，是通过说出来的话做事。说出来的话即信息，信息的传递是有方向的，或者说话人说出信息要传递到听话人那儿，或者说话人想从听话人那儿获得信息。这类动词连带的表事宾语或者是“问题、消息、信息、事情”等抽象名词，或者是话语内容，即小句，如：“班长告诉大家一个好消息。”“我问小王下午几点出发。”有称呼、称号等认定义的动词要联系两个人和一个称呼或称号，如：“小孩儿叫老李爸爸，老李叫小孩儿儿子。”

3. 述宾结构的特点

（1）语序：双宾语句的表人宾语在前，表事物宾语在后。

他赠我（人）一支钢笔（物）。

*他赠一支钢笔（物）我（人）。

（2）无须用介词引出对象。

我请教老师一个问题。

*我请教向老师一个问题。

（3）两个宾语，一个回答谁，一个回答什么，两者之间如果不是所属关系，不能加“的”；如果没有动宾关系，不能加动词。

他送我一本书。

*他送我的一本书。

*他送我是一本书。

二、主要偏误类型

（1）*他送了一支笔我。

（2）*我告诉大家的一个喜讯。

（3）*他送我是一本书。

（4）*我请教向老师一个问题。

上述偏误可以归纳出以下几种类型：

其一，语序问题，表人宾语在后，表物宾语在前，如句（1）。

其二，两个宾语，一个回答谁，一个回答什么，两者之间如果不是所属关系，不能加“的”，如句（2）。

其三，两个宾语，如果没有动宾关系，不能加动词，如句（3）。

其四，动作的支配对象无须用介词来引出，如句（4）。

三、教学及教学设计的主要目的

第一，掌握双宾语句结构式，明白双宾语句中谓语动词的特点。

第二，掌握谓语动词的方向意义、构成关系和述宾结构的特点。

第三，掌握授课中补充的与方向意义等有关的动词。

第四，熟练地使用双宾语句陈述事情，提问、回答问题，能够准确地进行实际交际。

四、主要教学环节步骤的设计

1. 点讲

双宾语句结构式，表人宾语在前，表事物宾语在后。

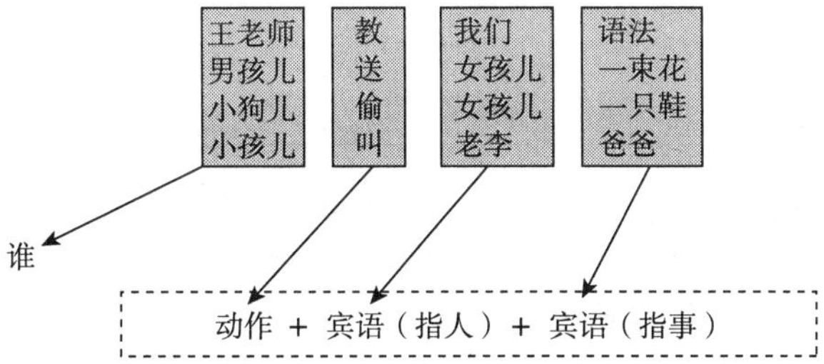

做相关练习，熟练强化。

练习一，把所给词语组成双宾语句。目的：强化双宾语句的语序问题，即表人宾语在前，表物宾语在后。

练习二，把句子改成双宾语句。目的：（1）语序问题，表人宾语在前，表物宾语在后。（2）表物宾语可以是话语内容。

2. 教学要点分解点拨及训练

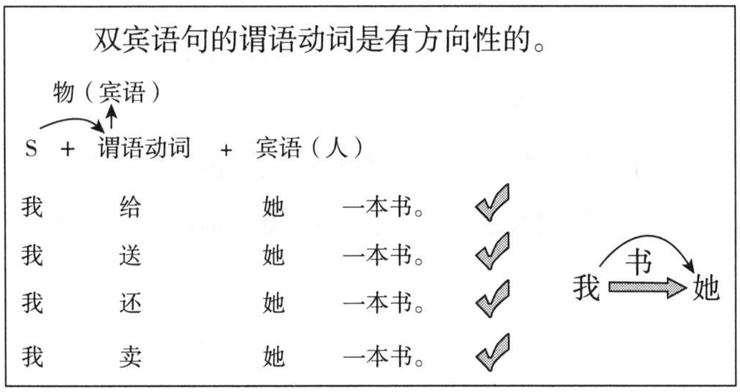

事物从动作者移向接受者。这类动词有：“给、送、还、交、递、退、付、借、租、赠、寄、卖、发……”

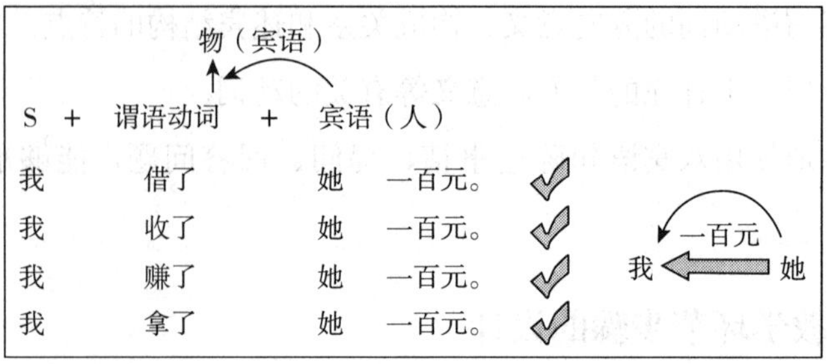

事物从表人宾语处移向动作者。这类动词有："赢、赚、骗、偷、抢、借、拿、收、买……"

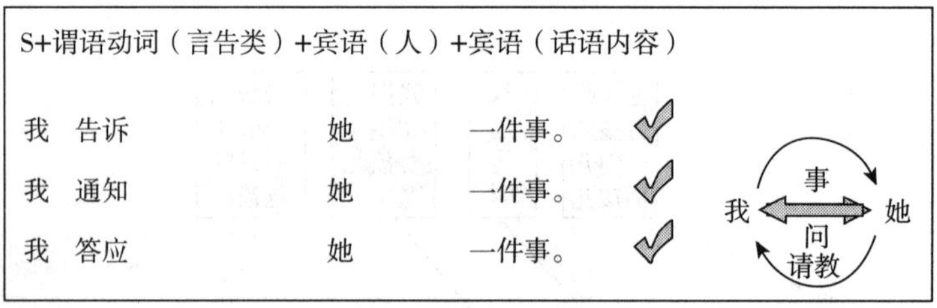

言语类动词，信息可以是从主语传递给宾语，也可以从宾语处传递给主语。这类动词有："告诉、问、回答、答应、嘱咐、通知、报告、请教……"

做相关练习，熟练强化。

练习三，判断对错。目的：第一，认清两个宾语的关系：一个回答谁，一个回答什么，两者之间如果不是所属关系，不能加"的"；如果没有动宾关系，不能加动词。第二，动宾表示支配关系时，不须用介词引出宾语。第三，从反面强化语序：表人宾语在前，表物宾语在后。

练习四，改病句。目的：进一步认识形成双宾语句的主要因素——句中的谓语动词是具有授受意义的动词（有方向性）。

练习五，看图，仿真语境运用双宾语句。目的：结合情景，指导学习者在实际生活中恰当运用双宾语句，提高双宾语句的应用能力。

作业，应用性练习，找一找生活中的双宾语句，说一说。目的：锻炼学生进一步熟练使用双宾语句，并提高用双宾语句来陈述事情、提问、回答以及进行实际会话的能力。

练习

一、将下列每组词语分别组成双宾语句。

(1) 老师　教　歌　我们

(2) 告诉　大家　事

(3) 想　请教　一个　老师　问题

(4) 麻烦　事　你

(5) 红队　赢　球　两场　蓝队

二、把下列句子变成双宾语句。

(1) 刚才他输了两盘棋，是我赢的。

(2) 女朋友过生日，男朋友买了一个生日蛋糕给她。

(3) 老师给小王打来电话说：明天有考试。

三、判断对错。

(1) 妈妈讲我们一个故事。

(2) 李老师通知我们一件事。

(3) 妈妈刷我们一双鞋。

(4) 小明寄给小红一封信。

(5) 小明打我一个电话。

(6) 银行退了我们五十元。

四、改病句。

(1) 他送了一支笔我。

(2) 我告诉大家的一个喜讯。

(3) 我能问一件事跟你吗？

(4) 他送我的一本书。

五、根据图片用双宾语句来说一说。

(1)

(2)

(3)

(4)

(5)

(6)

作业

看一看生活中哪些现象可以用双宾语句来表达。

24. 无条件复句

卢福波　李日臻

一、相关语法知识

1. 关于复句

复句是由两个或两个以上意义上密切相关、结构上互不包含的分句构成的语言单位。复句通常分为联合复句和偏正复句两大类。联合复句包括并列复句、承接复句、选择复句、递进复句和解说复句，各个分句之间的关系是平等的，没有主从之分。偏正复句一般可以分为因果复句、条件复句、假设复句、转折复句、让步复句和目的复句等。偏正复句由正句和偏句两部分组成。正句与偏句之间的关系是不平等的，正句承担了复句的基本意思，是基本的、主要的部分；偏句通常是为正句说明条件、原因等的，是辅助的、次要的部分。

2. 关于无条件复句

无条件复句是条件复句中的一种。说是无条件，其实仍是有条件的，只是它的条件通常在两个以上，并且对条件不加以限制，是任意的，因此称为无条件句。

无条件复句可分为三小类：

（1）多面列举式。偏句用列举形式表示两个或几个方面的情况。主要有两种形式：

一是，“a＋b＋c”并举式。例：

不论药苦还是不苦，你都得吃。

不管有用没用，都要试一试。

二是，“肯＋否”式。例：

不管你支不支持，我都要做。

（2）多面总括式。偏句表多个任意条件，该任意条件由表任指的疑问代词“谁/什么/哪里/怎么/多少/”等承当，可充当主语、宾语和述语等。例：

不管谁都得来。

（3）单面总括式。偏句用总括的形式表示某一方面的情况本身存在着种种度量差异。主要有三种形式：

一是，怎么（怎样、如何）＋中心语。例：

无论你怎么骂我，我都不还嘴。

二是，多（么）＋中心语（此处“多么”表程度，不表疑问）。例：

不管有多（么）难，我们都不会放弃。

三是，多少＋中心语。例：

不管多少人反对，我都不会放弃。

二、主要偏误类型

学习者习得无条件复句的主要偏误有：

（1）＊不管父母不同意，她都要跟那个外国人结婚。

（2）＊不管你说，我都不听。

（3）＊不管你去不去，我去。

（4）＊不管父亲不在，都会想起父亲的教诲。

（5）＊你不管去不去长城，我们都要去。

上述偏误归结为以下四种类型：

第一，偏句部分没有制造出多项选择条件，如句（1）、句（2）、句（4）；

第二，遗漏关联词语，如句（3）；

第三，错序，如句（5）；

第四，没有结果不变的逻辑关系，如句（4）。

三、教学及教学设计的主要目的

结合语义、句法、语用，通过点练和整合的方式使学习者理解并掌握无条件复句。

第一，语义上，主要帮助学习者理解偏句用“不管、无论”等引出两个或两个以上条件，正句用“都、也”等表示“在任何条件下结果或结论都不会改变”的意义。

第二，句法上，总结出简明的公式，有利于指导学习者记住并仿造出正确的句子。

第三，主要通过展示和引导学生观察总结的方法，来帮助学习者理解无条件性和不变结果的关系，以及由此而构成的句式。

第四，由于水平层级定位在初中级，所以对于差异微弱的“都”和“也”，甚至有时候还会用“还”等，没有做专项解释。

第五，通过应用训练，使学习者能够熟练地使用无条件复句构成准确而完整的句子，并且能够根据实际语境和情景恰当运用。

四、主要教学环节步骤的设计

1. 教学导入

首先利用图片，引导学生理解无条件复句中的“不管/无论”等用来引出两个或两个以上条件；用“都/也”等表示结果不因条件而改变。待学生理解了该句式后，再进而总结出简明的公式。

2. 教学要点分解点拨及训练

分三段进行：

第一段，利用图片讲解引出句型一。

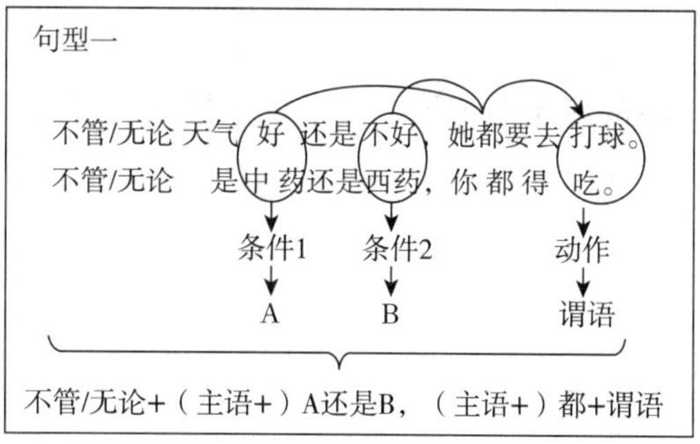

随后进行相应的结构训练（练习一）。

第二段，利用图片讲解引出句型二。

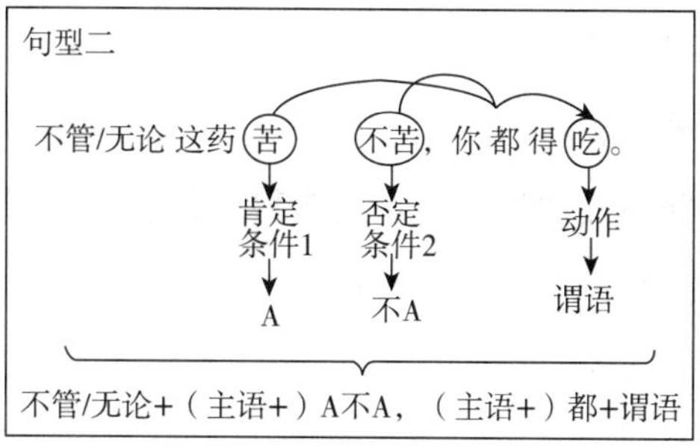

进而带领学习者做练习进行强化训练（练习二）。

第三段，利用图片和多角度展示、讲解引出句型三。

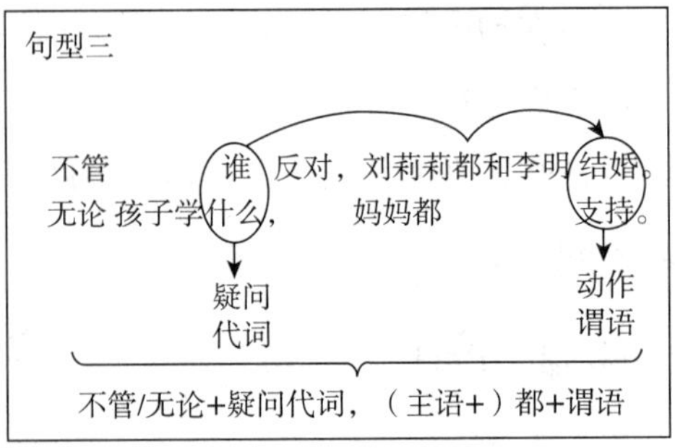

然后紧接着进行句型三的强化训练。（练习三）

3. 纠错

进行整合性学习，强化学习者需要关注的该句型的要点，克服偏误、错误的发生（练习四）。

4. 应用训练

提供图片，让学习者能够根据情境，正确选择不同句式恰当运用，以培养学习者准确运用无条件复句进行表达的能力（练习五）。

5. 布置作业

侧重结合学习者实际的应用性练习，让学生把学到的无条件复句准确恰当地运用到实际生活中。

练习

一、根据句型一，将下面的词语组织成完整的句子。

（1）苹果　香蕉　不爱吃

（2）电视剧　电影　不想看

（3）刮风　下雨　坚持锻炼

（4）电　火　很危险

（5）小猫　小狗　很喜欢

二、根据句型二，将下面的词语组织成完整的句子。

（1）在学校里　愿意　不　穿校服

（2）支持　不　要去

（3）贵　不　要买

（4）困难　不　得完成这个任务

（5）好看　不　得穿

三、模仿例句，用句型三说一个完整的句子。

例：父母劝、老师劝、朋友劝……　他不听

不管谁劝他，他都不听。

（1）孩子（听话、淘气、成绩好、成绩差……）　父母喜欢

（2）妈妈（做饺子、做麻婆豆腐、做水煮鱼……）　我爱吃

（3）我（去超市、去书店、去商场……）　他跟着

（4）（上午去、下午去、今天去、明天去）　行

（5）（爸爸这样劝、妈妈那样劝、朋友努力劝……）　我不去

四、下面的句子说得对吗？如果不对怎么改？

（1）不管花草还是小动物，我很喜欢。

（2）不管年龄小，都得参加。

（3）不管是肉还是菜，都爱吃。

（4）你不管不同意，我要去留学。

（5）不管这道题难，都要试一试。

五、根据图中情景，用"不管/无论……都/也/还……"句型来说一说。

（1）

（2）

（3）

（4）

（5）

（6）

（7）

（8）

作业

1. 和朋友聊天的时候用一下今天学习的句型，并把它记录下来，看看你用得对不对。

2. 用今天学习的句型，讲述一下你的一次旅游活动。

25. 助词“过”

张新蕾

一、相关语法知识

1. 关于助词

助词是虚词中的一类，其共同特点是黏附在词或短语上面，表示附加意义，附着在后面的一律读轻声。常见的助词一般分为三类：结构助词“的、地、得”，时态助词“了、这、过”，其他助词“似的、所、给、来”等。

2. 关于动态助词“过”

动态助词“过”用于动词或形容词后面，表示经历过某种动作或变化，一般格式为：动词/形容词＋“过”。但当动词后有宾语时，“过”放在动词后，不放在宾语后。尤其要注意遇到离合词时，“过”要放在动语素后，形成动宾分离状，如“帮过忙”“见过面”。对这类句式的否定用“没（有）”，当表示在过去的时间从来没有怎么样，句中有“从/从来＋没有＋动词/形容词”的形式，通常要用“过”。

同时，要注意“过”与“了”的比较：“过”不表示改变，仅表示曾经的经历；“过”后的宾语多为确定的已知信息；用“没有”否定动作时，不能出现“了”，可以用“过”。

二、主要偏误类型

学习者习得动态助词“过”的主要偏误有：

(1) *这件事情我告诉小丽过。

(2) *我困难的时候，他帮忙过我。

(3) *他去过北京大学听张教授的讲座。

(4) *刚来中国时，他总是迟到过。

(5) *我想念过陆上的生活。

(6) *你知道过这件事情吗？

(7) *他曾经毕业过。

(8) *我不看过这么激烈的比赛。

(9) *他从来没对我发了脾气。

上述偏误可以归结为以下四种类型：

第一，动态助词“过”的位置错误，如句（1）—（3）。句（1）中动词后有宾语时，“过”应该放在动词后，不应置于宾语后，应改为“告诉过小丽”；句（2）中“过”应置于“帮忙”中间，因为当句中出现离合动词时，“过”应放在离合词中间，不应放到其后；句（3）中“过”的位置错用在第一个动词后。因为在表目的的连动关系时，第二个动词表示的动作是第一个动词表示的动作的目的，是句义的重点所在，“过”应在第二个动词后。

第二，动态助词“过”的“过度使用”，如句（4）—（7）。句（4）中误用“过”，在表经常性、多次性、反复性的动作时，不应使用“过”；句（5）中表动作的进行、持续时，也不用“过”；句（6）中在表认知意义的动词后不应用“过”；句（7）中“过”使用不当，当一个动词表示在人和事物存在期间只能发生一次，不可能发生第二次，在这样的动词后不应用“过”。

第三，否定词选用不当，如句（8）。表示未曾发生，句中有“过”，用“没/没有”“未曾”否定，不能用“不”。

第四，相似结构的混乱，如句（9）。“过”和“了”误用，该句应使用“过”，强调过去的经历，句中有否定词“没”强调这种经历从来没有发生。

三、教学及教学设计的主要目的

第一，让学习者了解并掌握动态助词“过”的使用条件和结构形式。

肯定形式：V ＋ 过

否定形式：没（没有）＋ V ＋ 过

第二，让学习者掌握含动态助词“过”的句子的基本语序，以及“过”在句子中的位置。

第三，通过语境条件的设置和相关的练习，让学习者明确“过”与“了”的区分。

第四，使学习者能够准确地使用“过”构成结构完整的句子，而且能够根据实际语境和情景恰当运用。

四、主要教学环节步骤的设计

1. 教学导入

首先，利用图示讲解动态助词“过”表示的语法意义，即表示过去曾有过某种经历，到现在该动作已经不再进行；

其次，利用对话问答形式，从简单句问答切入，引导学生总结归纳使用“过”的句子的结构形式：

肯定形式：V＋过＋（O）

否定形式：没（没有）＋V＋过＋（O）

再次，强调动态助词“过”的使用环境及语用意义：“V ＋ 过”，具有特定的表达功能，“过”前的动作行为与当前正在讨论的事情有关，或者对后者有影响。可以说有“过”的分句，与另一个分句之间有一种潜在的因果关系，常用来说明和解释某个道理或观点。

在此基础上进行对比教学：简单比较“了”与“过”的不同：

（1）她去年去过美国。——她现在不在美国，她现在在天津。

（2）梁老师上个月去了英国。——他现在在英国。

并针对结构进行静态和动态的练习。

2. 教学要点分解点拨及训练

角度之一：动态助词“过”的基本语法意义。

三个要点：（1）肯定形式：V ＋过；（2）否定形式：没（没有）＋ V＋过 ；（3）离合词“过”的位置（“过”放在动语素后）。

针对教学要点，设计强化结构和理解意义的训练。（练习一第 1—6 题）

第 1—3 题操练动态助词“过”的结构形式，包括肯定、否定、语序、宾语的位置及确定性，针对学习者此部分存在的偏误设计改错、选择和判断练习。

第 6 题操练离合词中“过”的位置，给学习者提供常见的离合词，通过归纳整合，掌握“过”与离合词搭配时的位置。

角度之二：理解“V ＋ 过”的语用意义。

针对教学要点，设计相关的完成对话的训练——突显有“过”的分句，与另一个分句之间有一种潜在的因果关系（明显或不明显），用来说明和解释某个道理或观点。（练习一第 4 题）

角度之三：对比教学：“了”和“过”的区别。

两个要点：(1) 肯定形式："V +过"强调过去的一种经历；"V +了"强调动作、状态的改变。(2) 否定形式："过"可以用"没（没有）"来否定，而"了"则不能。

针对教学要点，设计相似结构的区分的训练。(练习一第 7 题)

3. 应用训练

结合语境、情景，指导学习者进行恰当的应用，根据语言、图片等提供的条件、情景，准确运用动态助词"过"，构成得体、准确、完整的句子。(练习二)

4. 布置作业

侧重结合学习者实际的应用性练习，让学生把学到的"过"准确恰当地运用到实际生活中。

练习

一、分类练习。

1. 改错。

(1) 我以前去长城过。

(2) 我没看这部影片过。

(3) 我不吃这种鱼过。

(4) 这件事情我告诉小丽过。

2. 选择正确的一项。

(1) 询问你的朋友有没有去过长城：___(　　)___

a. 你以前去长城吗？　b. 你以前去过长城吗？　c. 你以前去长城过吗？

(2) A：天津麻花很好吃，你吃过吗？　B：不知道，___(　　)___。

a. 我不吃　b. 我没吃　c. 我没吃过

(3) A：《哈利波特》这部电影怎么样？　B：很有意思，___(　　)___。

a. 我看过这部电影　b. 我看这部电影　c. 我看电影了

3. 判断正误，如果不正确，说说错误的原因。

(1) 我很喜欢看书，所以常常去过书店。

(2) 玛丽每天都锻炼过身体。

(3) 刚来中国时，他总是迟到过。

(4) 那个节目经常播送过。

4. 根据对话前后提供的内容，把对话补充完整。

(1) A：《花木兰》这部电影很有意思，快去看吧！

B：你怎么知道的？

A：________________________，主要讲述一个女子替父从军的故事。

(2) A：下周一起去水上公园吧！

B：我不想去了，________________________。

A：那里好玩吗？

B：那儿有一个很大的游乐场，特别好玩。

(3) A：这儿的小吃又好吃又便宜。

B：你怎么知道的？

A：________________________，当然知道啦。

(4) A：北京烤鸭怎么样，好吃吗？

B：不知道，________________________。

A：那你________________________什么中国菜呢？

B：________________________。

5. 改错。

(1) 在我困难的时候，他帮忙过我。

(2) 我们以前见面过。

(3) 他曾经结婚过。

(4) 我请假过，我会填请假单。

6. 用“了”或“过”填空。

(1) 刚来中国的时候，我不习惯中国的天气，现在习惯________。

(2) 玛丽去________游乐场，听她说旋转木马很好玩。

(3) A：你女儿去哪了，好几天没见她？

B：她去______上海。

A：你怎么没去呢？

B：我以前去______。

A：上海有哪些好玩的地方？

B：上海外滩、东方明珠、欢乐谷……

二、应用练习。

1. 用“V＋过”/“没＋V＋过”完成对话。

（1）A：家乐福超市的东西贵不贵？

B：______________________________。（不知道）

（2）A：《狮子王》这个动画片怎么样？

B：______________________________。（非常有意思）

（3）A：你觉得北京的小吃怎么样，好吃吗？

B：______________________________。（又好吃又便宜）

2. 你参加过哪些活动？请说一说你的经历（experience）。

作业

根据自己的实际情况跟同学们谈一谈，你去过哪些地方？吃过哪些好吃的？

26. 助词 “了”

张 凯

一、相关语法知识

无论在本体研究中还是汉语教学界，“了”都是一个颇具挑战性的热点问题。在本体研究领域，国内外学者的研究已经相当深入，但在某些方面尚存在观点的不一致。吕叔湘（1999）将“了”分为“了$_1$”与“了$_2$”，前者“用在动词后，主要表示动作的完成”，后者“用在句末，表示事态出现了变化或即将出现变化”。刘月华（2001）则将“了”视为“动态助词”，并做了更为细致的划分。卢福波（2011）从教学实务出发，提出“‘了’不管出现在哪个位置上，都表示一种改变，即从没做到做、从没做完到做完、从没有到有、从不是到是、从一种状态到另一种状态、从一种情况到另一种情况、从一种数量到另一种数量等动态的改变”。

“了”的语法解释较为复杂，可从应用层面针对初级学生设计一些兼顾简明与常用原则的教学。

1. T＋S＋V＋O＋了①

此结构用于对过去已发生事件的陈述或询问。如：

A：昨天你去哪儿了？

B：昨天我去看电影了

2. （T）＋S＋V＋了＋（X）＋O

此结构用于具体描述或询问过去发生的事情，可细分为三种小类型：

（1）（T）＋S＋V＋了＋N＋M＋O　（如：周末我写了四份作业。）

（2）（T）＋S＋V＋了＋时量＋O　（如：周末我写了四个小时作业。）

（3）（T）＋S＋在＋P＋V＋了＋时段　（如：周末我在家住了两天。）

---

① 此结构中，T 为时间词，充当时间状语，可置于主语前，亦可置于主语后。这里为了突出“了”在时间使用上针对“过去”的特性，有意将 T 置于主语前，以便于学生理解记忆。下同。

二、主要偏误类型

1.“变化义”泛化，忽略了时态，如：

（1） *我下个星期毕业了。（看到了变化，但忽略了描述的事件发生在将来）[①]

（2） *我在写了作业。（描述事件正在发生）

（3） *我上午打三场篮球。（过去时间做的一定量的事）

2.“了”的位置不正确，如：

（4） *我喝五瓶了啤酒[②]。（“了”应紧跟谓语动词）

（5） *我打篮球了一个小时。（“了”应紧跟谓语动词）

三、教学及教学设计的主要目的

第一，帮助学生初步理解两个“了”的用法。

第二，让学生掌握“了”在时态上的要求——过去时间发生的动作；现在发生改变的事情。

第三，让学生掌握本课所学“了”字句的结构式。

第四，让学生能够听懂、读懂使用“了”的提问与回答。

第五，学生能够在实际情景或生活中正确而熟练地使用“了”。

四、主要教学环节步骤的设计

教学步骤	说　明
一、引进第一个“了”。 展示 PPT 2—5 页，每页先领唱，然后齐唱。最后角色扮演齐唱。如时间允许，可选学生角色扮演独唱。	·大量输入（input），初步培养对“了”的语感。 ·为下一步骤分析提供素材。 ·同时复习句中已经学过的词汇。 ·注意学生发音（下同，不再赘述）。

① 注意，此处勿与“就……了”结构混淆。鉴于学生为初级水平，应遵循循序渐进的原则，不宜在此时同时涉及“就……了”结构。

② 注意，此处勿与强调“已经”的“了”混淆，如：“我（已经）喝了五瓶啤酒了。”鉴于学生为初级水平，应遵循循序渐进的原则，不建议老师在本课教学中涉及了$_1$、了$_2$同时出现的问题。

续表

教学步骤	说　明
归纳此“了”的用法与特点。 1. 展示 PPT 6 页，先让学生齐唱一次。再让学生默读一遍。 2. 引导学生发现“了”的位置特征。 3. 引导学生归纳出此种“了”字句的句子结构。即： T+S+V+O+了 4. 展示 PPT 7 页，引导学生发现此种“了”字句只用于描述过去的事件。	· 让学生默读，是因为有的学生在默读状态下能更好地理解句子的意思，并发现句子的结构规律。 · 引导学生自己发现语法规则比直接介绍语法规则更能帮助学生理解与记忆。 · 通过此内化（intake）过程，培养学生独立分析归纳语法规则的学习习惯。
课堂活动：组句子（练习一） 1. 将学生四人一组分成若干组。 2. 每组发一份组句卡片（不包括名量词卡与动量词卡）。 3. 让学生用卡片自由组合句子，限时，比赛。 4. 每组读出自己的句子。 5. 其他组根据句子提出相应的问题。	· 此为输出（output）第一阶段，语料现成，仅将先前内化的语法规则运用起来。 · 用卡片可以直观地帮学生理解句子结构，以及不同成分之间的位置关系。 · 同类（相同颜色）卡片可以彼此替换，增加句子的多样性。
课堂活动：你昨天做什么了？ 1. 让学生问旁边的同学她/他昨天做了什么，或者去了哪里。 2. 选几个学生报告他们了解到的情况。	此为输出第二阶段，实际的非模拟的语言运用。学生可以借此表述真实的情况，从而实现有意义的学习（meaningful learning）。
以上活动将为下阶段的教学奠定基础。	
二、引进第二个“了”：“如果你想知道得更多，怎么办？”展示 PPT 8－17 页。每页先领唱，然后齐唱。最后角色扮演齐唱。如时间允许，可选学生角色扮演独唱。	（同第一个“了”的教学步骤）
归纳此“了”的用法与特点。 1. 展示 PPT 18 页，先让学生齐唱一次。再让学生默读一遍。 2. 引导学生发现“了”的位置特点。 3. 引导学生归纳出此种“了”字句的句子结构。即： （T）+S+V +了+N+M+O （T）+S+V +了+时量+O （T）+S+在+P+V +了+时段	· 学生还没有名量、动量、时量、时段等概念，因此，用举例法即可。 · 注意强调第三种句子结构的动词必须为可持续性动词。 · 告诉学生，因为有上下文，表过去的时间状语可以省略。
课堂活动：组句子（练习一） 要求、步骤同阶段一，增加名量、动量、时量卡。	要特别注意学生名量、动量、时量卡的摆放位置。

续表

教学步骤	说　　明
课堂活动：我知道你的秘密（练习二） 1. 打散原有分组。 2. 发放活动表格，每人一张。 3. 每个人至少采访三个同学，通过两次提问，了解他们的“秘密”。① 4. 将“秘密”填入表格中。如遇不会写的字，可用拼音代替。 5. 根据所剩时间，酌情选若干学生以朗读的方式分享访问结果。	• 此活动是对前期的两种句型的综合操练。 • 实际语言运用。 • 采访者必须根据被采访者的第一个回答决定第二个问题的提问方式。 • 学生必须在课堂内穿插走动，此举能避免语言操练的枯燥。
收尾。 1. 老师选一组比较精彩的问答，让学生写在黑板上。 2. 引导学生自行分析句子结构。	再次强化两种“了”字句的句法结构。
三、引进表示改变的“体”意义的“了”。 只做粗浅了解，直观可见的改变性。 句子结构：（S+）V+（O+）了	通过“说一说”看图练习使用此“了”。
四、布置作业。	

练习

一、组织句子。

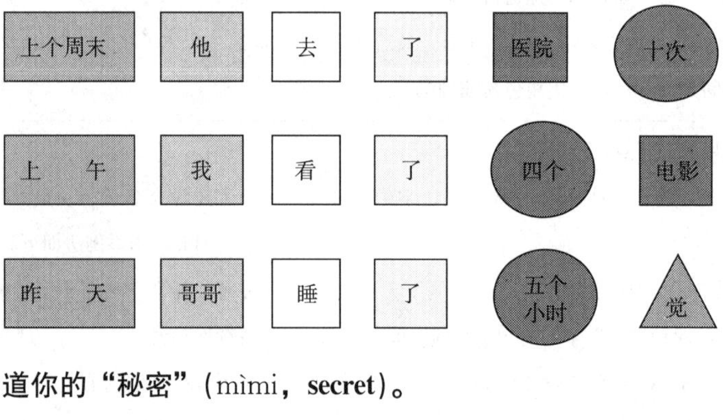

二、我知道你的“秘密”（mìmi，secret）。

例：

王小明：张大明，昨天下午你做什么了？

① 以表格中已经给出的范本为例，先问做过什么，再问具体信息。

张大明：昨天下午我打网球了。

王小明：你打了几个小时网球？

张大明：我打了两个小时（网球①）。

谁？	什么时候？	做了什么？
张大明	昨天下午	打了两个小时网球

三、说一说。

① 此处的宾语可以省略，教师可根据具体教学情况决定是否采用此省略。

中　　级

27. “把” 字句

郑 洁

一、相关语法知识

1. “把”字句的定义及基本结构

“把”字句指用介词“把”或“将”把动词支配或涉及的对象提到动词前做状语的一种句式。“把”字句的基本结构为：

主语＋“把”＋宾语＋谓语动词＋其他

在课堂上面对留学生时，基本结构可以写成：

S＋把 NP＋V＋其他

当然，以上所呈现的结构只是“把”字句最基本最常见的结构，如果根据 HSK 甲、乙、丙、丁四级语法大纲对“把”字句进行细分，可以总结出它的二十多种格式。“把”字句之所以种类繁多主要是由于：

其一，动词后“其他”成分可以是不同种类的。

其二，“把”字句可与其他特殊句式兼用。

2. “把”字句表示的语法意义

表示通过动作或影响，使涉及的某人或某事物产生某种结果，发生某种改变或呈现某种状态。

3. “把”字句的语用功能

重在说明对某个确定或有定的人或事物的处置或影响而形成的结果、改变了的状态。

4. “把”字句的主要使用场合

多用于祈使句（常表示要求对方做事）和陈述句（向别人叙述或说明一件事情）。

5. “把”字句各部分的构句条件

“把”字句的主语多为动作者；宾语则多为动作的受动者，而且是确指、类指或有所指的；谓语动词多为及物动词，一般带有“处置”意味，即该动词表示的动作必须能使事物发生某种改变；谓语动词后必须带有其他成分比如补充说明动作的各类补语、谓语动词本身重叠或者变为“V 一 V”“V 了 V”等形式、动词后带宾语、动词后带助词如“了”“着”等。

二、偏误预测及教学重点、难点

根据第一部分对“把”字句相关知识的简单介绍，可以说基于“把”字句自身的语义、语用特点，它会给留学生在学习过程中造成很多偏误陷阱，从基本结构来看对于宾语为已知信息的理解、动词的选择条件、动词后成分的使用以及动词与后面成分的搭配、否定词和能愿动词在这个句式中的位置等都是容易出现偏误的地方同时也是教学的难点和重点。

另外，由于“把”字句教学属于汉语的特殊句式教学，我们还要考虑到它的交际性，很多“把”字句都可以和一般的叙述句转换使用，那么在实际的交际过程中什么时候选择用“把”字句也是一大难点。下面我们针对上面提到的各点来一一分析并具体说明。

1. “把”字句的宾语不定

偏误句子：

（1）＊他把一杯水喝了。

（2）＊王红把两扇窗户打开了。

这样的偏误属于在“把”字句中介引的受事对象为“无定”成分。

我们在前面已经说过，“把”字句重在说明由于动作的施加使事物发生了什么样的改变，又因为汉语习惯把重要的、未知的信息放在后面呈现，“改变”是把字句中的重要信息；已知的或者不重要的信息放在前面，“宾语”在这里就属于“把”字句中相对次要的信息，通常是说话时现场所指的、说话双方都知道的或者人人都知道的一类事物。基于上述条件，宾语前面通常不能带数量形式。少数情况下说话人具体有所指而不是任意指，也可能会带上数量形式（例如：“我看见他把一个小女孩儿推倒了”，这个句子中的“小女孩儿”一定是说话人脑中有具体形象和所指的）。

2. 谓语动词不符合条件

偏误句子：

（3）＊他把电脑没有了。（存在动词）

（4）＊妈妈把李明想了一天。（感觉类动词）

（5）＊我今天早上把体育馆去了。（趋向动词）

（6）＊她终于把课文会读了。（能愿动词）

这样的偏误属于动词不具有“把”字句要求的“处置性”“影响性”。由于“把”字句的传信焦点就是事物由于动作产生了什么样的改变，所以没有“处置”“影响”意义的动词无法在“把”字句中胜任谓语动词的角色，也就无法达到传递信息的作用了。

3. 谓语动词后缺少其他成分

偏误句子：

（7）＊他们把桌子擦。

（8）＊我把饭吃。

很明显，这是动词后缺少了成分，而这个成分正是“把”字句所要表达的重要信息，缺少这个成分与“把”字句传信焦点的要求不符合，根本没有达到使用“把”字句的根本目的。

从以上三种常见偏误的分析中不难看出，该句式某个成分的选用或者结构上的不当都是因为违背了“把”字句的语法意义和语用功能即通过动作的处置或影响使事物发生了改变或者产生了某种结果，因而在教学中要想办法重点强化这一点。

4. 否定词、能愿动词位置错误

偏误句子：

（9）＊他把水没喝完。

（10）＊你把门不要打开，外面冷。

（11）＊我把书不能借。

（12）＊姐姐把车不会开。

这样的偏误是由于在“把”字句的否定式中否定词的位置要放在“把”字结构之前，而且“把”字结构与动词是一个整体，要否定必须否定整体，不能只否定动作。（能愿动词同理）

5. 与一般叙述句混淆使用

（13）＊她擦了桌子。（重在说明她擦的是桌子，不是别的）

（14）＊她把桌子擦了/干净了。（重在说明桌子因为“擦”这个动作，由脏变干净了）

偏误句子：

一是该用“把”字句时没有用。

（15）＊A：家里还有剩饭吗？　　B：没有了，我吃完饭了。

(16) ＊A：你的电脑怎么样了？ B：李明修了电脑。

二是不该用“把”字句时用了。

(17) ＊A：你每天在哪打篮球？ B：我每天把篮球打在操场上。

以上发生偏误的句子都是“把”字句与一般叙述句的混淆使用，前两句分别想说明因为“吃”，“剩饭”发生了什么变化（从有到无），“电脑”因为“修”发生了什么变化（从坏到好），所以都应该用“把”字句。第三句不是想表达“篮球”发生了什么变化，而是想叙述一个事实，所以应该用一般叙述句。

三、教学对象及目的

1. 教学对象

初级中后期的学生，他们第一次接触“把”字句，而且已经学过方位词、简单的结果补语、趋向补语、介词短语做补语、动词后表示完成的“了”、动词重叠以及“V 一下”表示轻量等知识点。

2. 教学目的

第一，掌握“把”字句的基本结构。

第二，明白宾语是确定的、已知的或者是人人都知道的一类事物。

第三，动词自身有变化或后面一定有其他成分，本课要求学生掌握动词重叠或者加“一下”；动词后有“了”、结果补语、趋向补语、介词短语做补语几种情况。

第四，知道“把”字句可用于祈使（本课主要涉及“让别人做某事”的情况）和陈述两种语气。

第五，根据具体语境判断是否选用该句式。

四、教学计划及主要教学环节步骤的设计

1. 总体教学计划

导入“把”字句呈现基本格式；介绍说“把”字句时常见的两种语气——陈述、祈使并引出“把”字句的否定格式；关注“把”字句“V＋其他”部分，总结出五种常用类型；关注“把”字句中宾语“NP”部分，用例句让学生体会“NP”是可见的或已知的信息，“NP”也可以是人人都知道的一类事物，前面一般没有数量修饰；最后根据语境让学生体会什么时候选用“把”字句。

2. 教学的具体环节和步骤

第一，使学生感性、直观地认知“把”字句并引出基本结构。

老师给出问题，让学生思考：谁？在做什么？发生什么变化了？

老师同时做动作，如关门（开门）、关上教室前面的灯、把书放到桌子上。（也可以让学生做这些动作，比如老师上课前故意把门开着，上课后，老师说：现在天气很冷，＊＊同学，请你关一下门好吗?）每做完一个动作就让学生回答上面三个问题，并展示出来，如："老师放书。书以前在老师手里，现在在桌子上。""老师关灯，灯以前亮着，现在不亮了。"每一个动作都要强调因为做了某动作，具体的事物发生了何种变化。

老师继续引导：同学们都是用两句话说的，那么我们可不可以用一句话说出来呢？对，这就要用到我们今天学习的"把"字句了！用PPT展示出"把"字句最基本的肯定格式——S＋把NP＋V＋其他，并通过动态演示带着学生说一个句子，然后让学生自己说出后面的句子。

这里为了避免主语都是"老师"过于单一，还可以借助动态图引入其他主语。

针对基本结构和语气的练习（练习一）：熟悉"把"字句的基本结构，体会其用于陈述语气的情况。（注意：在教学中，不能出现"陈述"这一语法术语，可用"说一件事"来代替，有助于学生理解）

练习一，我做动作你来说。老师做如下动作：把笔放到铅笔盒里。（引导学生说出这句话）老师请一个学生擦黑板，学生擦黑板以后，引导其他学生说：他把黑板上的字擦了。

承上启下，为了引出下一个要点——"把"字句用于"祈使"语气，做练习二。同样，"祈使"这一语法术语也不能出现，可用"让别人做事"来代替。

练习二，我说你来做动作。（这里需要老师创造语境）如，老师说"回答问题的时候，请把右手举起来（此处重读）"。让学生听到后，做出相应的动作。再如，老师看到有的同学在玩手机，于是说"把手机放到书包里"。

3. 熟悉"把"字句常用于陈述和祈使两种语气

通过以上两个练习让学生体会到"把"字句既可以"说一件事"也可以"让别人做事"。这里要提醒学生注意用"把"字句让别人做事时交际双方的地位关系，并引导学生比较"把"字句用于两种情况时在句式结构上的区别。最后归纳出如下结构：

麻烦/请（你）＋把NP＋V＋其他，好/可以/行吗？

同时，还要关注到V常常有"VV/V一下"的变形。

针对"把"字句用于两种语气的练习（练习三）。

练习三，课堂活动。将学生分成小组，组内某同学做动作，其他同学来描述。这个同学再用“把”说句子让其他同学做动作。最后，每组派一个同学上来做动作或者说句子，看哪组回答得又多又快。注意：这个练习需要学生自己想句子，可能说出的句子会比较单一，效果有待验证。可依据上课时间参考选用。

4. 熟悉“把”字句的否定式

承接上面的练习，复现之前说过的一个句子，如：“老师把笔放到铅笔盒里。”顺势问：“那李明把笔放到铅笔盒里了吗?”（问的时候还可以做这个动作）学生回答：“没有。”老师说：“所以，老师把笔放到铅笔盒里了，而李明没有，那用‘把’怎么说?”引导大家说出：“李明没有把笔放到铅笔盒里。”

同样的方法，对于祈使语气，老师说：“大家回答问题的时候，把右手举起来。左手呢?”同学们说：“不举左手。”老师顺势问：“那这句话用‘把’怎么说?”引导学生说出：“回答问题时，不要把左手举起来。”

老师说：“朋友跑完步觉得很热，出了很多汗，想把衣服脱了，可是外面很冷，你会对朋友说——‘不要把衣服脱了，会感冒的。’”

由此，老师展示“把”字句针对两种语气常用的否定形式（重点突显否定词），并用点指的方式强调否定词的位置。

S＋没（有）/不要把 NP＋V＋其他。

针对“把”字句否定结构的练习（练习四）。

练习四，把“没（有）/不要”写在合适的地方。做这个练习学生要考虑选择哪种否定词（本课只涉及“没/没有”和“不要”），还要考虑否定词应放的位置。让学生说出正确的句子，注意答案呈现时再次用其他颜色突显否定词的位置。

5. 关注“V＋其他”部分

动词后的成分代表变化，强调这是“把”字句的重点，是说话人最想让别人知道的信息，也是别人最想知道的信息。所以一定不能没有！

复现之前的部分句子，让学生注意到有的句子是动词本身重叠或者加了“一下”，有的句子动词后有成分。总之没有一个句子是以单个动词结尾的。带着学生总结出本课会涉及的几种类型、每种情况的常用动词搭配，在后面的练习中也要有意识地做总结。

祈使语气常见的形式：V 重叠、“V＋一下”“V 一 V”等。（如“晒晒、写一下、擦一擦”）

因为动词重叠本身有短时、轻量的含义，引申到祈使句（让别人做事情时）则有稍微做一下某事，可做可不做（随意）等含义在里面，可以减缓对别人的命令语气，显得客气委婉一些。

陈述语气常见的形式：

一是，V＋了（如“丢了、喝了、吃了、脱了、扔了、擦了、撕了、关了（上）、锁了（上）……”），这样的形式多表示“消失”或者“分离”。

二是，V＋介词短语（如“放在桌子上、放到铅笔盒里、放在书包里、摆在教室里、送到幼儿园……”）。

三是，V＋趋向补语（如“拿过来、搬走了、取回来、带来了、扔出去……”）。

二、三两种形式多表示事物的位置发生了变化。

四是，V＋结果补语（如“摔碎、打扫/洗干净、收拾整齐、晾干了、吃光了、打开……”）这样的形式多表示事物因为动作的影响出现了某种变化或呈现了某种结果。

告诉学生后面二、三、四三种情况比较常见。

可概括成如下图所示的形式：

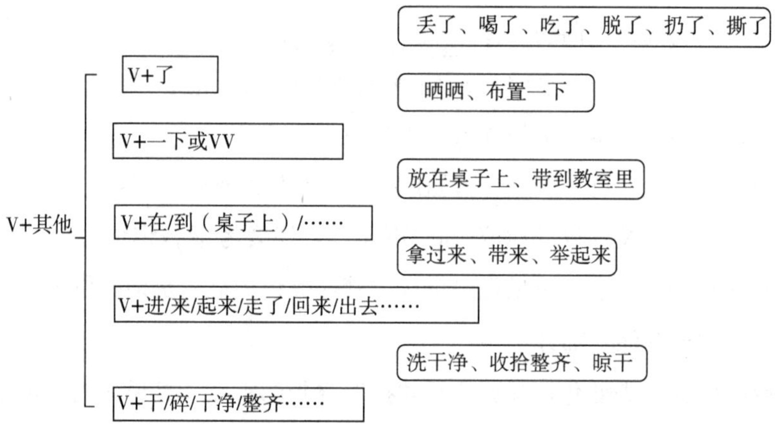

针对“把”字句动词后成分的练习（练习五）

练习五，选择填空。给学生一些动词后缺少成分的句子和一组打乱顺序的词，让学生自己选择适当的词完成句子。这个练习要求学生思考事物因为动作的处置或影响发生了什么改变，动词和什么成分搭配起来合适。注意：练习中可能会出现生词（如“合同”“卷子”），可做标注。

练习六，请用“把”字句说说下图的人在做什么？用“把”字句描述图片，既练习了“V＋其他”，又练习了之前学过的“把”字句用于陈述语气的情况。

练习七，遇到下面的情况，你会怎么说？用“把”字句在特定情境中完成任务。

既练习了“V+其他”又再一次复习了“把”字句用于祈使语气的情况。

6. 关注“NP”的确定性

复现之前的部分句子，有的句子（如“我把那本书放在桌子上”）NP是现场可以看到的；有的句子（如“同学A把作业放到办公室了”）老师交代一下语境让大家明白NP是说话双方都知道的具体事物；有的句子（如“把手机放到书包里”）NP不是具体某一个东西而是大家都知道的一类事物。带着学生总结出NP是“可以看见的”或者是“已经知道的”或者是“所有人都知道的一类N”。总之NP是确定的、已知的事物，在句子里也就不是最重要的信息。

在形式上要注意NP前面一般不能加“数量”，比如“一本书”“三个苹果”“五张纸”……针对这一点，做有语境的练习（练习八），让学生体会“NP”的确定性和已知性。

练习八，下面的说法对吗？利用图片构建语境，再给出一个句子，让学生判断这个句子在该语境中是否正确，如果不正确，应该怎么说。这个练习结合语境，可以判断学生是否理解了宾语确定性的概念，检验他们是否可以根据语境，灵活运用“把”字句。

7. 体会“把”字句与一般叙述句的差别

这一点体现在交际中，单纯讲解学生会很难理解，应结合有语境的练习让学生体会，不做具体讲解。让学生在上下文语境中找到使用“把”字句的依据，即有信息表明“把”字句中的“NP”是确定的信息（可见的或已知的或人人都知道的）而且说话人重点想传达动作施加后所产生的变化或结果。

练习九，选择并完成对话。选择合适的句子完成情景对话。给出一段比较长的（四个话轮左右）对话，有的地方把一般陈述句和“把”字句都给出，让学生根据上下文情景二者选一。这个练习比较综合，也有一定的难度，为了防止学生瞎猜，做出选择后还要让学生说说为什么。同时由于对话比较长，文字较多，呈现时也是一个话轮一个话轮地呈现。

注意：练习中画圈处是对答案的提示，即为什么选择或者不选择“把”字句，在实际教学中通过演示PPT的动画实现提示作用，学生做出一个选择就展示一个圈，强化语境作用。

练习十，完成这段话。将练习九的对话练习改为语段，让学生说出句子，把语段补充完整。一是检验学生是否明白练习九的对话练习，二是让他们熟悉陈述语气中“把”字句的选择使用。

注意：练习十中画圈的地方为答案依据，与练习十的呈现方式一样。

练习十一，看图讲故事。结合练习九、练习十的对话和语段的内容将我和小红的办公室画出来，然后通过图中景物的移动，让学生看图具体说说我和小红是怎么打扫和布置办公室的。用看图的方式把这个故事复述出来。

最后，再让学生自己把这个故事复述出来。

8. 总结本节课学习的要点

可用下表的方式呈现，并简单带着学生说一遍本课已学习的内容。

<table>
<tr><td colspan="3">“把”字句</td></tr>
<tr><td>什么样</td><td>S+把 NP+V+其他</td><td>S+没（有）/不要把 NP+V+其他</td></tr>
<tr><td>怎么用</td><td>说一件事</td><td>让别人做事</td></tr>
<tr><td>★</td><td colspan="2">V+其他
1. V+了　2. VV 或 V 一下　3. V+干净/碎了　4. V+在桌子上/到书包里　5. V+回来/出去</td></tr>
<tr><td>★</td><td colspan="2">NP
1. 能看见的（把那支笔拿来）　2. 知道的（把CD带来了）　3. 一类 N（把手机放到书包里）</td></tr>
<tr><td>★</td><td colspan="2">我喝了两杯水。VS 我把水喝了。　寄一封信。VS 把信寄出去。</td></tr>
</table>

针对今天所学的内容，进行综合练习（练习十二）。

练习十二，综合练习。看一组图（泡茶），分别用叙述（任务一：说一件发生了的事）和祈使（任务二：教别人怎么做）两种方式说说。这个练习老师带着学生做，并给出范例，让学生体会两种语气的“把”字句并复习今天所学。（注意结合图示标注超出学生水平范围的生词）

任务一：你是怎么请客人喝茶的。

我把茶叶准备好，然后把茶叶放到茶壶里。我把水倒进茶壶里。等到茶泡好了，我把茶倒进两个杯子里。最后，我把茶端到客人面前，请他们喝。

任务二：教小李怎么请客人喝茶。

我对小李说：“你把茶叶准备好，然后把茶叶放到茶壶里。把水倒进茶壶里。等到茶泡好了，把茶倒进杯子里。最后，把茶端到客人面前，请他们喝，注意不要把茶洒了。”

再给出一个“泡面”的任务，使用一组图展示泡面的过程。让学生任选一个任务，自己来说说。

9. 布置作业

给出几个题目包括陈述和祈使两种场景，让学生任选一题来做。想想什么地方可以用上“把”字句。

作业提交方式——录音提交音频格式文件或者下节课每个人说一说。

练习

一、我做动作你来说。

（老师不说话，只做动作让学生来说句子）

把笔放到铅笔盒里。

他把黑板上的字擦了。

二、我说你来做动作。

（这里需要老师创造语境。老师说句子，听懂的学生做出动作）

请把右手举起来

把手机放到书包里

三、课堂活动。

将学生分成小组，组内某同学做动作，其他同学来描述。这个同学再用“把”说句子让其他同学做动作。最后，每组派一个同学上来做动作或者说句子，看哪组回答得又多又快。

四、把“没（有）/不要”写在合适的地方。

（1）他A昨天B把信C寄D出去。

（2）A你B把脚C放D在桌子上！

（3）我A把B那双鞋C扔D了。

（4）A现在B请C把礼物D打开，回去再看。

五、选词填空：过来、了、晒、到教室里、干了。

合同 hétong（centract）　　卷子 juànzi（examination）

（1）他很生气，把合同撕________。

（2）我过不去，请你把卷子拿________，好吗？

（3）考试时不可以把手机带________，都放在外面。

（4）今天阳光真好！你把被子晒________。

（5）妈妈把衣服晾________。

六、请用“把”字句说说下图的人在做什么？

（1）李红

（2）我

（3）爸爸

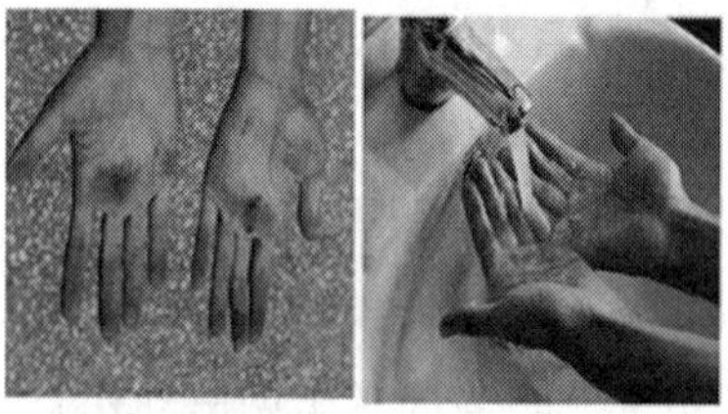

（4）王丽

七、遇到下面的情况，你会怎么说？

（1）你想让离窗户近的人关窗户。

（2）你的作业本在同学手里，你想让他递给你。

（3）孩子的房间太乱了，你想让他自己收拾。

（4）你想看昨天的一份文件，让员工拿给你。

八、下面的说法对吗？

（1）

王丽对妈妈说：

我洗干净了衣服！

（2）

马丽对小狗说：

把一个球拿过来。

（3）

服务员说：

请各位把票拿出来。

九、选择并完成对话。

A：小红，你还记得上次我说的那张CD吗？

B：哈哈！等着急了吧？我带来CD了/我把CD带来了！

A：太谢谢你了！你怎么买了这么多东西呀？

B：要过新年了，我们布置一下办公室吧/把办公室布置一下吧！

A：好啊！我们收拾干净办公室再布置吧/把办公室收拾干净再布置吧。（收

拾完了）

B：我买了一个花瓶/把一个花瓶买了，你看看摆在哪？

A：你在桌子上摆花瓶吧/把花瓶摆在桌子上吧。

B：（手指着墙上的一张图）我扔了这张图吧/把这张图扔了吧。

A：（看到了小红买的新图）好主意，贴上新图吧/把新图贴上吧。

十、完成这段话。

小红是我的同事，我们有很多相同的爱好，比如听音乐、布置房间。昨天我跟小红说想借她一张CD听听，今天问她还记得吗，她笑着说：我已经__________。小红人真好！为了布置办公室，她还买了很多东西，比如花瓶、新图。我建议________________再布置。

我们决定________________，小红________________，换上了新图。

我们对布置完的教室都很满意，休息的时候还一起听了音乐。

十一、看图讲故事。

例：老师可以问学生：“大家看，我和小红的办公室怎么样?”

（1）我和小红的办公室

学生会说：“很乱/不干净。”

老师说：“那我们看看她们是怎么打扫和布置的。”

通过 PPT 的动画功能，先整体演示一遍，再逐一展示变化过程，边看边让学生说出相应的句子。

（2）打扫后的办公室

老师问：“她们是怎么打扫办公室的?”

为了提示，老师还可以做出相应的动作。

引导学生说出：

• 她们把地扫干净了。
• 她们把垃圾倒/扔了。
• 她们把书摆整齐了。

（3）布置后的办公室

老师问："她们是怎么布置办公室的？"

为了提示，老师还可以做出相应的动作。

引导学生说出：

· 她们把花瓶摆/放在桌子上。

· 她们把墙上的旧图扔了。

· 她们把新图贴在墙上了。

十二、综合练习。

（1）

准备茶叶

（2）

放茶叶

（3）

倒热水

（4）

倒茶

（5）

端茶、劝茶

任务一：你是怎么请客人喝茶的？

任务二：教小李怎么请客人喝茶。

再给出一个"泡面"的任务，使用一组图展示泡面过程，让学生模仿前面的练习自己来说说。

（1）

（2）

（3）

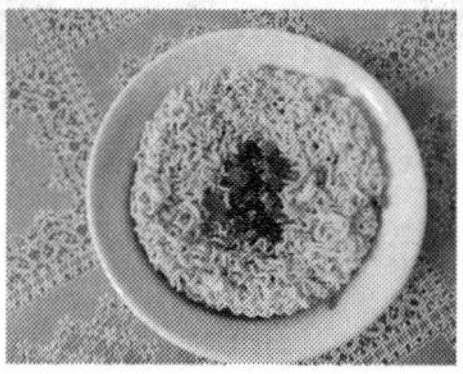

(4)

(5)

(6)

作业

从下面几题中任选一题完成口头表达。

1. 说说你的拿手菜：教山本怎么做这道菜。

2. 说说你们国家的饮食文化，告诉李明在餐桌上有哪些要注意的地方。

3. 小凡第一次给外国人送礼物，请你告诉他在你们国家怎么给别人送礼物。（怎么准备、怎么送）

4. 请你告诉大家你们国家最重要的节日是什么，人们怎么过节。（比如怎么布置房间、怎么送礼等等）

5. 说说你动手做过的一件事，告诉大家你是怎么做的。

28. “除了……以外”

石晓琳　卢福波

一、相关语法知识

1. 关于介词

介词的作用是介引，主要跟名词性词语组成介词短语，为动作、状态介引相关项，如：时间、处所、对象、方式、路径、条件、依据等等。

2. 关于介词“除 / 除了”

“除”是介词，表示“不计在内”的意思。介词是虚词的一种。大多数介词是由动词虚化而来的。介词位于名词、代词或名词性短语前，与名词、代词或名词性短语构成介词短语。介词短语在句子里主要充当状语、补语、定语等，其作用是介绍跟动作行为、性质有关的时间、处所、方式、范围、对象等等。

“除”也可以说成“除了”“除开”“除去”等，它们的基本意思一样，可以看成“除”的变式，其中最常用的是“除了”，表示关涉对象。“除了”后面的宾语可以是名词（短语）、代词、动词（短语）或形容词（短语）及主谓短语等。

“除了”常与方位词“外”“之外”或“以外”等搭配使用，构成“除了……以外（之外、外）”格式。由于后边句子的不同，这种格式又分加合式和排除式两种，即“除了……以外，……还/也/又……”（加合式）和“除了……以外，……都/全……”（排除式）。

所谓加合式，就是“除了”的宾语所表示的事物也包括在后面的谓语所陈述的内容范围之内。与“除了”配合使用的词语是“还、也、又”等。如：

（1）小王除了喜欢唱歌以外，还喜欢跳舞。

（2）除了我喜欢吃苹果以外，他也喜欢吃苹果。

这种句子有补充的作用，即“还”“也”后面的事物补充“除了”后边的事物。

排除式是后一分句用“……都/全”与之呼应。后一分句可以是肯定句也可以是否定句。

(3) 除了小王以外，其他人我都通知了。

(4) 除了他看过这本书以外，别人都没看过。

这种句子，一般来说排除的是“除了”以后的、特殊的事物。全句的作用在于肯定谓语部分所涉及的事物的一致性。

二、主要偏误类型

学习者习得“除了……以外”两种句式的主要偏误有：

(1) *除了北京以外，我去过许多中国城市。

(2) *除了他以外，别人去看电影了。

(3) *除了足球以外，我都喜欢任何运动。

(4) *除了他很喜欢打羽毛球也喜欢打乒乓球。

上述偏误可归结为以下两种类型：

一是缺省“还”和“都”如句（1）、句（2）。

二是语序问题（周遍性词语位置；主句主语位置）如句（3）、句（4）。

三、教学及教学设计的主要目的

第一，让学习者了解介词的基本结构功能。

第二，了解“除了……以外”有两个句式，即“除了……以外，……还/也……”（加合式）和“除了……以外，……都……”（排除式）。

第三，通过学习，使学习者能够准确地使用“除了……以外”两种句式构成准确完整结构的句子，而且能够根据实际语境和情景恰当运用。

四、主要教学环节步骤的设计

1. 教学导入

从描述简单事物入手，通过动画展示，引出“除了……以外，……还/也……”句式，并使学生理解句式的含义与功能。简单讲解“还/也”的使用范围，以及加合式主语的两个位置。引导学生练习所学句式，并逐渐引入句式的否定表达。

结合图片，展示动画，引入“除了……以外，……都……”句式，理解句式的含义与功能，使学生感受到与上一句式的不同。展示图片，引导学生练习所学句式，浅显易懂地讲解“周遍性词语”在句中的位置。

将两个句式做对比，使学生准确理解两种句式表达的不同含义，再次强调“周遍性词语”的位置。

最后归纳总结，“除了……以外”句式，主语有两个位置：“S+除了……以外，……还/也……”和“除了……以外，S+还/也……”。排除式要注意“周遍性词语”的位置。

2. 教学要点分解点拨及训练

句式之一：加合式

三个要点：

第一，直接给出“除了……以外，……还/也……”句式结构，有效避免“还/也”的缺省问题。

第二，了解“还”和“也”的使用问题。

第三，潜移默化地使学生了解主语可以放在两个位置。

针对教学要点，设计强化加合式结构和理解意义的成句训练。（练习一、二、三）

练习一，根据图片操练所学句式，理解句式含义，掌握“还”和“也”的用法。

练习二，根据图片操练句式的否定表达方式，巩固所学内容。

练习三，根据所给词语，用所学句式进行简单应用型交际，考查学习者掌握所学句式的情况，对暴露出的偏误加以纠正，使学习者能够自由运用加合句式表达。

句式之二：排除式

三个要点：

第一，简单解释“周遍性词语”，但课堂中不出现此名词。

第二，注意“周遍性词语”在句中的位置。

第三，对比、解释两种句式的不同含义与功能。

针对教学要点，设计强化排除式结构的训练和理解意义的成句训练。（练习四）

3. 总结重难点，强化理解记忆

简单总结，强调所学两种句式的重难点，帮助学生加深记忆和理解。然后针对各种偏误类型设计纠错练习，从反面强化学习者对可能出现的偏误的注意。（练习五）

4. 布置作业

侧重结合学习者实际的应用性练习，让学生能够运用所学句式，根据图片，独立造句。

练习

一、看图，用“除了……以外，还……”说一说。

(1)

参加长跑比赛

(2)

今天的天气

(3)

在公共汽车站等汽车

(4)

今天是植树节

二、用“除了……以外，还……”描述图片。

三、根据图片，用下面的句式说一说。

我除了不会……以外，还不会……。

除了我不会……以外，他也不会……。

(1)

唱歌

(2)

书法

(3)

跳舞

(4)

武术

四、根据下列词语，用“除了……以外，还/也……”简单介绍一下自己。

我 朋友们 爸爸 妈妈 哥哥 妹妹 小狗

明天 星期日 星期一

北京 中国 肯尼亚 图书馆 商店

健身 游泳 篮球 音乐 电影 电视剧 韩语 汉语

高级汉语课

五、根据图片，用“除了……以外，……都……”回答问题。

(1)

这里都是小狗玩具吗？

(2)

这里都是学生吗？

(3)

这里都是女生吗？

六、修改病句。

(1) 除了北京以外，我去过许多中国的城市。

(2) 除了我以外，都很优秀其他同学。

(3) 除了一个同学以外，大家上课。

(4) 除了那本书以外，我看过别的书。

(5) 今天除了两个人以外，别人去看电影了。

(6) 除了香山公园以外，我都去过其他北京的公园。

七、用“除了……以外，还/也/都……”说说图中的事情。

作业

用所学的两个句型，根据图片，发挥想象，写出五个句子。

29. “过来”和“过去”

朱京津

一、相关语法知识

1. 关于趋向动词

趋向动词属于汉语动词中的一个特殊小类，用以表示人或事物根据动作朝着某一方向发展变化。此类动词分为单纯趋向动词和复合趋向动词两类。前者由一个语素表示，后者由两个语素合成表示。趋向动词的主要语法功能是在句中做谓语和补语。

2. 关于趋向动词“过来”和“过去”

“过来”和“过去”是一对复合趋向动词。复合趋向动词具有双重趋向，既有空间位置趋向又有说者位置趋向。

（1）“过来”和“过去”的基本意义

“来”和“去”趋向的选择取决于说话人或叙述人对立足点的认定，即说话人或叙述人以自己或某人为立足点，趋向立足点方向的为“来”，背离立足点方向的为“去”。

“过”的本义有：①从一处到另一处。②随着动作经过或穿过某处。“过来”表示位移体从另一地点向说话人或叙述人所在位置移动。“过去”表示位移体离开或经过说话人或叙述人所在位置向另一地点移动。

（2）“过来”和“过去”在句中做补语的基本意义及其引申意义

	基本义	引申义
	人或事物从一处到另一处	从一个状态到另一个状态
V＋过来	人或事物随动作从一处向说话人或叙述人处移动。	位移体（人）在思维认识上从不清楚到清楚。
V＋过去	人或事物随动作离开或经过说话人或叙述人处，向另一处移动。	位移体（人）在思维认识上从清楚到不清楚。

从实际的使用频率来看，“过来”和“过去”在句中主要的语法功能是与动词结合充当补语成分。其形式为：

动词 ＋ 过来／过去

二、主要偏误类型

学习者习得趋向动词“过来”和“过去”的主要偏误有：

（1）＊从马路对面走出来一个小孩。

（2）＊从我身边开过来一辆车。

（3）＊你能帮我把书从那边拿来吗？

（4）＊病人已经抢救回来了，放心吧。

上述偏误可以归结为以下四种类型：

第一，对趋向动词“过”的基本意义理解、把握不好，如句（1）。

第二，分辨不清说话人或叙述人使用“过来”和“过去”时的位置移动方向，如句（2）。

第三，分辨不清或理解不了单纯趋向动词和复合趋向动词的区别，如句（3）。

第四，无法理解“过来”和“过去”的引申意义，如句（4）。

三、教学及教学设计的主要目的

第一，让学习者理解趋向动词“来”和“去”趋向的选择取决于说话人或叙述人立足点的认定，即：趋向立足点方向的为“来”，背离立足点方向的为“去”。

第二，让学习者了解趋向动词“过”的本义具有从一处到另一处、经过或穿过之义。

第三，了解“过来”和“过去”在句中做补语的结构形式和基本意义。即：“V＋过来”“V＋过去”具有从一处到另一处之义。

第四，了解“过来”和“过去”在句中做补语的引申义。即：表示从一个状态到另一个状态。

第五，使学生了解与“过来”和“过去”引申义搭配的动词有哪些，从而使他们能够在恰当的语境中正确运用。

四、主要教学环节步骤的设计

1. 教学导入

从图片入手，引导学生理解“过”的本义，并总结归纳。让学生理解“过来”和

“过去”的趋向取决于说话人或叙述人的立足点。

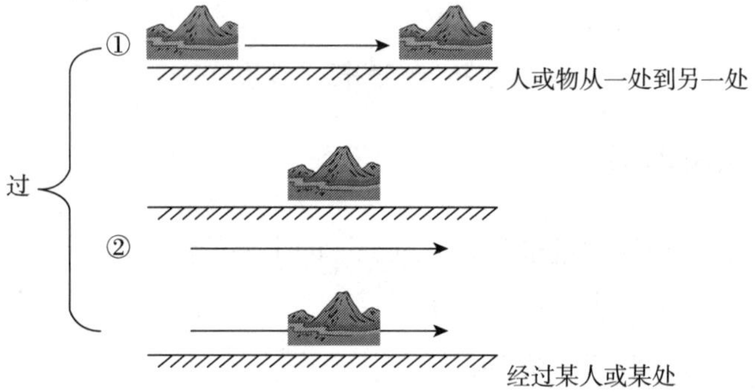

学习要点：理解“来”是趋向说者或叙述人，“去”是离开说者或叙述人。

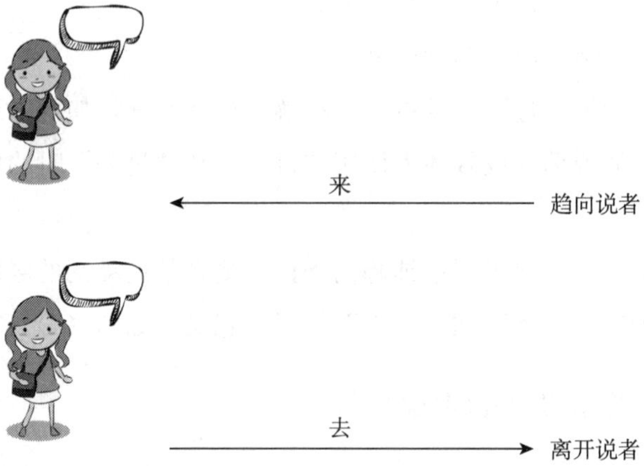

通过动态图片，让学生理解复合趋向动词“过来”和“过去”做补语时，与动词结合，即：“V+过来”“V+过去”的形式。它们的基本意义及其引申意义，即：人或事物通过动作从一处到另一处，从而引申出从一种状态到另一种状态。掌握“V+过来”“V+过去”基本意义的动词应带有移动性或间接移动性的特征，如“走、扔、跨、打、爬、开”等。“V+过来”“V+过去”引申意义的动词应具有思维认识上清楚与否之义，如“醒、改、明白、晕、昏、死”等。

2. 教学要点分解点拨及训练

三个要点：

第一，理解“过”的基本义，“来”和“去”的趋向义。针对教学要点，设计意义选项练习。（练习一）

练习一，通过对句子中“过”的理解，选择其恰当的意义。此练习针对学习者错误选择其他趋向动词而产生的偏误。

第二，理解“V+过来”“V+过去”的基本意义具有人或事物通过动作从一处到另一处，或经过说话人或叙述人处，向另一处移动。动词大多是可移动的行为动词。区别“V＋来”“V＋去”与“V＋过来”“V＋过去”。

针对教学要点，设计选词填空。（练习二、三）

练习二，操练学生对动词的选择以及根据人或事物的趋向对“过来”“过去”的选择。

练习三，通过操练，理解单纯趋向补语和复合趋向补语的区别。此部分针对学习者偏误中对“来、去、过来、过去”作为补语使用上的错误理解。

第三，理解“V＋过来”“V＋过去”的引申意义具有人的思维认识从不清楚到清楚或从清楚到不清楚，动词大多是能够表达人的思维清楚不清楚的动词。

针对教学要点，设计选择动词搭配和意义理解的练习。（练习四、五）

练习四，操练对动词的选择以及对“过来”“过去”在引申意义中的理解。

练习五，综合操练复合趋向补语的结构运用、动词的选择以及对趋向的理解，针对各种偏误类型设计纠错练习，从反面强化学习者对可能出现的偏误的注意。

3. 应用训练

根据图片提供的情景，让学习者能够准确、得体地使用这一语法点完成句子。（练习六）

练习

一、请找出下列句子中“过”的意思。

A. 人或物从一处到另一处　　　　B. 经过或穿过某处

（1）游行队伍正好从我家门前过。　　（　　）

（2）他快速从桥上走过。　　（　　）

（3）妈妈递过一块热毛巾给我。　　（　　）

（4）队伍走过天安门广场。　　（　　）

（5）飞机飞过了沙漠。　　（　　）

（6）我接过奖状走下台去。　　（　　）

二、根据图片和句子填写"V+过来"和"V+过去"。

(1)

妈妈从爸爸手里把孩子______。

(2)

这两个男孩说："从这里到图书馆不远，我们______吧。"

(3)

红色的赛车从计时器旁______。

蓝色的赛车正向计时器这边______。

(4)

女孩说："高明______一个大西瓜。"胖男孩说："李小______帮高明。"

三、请用"来""过来""过去""过""去"填空。

今天早上阳光明媚，打开窗户，不知从哪里飞______了几只小鸟。这么好的天气，我不想让妈妈开车送我______学校，决定自己走着______。穿______马路时，突然看到一个阿姨从马路对面快速跑______。原来是一位老奶奶晕倒了。这时，很多行人也都跑______帮忙。一辆救护车也呼叫着从我身边开______。人们相互帮助把老奶奶抬上了救护车，救护车载着老奶奶向医院开______。

四、根据句意，选用下列动词搭配"过来"/"过去"填空。

晕　　改　　救　　明白　　醒　　死　　昏

(1) 妹妹自从车祸后已经昏迷三天了，今天终于______了。

(2) 听到这个坏消息后他一下子就______了。

(3) 请把试卷上错误的地方______。

(4) 他一口气没喘上来______了。

（5）他连续三天没吃东西，最终____________了。

（6）医生终于把他____________了。

五、请把句中错误的地方改过来。

（1）今天总算休息过去了。

（2）他身体还没恢复回来，在休息休息吧。

（3）这个坏毛病他终于改来了。

（4）琢磨了两天，我现在终于过来明白了。

（5）她太累了，最终迷过去了。

（6）河再宽，我们也能游去。

六、学生2—3人一组，用“V＋过来”“V＋过去”，任选下列图片编一个小品。

要求：小品至少要有10句对话。对话中必须包括至少一个“V＋过来”和一个“V＋过去”，多了不限。

（1）

（2）

（3）

例如：

A：哎呀！这么多题都错了！

B：我看看。是呀！真是不少。老师一定很生气吧。

A：可不是嘛。老师说，他看了我的卷子差点儿气晕过去。

B：……

30. （量词）“节”与“段”

赵 杰

一、相关语法知识

1. 关于量词

量词在汉语中是极具特色的一类词，它不仅意义复杂，数量庞大，还体现了汉民族对世界的整体认知方式。量词的语法特点是：一般不单独使用，多与数词组成数量短语，如“一本、三份”；也可与指示代词组成指量短语，如“这只、那个”。

2. 关于量词“节/段”

量词“节/段”都可以表示事物的一部分。

“节”本意是“竹节”，由此引申为物体各段之间相连的部分，如“关节”。“节”用作量词时，通常用于分段的事物或文章，它所指称的事物本身具有自然的、相对独立的完整性，“节”与“节”之间的分隔非常明显。如“一节甘蔗、一节车厢”。

“段”是由“断”假借而来，本意是“截断”。“段”用作量词时，通常指分成若干部分的长条状物体，也可以指事物的一部分。和“节”相比，“段”后面搭配的事物不具备独立的完整性，它与整体的其他部分是紧密连接在一起的，没有明显的分隔。

二、主要偏误类型

学习者习得“节/段”的主要偏误是：容易混淆这两个量词，简单地认为两者都可以表示事物的一部分，出现类似“一节路”“一段车厢”这样的错误。

三、教学及教学设计的主要目的

第一，让学习者了解量词“节”和“段”的本义。

第二，了解“节”和“段”的区别，从而能在具体的情景中选择合适的量词进行交际。

四、主要教学环节步骤的设计

1. 教学导入

展示图片实物，启发引导学生归纳总结。

根据“节”和“段”作为量词的特点，选择典型的易于区分的事物展示，让学生通过直观就可以总结出两个量词的特点。

2. 对比分析

利用图示进行对比，将之前的内容形象地归纳在一起，使学生易于区分两者之间的不同。

3. 应用训练

针对所学知识点进行操练，结合语境、情景，指导学习者恰当运用，根据语言、图片等提供的条件、情景，选择量词“节”“段”，构成得体、准确、完整的句子。

练习

一、根据量词“节”的特点，说说下列事物为什么选择量词“节”。

（1）

星期 课程 课节	星期一	星期二	星期三	星期四	星期五
1	英语	语文	语文	语文	语文
2	地理	数学	英语	数学	外语
3	体育	英语	数学	英语	生物
4	数学		历史	地理	
5	自习	自习	生物	政治	体育
6	英语	体育	语文		自习
7	语文	数学		美术	
8	美术	政治	自习		数学

（2）

二、根据提示，用量词“段”说出下列句子。

(1)

一路上风景很美。

(2)

歌曲中有独唱，有合唱，我喜欢的是合唱的部分。

三、选择合适的量词填空。

(1)

我坐在火车的第一（　　）车厢里，计算着北京到天津这（　　）路要花多长时间。

(2)

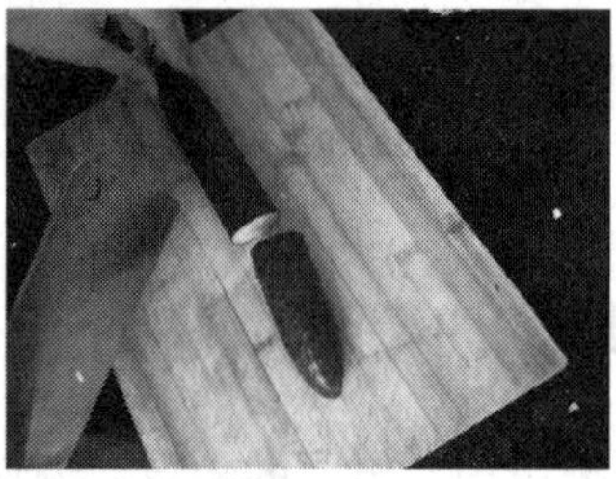

这里只有一根黄瓜，你们都想吃，那就把它切成两（　　）吧。

(3)

每一根手指都有三（　　）。

(4)

早上的这（　　）时间是一天中最美好的。

（5）

这（　　）课太有意思了，我很想听完，可是我一会儿有事儿，不得不听完这（　　）就走。

（6）

前一（　　）工作大家完成得很好，希望大家继续努力。

作业

用“节”“段”填空。

（下次课两人一组表演）

场景：买甘蔗

人物：（卖甘蔗的人）卖家

　　　（买甘蔗的人）顾客

卖家：您好！要点什么？

顾客：我想买甘蔗。

卖家：这根行吗？

顾客：这根太长了，我只要其中的一（　　）行吗？

卖家：行，您看这（　　）行吗？

顾客：这（　　）只有五（　　），太少了，我想要六（　　）。

卖家：好的，我重新给您切吧，想要上面的还是下面的？

顾客：我喜欢吃下面的这一（　　），这（　　）甜。

（卖家将顾客想要的那部分切好）

顾客：麻烦您再把这（　　）平均切开吧，我们有两个人吃呢。

卖家：好的。

31. “就”和“才”

王雅静

一、相关语法知识

1. 关于副词“就”和“才”

“就”和“才”义项繁多、用法复杂，本课件仅以句型“时间/数量＋就＋动作＋了”及“时间/数量＋才＋动作”为例，讲解二者的典型用法，即，在上述句型中，副词“就”和“才”与表时间或数量的结构连用，表达说话人认为实际发生的时间或数量比预想的时间或数量早或晚、快或慢、多或少，并且表达了说话人对实际发生的时间或数量的肯定或否定的主观情态。

二、主要偏误类型

学习者习得副词“就”和“才”的主要偏误有：

(1) ＊他母亲从年轻时才吸烟。(“才”和“就”混用)

(2) ＊昨天去了好几家书店，才我买到了这本词典。(副词“才”的位置)[①]

(3) ＊他刚才气得要命呢，可是过一会儿忘了。(缺少“就”)

(4) ＊我每天晚上才10点睡觉了。(认为10点睡觉早，多余用“才”)

(5) ＊(学生看到老师来晚了，说)老师，您怎么才来？(用“才”不得体)

上述偏误可以归结为以下四种类型：

第一，“就”和“才”意义混淆，如句(1)。

第二，结构性错误(副词在句中的位置、什么时候句末加“了”、句中时间、数量结构的缺失)，如句(2)。

第三，不理解句型中“就”和“才”表达的早晚、快慢等是主观性的，即说话人对时间或数量等暗含预设，如句(3)、句(4)。

---

① 李大忠《外国人学汉语语法偏误分析》，北京语言文化大学出版社，1996年。

第四，在不恰当的语境下使用“就”和“才”，如句（5）。

三、教学及教学设计的主要目的

第一，让学习者了解“就”和“才”在句型中的基本意义，并能明确地区别二者。

第二，了解句型“时间/数量＋就＋动作＋了”及“时间/数量＋才＋动作”的基本结构。

第三，理解“就”和“才”句暗含的预设。

第四，理解使用“就”和“才”时表达了说话人肯定或否定的态度。

第五，使学习者能够使用“时间/数量＋就＋动作＋了”及“时间/数量＋才＋动作”构成准确、完整的句子，而且能够根据实际语境和情景恰当运用。

四、主要教学环节步骤的设计

1. 教学要点分解点拨及训练

角度之一：掌握句型意义，区别“就”和“才”。

要点：让学生对两个句型有整体把握，即“就”字句表示比一般、原定或预想的时间早、速度快、数量小，“才”字句表示时间晚、速度慢、数量大。

针对教学要点，以图示对比设计练习题（练习一第 1 题）。

练习一第 1 题，用图片对比突显“就”和“才”区别，并从多个角度操练中心词语与相关内容的搭配选择，包括数量、时段等。

角度之二：掌握“就”“才”句的结构。

两个要点：一是，“就”结构用“了”结尾，“才”结构无“了”；二是，“就”和“才”位于时间/数量结构之后，谓语动词之前。

针对教学要点，设计相应的改错练习，使学生注意到两种句式的结构特点。（练习一第 2 题）。

角度之三：理解“就”“才”句中暗含的预设。

预设是事先存于说话者脑中，对时间和数量的看法。须掌握两个要点：第一，同一人（预设一致），对不同的时间有早晚、快慢、多少的看法；第二，不同的人（预设不同），对同一时间/数量有早晚、快慢、多少的看法。（两个要点均用动画展示）

针对第一个要点，设计相应的改写练习，让学生将两个普通句子用“就”和“才”改写（练习一第 3 题）；针对第二个要点，设计相应场景对话，让学生根据提供的语境，用“就”“才”填空（练习一第 4 题）。

角度之四：主观情态。

要点：理解“就”“才”句所表达的说话人肯定或否定的态度；一般情况下，“就”多表肯定，“才”多表示否定、甚至是不满。

针对教学要点，设计“话语得体性”的练习，让学生分析判断，在不同情境下，同一个“才”字句使用是否得体（练习一第 5 题）以及“就”“才”句所表达的主观情态（练习一第 6 题）。

2. 结合语境、情景，指导学习者恰当运用

根据语言、图片等提供的条件、情景，准确运用“就”和“才”，构成得体、准确、完整的句子（练习二第 1 题）；结合任务法，设置餐馆场景，让学生分角色完成交际任务（练习二第 2 题）。

3. 布置作业

侧重结合学习者实际的应用性练习，让学生把学到的“就”“才”句准确恰当地运用到实际生活中。

练习

一、基础练习。

1. 用“就”和“才”填空。

（1）麦克过 2 个街口________到学校了，汤姆过 5 个街口________到学校。

（2）麦克走 10 分钟________到学校了，汤姆走 30 分钟________到学校。

2. 改错。

(1) 汤姆和玛丽去年就结婚，我刚刚才知道。

(2) 我才昨天从美国回来，现在还在倒时差。

(3) 母亲就年轻时住在这里了，现在搬走真舍不得啊。

3. 根据图示，用“就”和“才”来说一说。

(1)

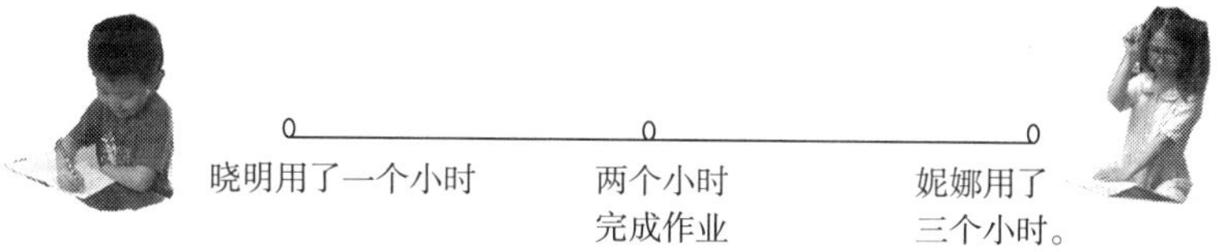

(2)

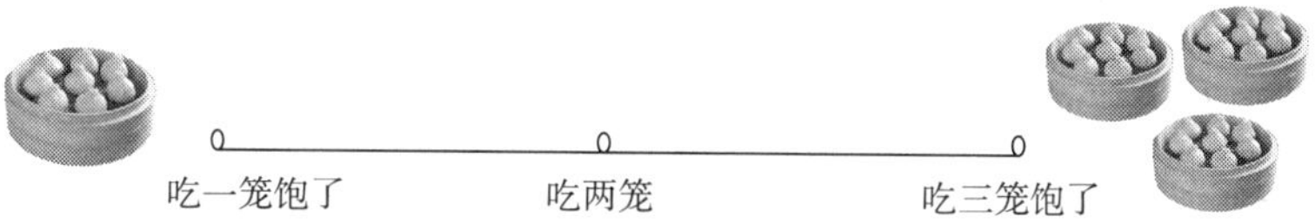

(3) 小明考试考得好，父母给他奖励。过去，80 分有奖励；现在，90 分有奖励。想一想用“就”和“才”怎么说？

4. 用“就”和“才”给对话填空。

(1) 经理：会议开始了，你什么时候到？

汉娜：很快，15 分钟后________到！

经理：什么？15 分钟后________到啊？

(2) 顾客：这件衣服多少钱？

店员：很便宜，200 元________卖给你。

顾客：200 元________卖啊，太贵了！

5. 判断以下话语是否得体。

“你怎么现在才来啊？”——说话人认为“你”来晚了，表达了不满。

(1) 老师对学生说：你怎么现在才来啊？

(2) 学生对老师说：你怎么现在才来啊？

6. 判断“就”句和“才”句的主观态度。

玛丽：真羡慕你，去年 6 月就找到工作了！

吉娜：那你呢？

玛丽：我今年年底找了一份工作。

吉娜：很不错啊！

玛丽：哎，年底才找到工作，比你晚了一大步。

吉娜：那是因为我找工作努力啊！晚上，你很早就回宿舍休息了；我在外面做兼职，晚上10点多才回宿舍。

二、应用练习。

1. 根据对话用“就”和“才”造句。

(1) 安娜：我2010年来的中国，乔治你呢？

乔治：我来得比你早，__________________ (2008年)

(2) 惠 子：长城好高啊，______________ (爬了一个小时/爬到一半，累)

安德鲁：我不觉得啊，____________ (爬了一个上午/爬到山顶，休息)

2. 根据提示完成对话。

(1) 等座位。

顾客A：我们________就______了，

(很早/5点)(来/到)

_______________才______________

(这么晚/5点半)(有座位/等到座位)

服务员：抱歉让二位久等了，不过平时__________才__________________，

(等一个多小时/6点)(有座位/能等到座位)

今天已经很快了。

(2) 点餐。

顾客A：我们今天吃__________吧，我要______________就够了。

(饺子/小笼包/烧卖)(10个/一盘)(饺子/烧卖/小笼包)

顾客B：吃那么少啊！我吃__________才够呢！而且我要______馅儿的，

(30个/两盘/两笼)　　　　(羊肉/牛肉/白菜)

____________就要流口水了。

(想一想/闻一闻)

(3) 询问时间。

顾客B：请问什么时候能做好啊？

服务员：很快，________就好。

(15分钟/20分钟)

顾客B：________才好啊，好饿啊。

（15 分钟/20 分钟/这么晚）

作业

请用“t/Num＋就＋V/A＋了”和“t/Num＋才＋V/A ”评价一下你在中国的学习和生活。

1. 你什么时候开始学汉语的？你什么时候来中国的？（你认为早还是晚，时间长还是短?）

2. 你认为现在的生活便利吗？为什么？（所住地方的远或近/周围超市的远或近及距离）

3. 你认为现在的课下作业多吗？和同学比起来，你的学习效率高吗？为什么？（作业量/所用的时间/速度）

32. 概数表示法“来”与“多”

卢福波

一、相关语法知识

1. 关于概数表示法

在日常生活中，我们有时候需要用准确的数字进行表达，比如：“今天下午是两点半上课，别忘了。”“这种苹果 5.5 元一斤，你要多少?”但是，有时候你无法或无须说出一个准确的数字，而交际语境却要求你说出一个数量，这时候你就需要用概数表示法来进行表达。

汉语中的概数表示法在不同的量度上刻画得比较细致、准确，所以表达方式丰富多样。有表示一两个数范围的数字相连表示法，如“两三个”；有表示接近某数的表示法，如“三尺来长、个把小时”；有数量范围稍大一点儿的表示法，如“三斤左右、50 上下”；有数量范围更大一些的表示法，如“200 多人”等等。

2. 关于概数表示法“来”与“多”

“来”是表示概数意义的助词，跟动词“来”的本义有微弱的联系。动词“来”表示人或物趋向说话人，虚化成表数助词后，仍然具有靠近、接近的语法意义，即“来”表示靠近、接近某一数的意义。如“30 来人”，表示接近 30 的概数，即 31、32、33 等。

“多”是表示概数意义的数词，跟“多”的本义一样，它表示的是比某一数略多的概数意义。如“30 多人”，可以表示比 30 略大的数，可以是 33、34，也可以是 38、39 等等。

“来”与“多”不是随便地接在一个数后就可以使用的，如何接在一个数后要根据那个数的类型以及表达的意义来决定。有两种用法：

用法一，接在以“0”结尾的整数后。如“50 来个、100 多个、230 来个、1600 多个”。

用法二，用在具有连续量的事物中。如钱、时间以及长度、重量等用度量衡单位测量的事物。“来”与“多”接在整数后（可以是个位，也可是多位。多位时，仍以“0”结尾），表示后边连续量级的数是概数。例如：

5 块来钱——5 块（整数）～毛～分（概数）

8 斤多重——8 斤（整数）～两（概数）

因为汉语的“十”既是系数，也是位数，所以它能用于上述两种用法。即：“来/多”会有不同的位置，表示不同的意思。直接接在以“0”结尾的数后，如“10 来斤”，表示十位数的个位上是概数，即“十一二斤、十二三斤”等。接在数量后，如“10 斤 来 重”，表示此量前的数是整数，下一量级的数是概数，即 10 斤是整数，下一量级的“两”是概数，表示十斤零一二两、十斤零二三两等。

二、主要偏误类型

(1) *我有十个来中外朋友。

(2) *这伞很漂亮，她想买五把来伞。

(3) *这个城市很小，只有二十二多万人。

(4) *他每月工资有一千块多钱。

(5) *我两个朋友都是二十多左右岁。

上述偏误可以归纳为以下四种类型：

第一，不清楚“来”与“多”用于 10 以内数字时有连续量与非连续量的不同如句 (1)、句 (2)。

第二，不清楚“来”与“多”用于 10 以上整数时，该数应是以零结尾的数，如句 (3)。

第三，“来/多”与量词分布的位置有误，如句 (4)。

第四，“来/多”已经表示了概数意义，又添加了其他表示概数意义的词，使表示的概数意义不清楚，如句 (5)。

三、教学及教学设计的主要目的

第一，帮助学习者理解什么是概数，为什么要使用概数。

第二，帮助学习者理解“来”与“多”表示的意义以及在表示概数时所表示的意义。

第三，了解表示概数的“来/多”与不同类型的数量相结合的规律并熟练掌握其结构。

第四，使学习者能够准确、熟练地使用表示概数的“来”与“多”，并能够根据实际情况恰当运用。

四、主要教学环节步骤的设计

第一，从实际生活中常常遇到的无法说清事物数量或不需要准确说出事物数量的情况入手（提供图片），帮助学习者理解什么是概数，为什么要使用概数，学习使用概数的实用价值。

第二，讲解“来”与“多”的本义及虚化为表概数词的意义（参相关语法知识部分）。

第三，用图示具体形象地表示出“来”与“多”所表示的概数意义并对比其不同之处。

第四，介绍讲解“来”与“多”的两种用法（参相关语法知识部分）。

配合用法讲解进行专门训练（练习一、练习二）。

第五，整合强化结构和意义理解训练（练习三、练习四）。

第六，结合实际进行应用训练（练习五、练习六）。

第七，布置作业：侧重结合学习者的生活实际运用“来”或“多”表达人或事物的数量情况。

练习

一、用“来”或“多”试着说一说。

（1）

这里有多少条鱼？

（2）

草原上有多少只羊？

（3）

舞台上有多少演员在表演？

（4）

这座大楼有多少层？

二、用“来”或“多”试着回答一下下面的问题。

（1）

这两只黑天鹅很漂亮吧？你猜一猜：
它们几岁了？
它们有多重？

（2）

这是美丽的夕阳。你猜一猜：现在几点了？从现在到太阳落下去看不见为止，可能需要多长时间？

（3）

这里鸭爸爸、鸭妈妈带了一群鸭宝宝。你猜一猜：
一共有几只鸭宝宝？它们有多大了？
它们能游多远？

三、试着用“来”或“多”说一说下面的数量。

(1) 买了大约三斤二两、三斤三两苹果。

(2) 大约有4.6或4.7里的路程。

(3) 用了约1小时59分或两小时零几分的时间。

(4) 出去转了1个月零20—25天的时间。

(5) 这条河约有3米20—3米30的深度。

(6) 一次就买了56—57本书。

(7) 在这里住了十年到十一年的样子。

(8) 论文写了有1万1—1万2千字。

(9) 今天花了310—320块钱。

(10) 来参加会的有156—158人的样子。

四、改错。

(1) 我有十个来中外朋友。

(2) 他每月工资有一千块多钱。

(3) 我已经在这里学习八来个月了。

(4) 这伞很漂亮，她想买五把来伞。

(5) 我两个朋友都是二十多左右岁。

(6) 这个城市很小，只有二十二多万人。

五、根据图片，用“来”或“多”回答以下问题。

(1)

这里有多少只鹅？

(2)

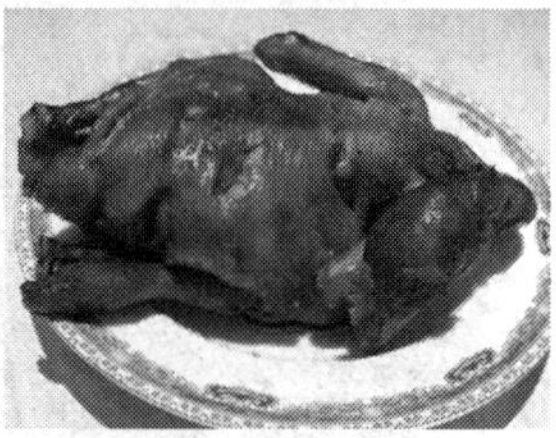

这只烤鸡有多重？

(3)

这个圈儿的直径有多大?

(4)

这两位老人有多大年纪?

(5)

这艘豪华游轮有多少层？能装多少人?

(6)

这里可能有多少游客?

(7)

这里有多少个西瓜？一个西瓜有多重?

(8)

这串香蕉大概有多少根?

(9)

这里大概有多少条鱼?

(10)

这里大概有多少人?

六、根据实际情况或情景，用“来”或“多”的概数表达方式进行表述。

(1) 你估计一下，你的一位同学的个子和体重。

(2) 你估计一下，今天的气温或屋子里的温度。

(3) 你估计一下，你住的屋子和你上课教室有多大。

(4) 你现在正在开会，你朋友发来短信找你，你回复她可能需要等待的时间。

(5) 每年学校都要举行新年晚会，你估计一下今年可能参加的人数。

(6) 你将来工作的话，大概什么样的工资水平你能接受?

作业

说一说你今天发生的可以用“来”或“多”表述的人或事物的数量情况。

比如：你早上起床的大约时间；从你家到学校的大概路程；你中午吃饭的大概费用……

33. “连……带……”

卢福波

一、相关语法知识

1. 关于“连……带……”结构

“连……带……”是一种构式，前后连接两项，配合使用。结构上通常有如下特点：

从结合的词类类型上看，可以连带名词、动词、短语等，且前后词类、事物属性基本保持一致。如：

名词性质：连皮带核——都指水果类的

连周末带假期——都指业余时间

动词性质：连吃带拿——都指对东西的占有

动宾短语结构：连坐火车带打的——都指乘坐的交通工具

“的”字短语结构：连外出的带家里的——都指人

从结合的音节韵律类型上看，可以连带单音节词、双音节词、多音节词，且前后音节韵律、结构类型基本保持一致。如：

连同学带朋友、连讲带做、连比画带演示、连游览景区带参观博物馆

该结构大多情况下用来做状语，出现在谓语动词前，表示动作的对象、方式、状貌、原因等。如：

在这次聚会中，我连同学带朋友见到了十几个人。（对象）

叔叔连哄带骗地把他给支走了。（方式）

宝宝连蹦带跳地跟着爷爷出去了。（状貌）

奶奶连气带急病倒了。——原因

2. 关于“连……带……”语义

“连……带……”表达了一种情感态度。说话人之所以选用“连……带……”进行“加合”，是想以此表示仅有的人、事物、动作或状貌都有了。如果是数量，则表

示很多，或者很少；如果是状貌、方式、原因，则表示很全、很突显、很充分，所以这种方式往往表达了说话人一种看法或态度，含有一定的情感倾向。构句形式上："连 X（NP_1/VP_1）带 Y（NP_2/VP_2）"的前后通常要有表示说明情况或态度的语句。如：

连坐火车带打的一共花了两三千块钱啊！——有夸张语气，说话人想表明钱花得很多。

连大人带孩子坐了一院子。——说明来的人多。根据语境说话人表明的态度可以是不同的：来那么多人不像话、来那么多人很热闹、来那么多人很给面子等。

他饿坏了，把一个苹果连皮带核都吞下去了。——讲究的人吃苹果要削皮，把核剔出去再吃，而他不是，说话人以此突显地描写出他很饿、什么都顾不上的样子。

他连周末带假期全搭上了，太不值了！——业余时间本应是休息或自由消遣的时间，而他却全部用于做某事上了。用以表明说话人认为很不划算的态度。

奶奶连气带急病倒了。——各种因素都叠加到一起，致使奶奶病倒。

二、主要偏误类型

学习者习得"连……带……"的主要偏误有：

(1) *我今天去商店买了连苹果带梨。

(2) *他今天中午连吃米饭带吃面条。

(3) *我昨天晚上两个小时连到小花园散步带聊天儿。

(4) *连一天宴会带去北京旅游一天是我这个周末的打算。

上述偏误可以归结为以下三种类型：

第一，最突出的用法错误：没有用来表示一种情感态度，只是作为一般叙述，如句（1）、句（2）。

第二，最突出的结构错误：该做状语的，没有置于谓语动词前做状语，如句（3）。

第三，"连……带……"连接的前后两项，在词性、类属、音节韵律、结构类型上不一致，如句（4）。

三、教学及教学设计的主要目的

第一，让学习者了解并熟练掌握"连……带……"结构形式上的特点——前后两项相互配合，在词性、类属、音节韵律、结构类型上保持一致。

第二，让学习者懂得，说话人之所以选用"连……带……"结构进行"加合"，通常是想表达说话人的一种看法或态度，含有一定的情感倾向。

第三，使学习者能够准确地使用“连……带……”构成结构完整的句子，而且能够根据实际语境和情景恰当运用。

四、主要教学环节步骤的设计

1. 点讲

概括介绍“连……带……”结构形式上的特点：“连……带……”连接两项事物、动作、状态、情况等。词语音节、结构上——单、双、多音节或结构类型尽量保持一致；事物类属上——前后词性一致，事物属性一致。（详参相关语法知识）

2. 教学要点分解及训练

首先，说明“连……带……”的用法：“连……带……”是用来说明或描述动作的，因此大多情况下位于谓语动词前，表示“连……带……”加合的数量、方式、原因、状貌等。

其次，分结构及表意类型分解讲练各结构式。

第一，说明加合后的总计数量。

基本结构：连 x 带 y（＋一共/总计）＋ V ＋ 数量

（1）来的学生有十六七人，老师有四五人。

连学生带老师一共来了 20 来人。

第二，说明加合的是全部，没有遗漏。

基本结构：连 x 带 y ＋ 都/全 ＋ V ＋ 其他

（2）他吃苹果，皮也吃了，核也吃了。

他把苹果连皮带核都吞下去了。

第三，描述动作的方式、原因、状貌。

表示动作同时发生，相当于“又……又……”（侯学超《现代汉语虚词词典》第 396 页）

基本结构：连 x 带 y（地）＋ V ＋ 其他

（3）他不肯走，我又哄又骗地才把他支走。

我连哄带骗地把他给支走了。（方式）

（4）听到这个坏消息，他又生气，又着急，病倒了。

听到这个坏消息，他连气带急大病一场。（原因）

（5）要出去玩了，孩子很高兴，又蹦又跳，出去了。

要出去玩了，孩子很高兴，连蹦带跳地出去了。（状貌）

第四，描述动作的结果——满/遍的状况。

基本结构：连 x 带 y ＋ V ＋ 了 ＋ 一 ＋ 处所名

（6）他不小心把汤、饭洒了我满身。

她连汤带饭（地）洒了我一身。

再次，说一说为什么要用“连……带……”进行“加合”来表达一种情感态度。

这一部分要用实例分别引导学生进行认识。

举例：他饿坏了，把一个苹果连皮带核都吞下去了。

说明：讲究的人吃苹果要削皮，把核剔出去再吃，而他不是，说话人以此突出他很饿、什么都顾不上的样子。

（7）他连说带比画才把这件事说清楚。

说明：讲这件事时，他把可能用到的手段都用上。这样描写或者说明这件事不容易讲清楚，或者说明他不是一个能把事情讲清楚的人等。

利用课堂实际场景或学生的实际情况，引导学生使用，说明其使用目的。

3. 应用训练

结合图片情景，进行应用性的综合理解、全面训练。

4. 布置作业

结合学习者的实际情况进行应用练习。

练习

一、根据图片用“连……带……”连接两项。

（1）

（2）

（3）

（4）

(5)

(6)

(7)

(8)

二、根据图片用“连……带……”说一说。

(1)

我家

(2)

我的衣服

(3)

植树节植树

(4)

持续了好几天

三、根据图片用“连……带……”说一说。

(1)

旅游

(2)

师生植树

(3)

春天院子里的花草

(4)

吃西瓜

四、根据图片用“连……带……”说一说。

(1)

孩子玩

(2)

考试

(3)

种树

(4)

又跑又走

五、根据图片用“连……带……”说一说。

(1)

着急、害怕/出汗

(2)

花草/院子

(3)

饭菜/桌子

(4)

大的、小的/墙

六、根据图片用“连……带……”说一说。

注意把说话人用“连……带……”加合想表达的意图、情感、态度表述出来。

(1)

书柜里　教材和词典

(2)

挤上汽车

(3)

小女孩跟奶奶回家

(4)

小女孩吓跑了

(5)

救人

(6)

交通事故

(7)

妈妈洗衣服

(8)

爸爸逗宝宝

作业

1. 用“连……带……”说一说下图，每图最少说两个含“连……带……”的句子。

(1)

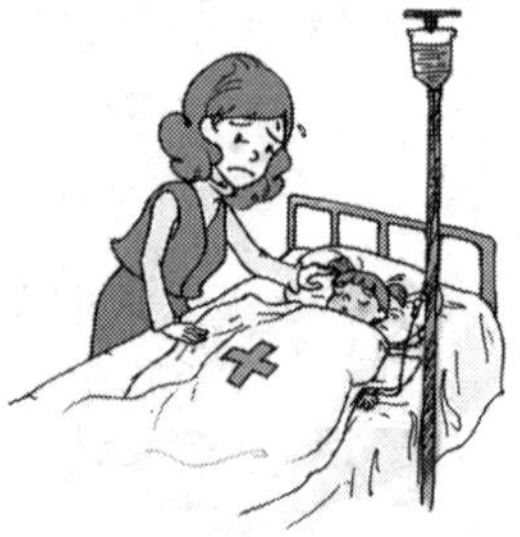

(2)

2. 用“连……带……”说一说你生活中的事情，注意把自己想表达的意图说出来。

34. “A是A，只是……”

邓葵

一、相关语法知识

这个句式一般用在对话中，先用“A是A”来肯定别人说的，表示让步，然后用“只是……”引出不同的看法和意见，从另一个角度来否定别人的看法，补充不满意的、遗憾的或不太好的方面，语气比较委婉。

（话题/主语）+A是A（p），只是……

“A”一般是动词、形容词或谓词性短词，“A（p）”可以跟“A”完全一样，也可以稍有变化；“只是”后边是动词、形容词短语或者小句。前后两个小句，即整个句子应该说同一个话题或主语，因为一般出现在对话中，所以话题或主语常常可以省略。

二、主要偏误类型

A：天气这么好，我打算明天去爬长城。你想去吗？

B：（1）*去是去，只是你们去我也去。

（2）*想是想，只是去不了/只是没时间/只是有点热。

（3）*天气好是天气好，只是我明天不能跟你一起去，没有时间。

（4）*今天天气好是今天天气好，只是明天大概会下雨。

（5）*长城是长城，只是去爬一下儿吧/只是我一定去/只是要穿很舒服的鞋子。

（6）*去爬长城是爬长城，只是我不太想去。

A：我们坐火车去上海吧，很便宜。

B：（7）*坐是坐，只是需要很长时间/只是有点慢/只是我们有点儿累。

（8）*坐火车是坐火车，只是这个期间的火车票都很贵。

（9）*你们坐火车是火车，只是我想坐飞机去。

（10）＊方便是方便，只是坐火车得花的时间比较多。

上述偏误类型可以归结为以下三种类型：

第一，不太明白“A是A，只是……”使用的语境和该句式的语用功能。不明白“A是A，只是……”一般只用于对话中，或者上文已有铺垫的情况，找不到让步（肯定）的核心内容，如句（3）—（9）；不明白“只是”后边必须是不太满意、有遗憾的方面，而且语义上不是单纯的转折，而是先肯定，再否定，如句（1）、句（9）。

第二，在句式上，不知道“A”一般是动词或形容词及其短语，不能是名词，如句（5）；话题和主语不需要重复。动词类的句式容易出错，抓不住应该肯定（重复）的“A”是什么，常常遗漏动态助词或者助动词，如句（1）、句（2）。

第三，这个句式前后应是一个相关的话题，不能更改、转移话题，或者用前边未出现的形容词，自说自话，肯定的不是前边提到的信息，如句（10）。

三、教学及教学设计的主要目的

第一，使学生掌握该句式的语法形式：

（T/S）adj. 是 adj.（p），只是……

（T/S）v 是 v（p），只是……

第二，使学生领会该句式使用的情境：先肯定对方说的确实有道理，但自己也有对于相关话题的不同意见和看法，直接说出的话，太不尊重对方的感觉，所以要委婉地指出来。

第三，学会用该句式来委婉地表达自己的看法。

四、主要教学环节步骤的设计

1. 点讲

先用买衣服时跟别人的看法不一样想委婉表达不同意见这个情境引进“A是A，只是”句式，让学生大概了解这个句式用在什么情况下。如：

A：这套衣服挺好看的，你买了吧。

B：……?!（这套衣服好看是好看，只是我穿可能太小了/颜色/样式不太适合我。）

2. 教学要点分解点拨及训练

角度之一：注意语法形式，先承接上文，然后提出不同。

首先指出：

A是A，只是……

⟶　　⟶

肯定前边　　引出自己不同的
别人说的　　看法和意见

然后，概括出句式：

（T/S）+A（v/adj.）+是+A（v/adj.）（P），只是……
这件衣服　好　是　好　，　只是我穿太小了……

角度之二：注意使用语境，先接受对方的意见、建议或评价，然后委婉提出自己认为不合适的、不太好的理由。

围绕“计划旅游”“假期安排”等功能项目组织对话，创设情境，涉及旅游、看电影、打太极拳等话题，先引进“A”前后是完全相同的形容词的形式：“（T/S）adj.是adj.，只是……”；然后，稍加扩展，引进变式“adj.是ap（形容词短语）”的形式：“（T/S）adj.是ap，只是……”；最后再引进A是动词及动词短语的形式：“（T/S）v是v/（p），只是……”。

给出小结：这个句式一般用在对话中，先肯定长处，再否定性地指出不满意的、遗憾的或不太好的方面，语气比较委婉。

3. 应用训练

结合语境、情景，指导学习者恰当运用。

练习一，句子转换，以练习结构模式为主，重在让学生掌握句式的形式。

练习二，完成对话，要求学生在掌握句式结构的同时，把握上下文的语义，并表达出不同意见。先练习形容词类，再练习动词类。

练习三，回答问题，信息有意不给特别明显的，要求学生能抓住主要信息，并委婉地表达出自己的看法。

练习四，判断正误，改正错句，选取有代表性的类型错误让学生发现改正，进一步巩固学生对结构和情境功能的掌握。

练习五，分组讨论，开放式的练习，要求学生能自主运用该句式准确表达。

4. 布置作业

侧重结合学习者的生活实际进行应用。

练习

一、(句子转换) 根据提示，用“……是……，只是……”说话。

(1) 我自己做的披萨——好吃；不太好看

(2) 住在学校——方便；学校的房子难租

(3) 走路来上课——对身体好；花很多时间

(4) 这几天好多地方的衣服都打折——想去买；但有好多工作要做，没时间

(5) 我的汉语——好；中文报纸太难，看不懂

(6) 这本书——内容丰富；对我来说太难 /我想买；太贵了

(7) 香港——我去过；呆的时间短，不了解那儿的情况

(8) 辣的菜——我能吃；太辣的不行

二、完成对话。

(1)

这条裙子的样子很好看，你买一条吧。(这条裙子……，只是……。)

(2)

我们就住这家宾馆吧，看样子很不错。(这家宾馆……，只是……。)

(3)

这家饭馆儿的菜挺好吃的，我们就在这儿吃吧。(这里的菜……，只是……。)

(4)

这顶帽子遮阳好，夏天戴很合适，你买了吧。(这顶帽子……，只是……。)

(5) 

日光浴很舒服，我们哪天也去晒晒吧。
（日光浴……，只是……。）

三、用“A是A，只是……”回答问题。

(1) 自己有车的话出门很方便，为什么有很多人不买车？

(2) 抽烟影响健康，很多人都知道，为什么他们还不戒烟呢？

(3) 自己做饭很卫生，为什么有些人还那么喜欢去饭馆吃饭呢？

四、改正错句。

(1) A：最近天气真好，明天我们去打网球吧。
B：天气好是天气好，只是明天会下雨。

(2) A：这件衣服挺漂亮的吧？
B：挺漂亮的是漂亮，只是贵了点儿。

(3) A：最近商店的衣服都在打折，你想去买吗？
B：我去是去，只是最近手头有点儿紧。

(4) A：我们坐地铁去故宫吧，不会堵车的。
B：坐地铁是坐地铁，只是人太多了。

(5) A：我们坐火车去上海吧，很便宜的。
B：坐是坐，只是时间长，有点儿累。

五、两人一组，讨论以下问题（尽量多用“A是A，只是……”表达）：

1. 假期计划；
2. 课后去哪儿吃饭；
3. 去哪儿买东西；
4. 谈谈两人住的地方、你们国家首都的情况（经济、交通、环境、气候等方面）。

作业

尽量多用“A是A，只是……”表达。

1. 中国人喜欢点菜一起吃，感觉很亲近；西方人一般自己点自己的，分开吃，觉得更卫生。你觉得这两种方式怎么样？

2. 说一说别人对一个地方或人、事物（如：你的房间、朋友、家乡或打高尔夫球等）有哪些好的评价，然后你谈谈你跟他们不同的看法。

35. 副词“还是”

张新蕾

一、相关语法知识

1. 关于副词

副词的主要功能是修饰动词、形容词，在句中做状语，所以多数情况下位于谓语前；少数副词如主观性较强的语气副词和时间、频率副词等作用于全句时，也可能位于主语前。

2. 关于副词“还是”

副词“还是”与一般副词的基本功能一致，但由于副词“还是”的义项众多，根据《现代汉语八百词》中的论述，我们将其分为两个义项：一是表示行为、动作或状态保持不变，或不因上文所说的情况而改变；仍旧；仍然；二是表示经过比较、考虑，有所选择，用“还是”引出所选择的一项。在使用“还是”进行表达时，句子中势必存在某种语用条件，并表达出一定的感情倾向。正是由于其义项的复杂性以及用法的多样性，学习者在使用“还是”进行表达时经常出现一些偏误。

二、主要偏误类型

学习者习得副词“还是”的主要偏误有：

(1) *虽然我的目的是在天津工作，但双休日我去了天津的各个地方旅游。

(2) *我和父母的关系虽然很好，但是有代沟。

(3) *吃“绿色食品”还是是最好的选择。

(4) *我还是最尊重的人是母亲。

(5) *可惜，很遗憾，最后还是老师的母亲去世了。

(6) *但还是我愿意住在大城市。

(7) *虽然我是在国外长大的，我还想回报祖国，在中国立业。

(8) *可我的内向性格没有改变，我也喜欢那个人，结果我应该付出代价，这代价是孤独。

(9) *我在奥地利上的高中，除了一般的课以外还是专门的经济课和服装设计课。

(10) *我的太极拳老师在达到退休年龄时，身体还是健康，而且很帅。

上述偏误可以归结为以下四种类型：

第一，副词“还是”的遗漏，如句（1）、句（2）。这类偏误主要集中在“虽然/尽管……，（但/是）还是……”这一转折结构中，“还是”之所以被遗漏是因为它起关联作用，意义比较虚；这还受到英语的影响，在英语句式中 although 与 but 一般不同现，缺少与“还是”相对应的后续关联词语，这也更容易导致“还是”遗漏。

第二，副词“还是”的多余，如句（3）、句（4）。“还是”一般不与“是”字句同现，因为副词“还是”是由“还”和“是”逐渐演化而来，虽然“是”已经逐渐转化为词内成分，但表判断成分还在，两者同现会造成句子不合语法。句（3）并非表达经过主观比较后选择“吃绿色食品”，而是客观陈述，所以应删去“还是”；句（4）不合语法，要么改为客观陈述，把“还是”去掉，要么改为主观思考后有所选择，即“我还是最尊重母亲”。

第三，副词“还是”的位置不当，如句（5）、句（6）。句（5）中“还是”前置，使得句子缺乏主语，应将“还是”置于谓语“去世”前；句（6）中备选项是“愿意住在大城市”和“愿意住在其他地方”，而不是强调“我”或者“别人”，应改为“但我还是愿意住在大城市”。

第四，副词“还是”与“还”“也”“还有”“仍然”的误用。如句（7）—（10）。句（7）中“还”应该改用“还是”。我们一般认为“还”与“还是”都可以表示时间上的延续，此时二者可以替换，但“还是”还可表示“事理性延续”，即条件变化了，但出现的结果没有变化，此时“还是”不可用“还”替换；句（8）应改为表状态延续义的“还是”，即“以前喜欢那个人，现在还是喜欢他”，而“也”表示类同，二者不能混淆；句（9）应改为表补充递进的“还有”，该句并非确指“我”上的课是“专门的经济课和服装设计课”，而是补充说明“我”除了上一般的课，还涉及其他类型的课；句（10）应改为“仍然”，该句表示“健康”这种状况客观存在，依然如故，而“还是”后常出现表实现后的结果，此处不恰当。

三、教学及教学设计的主要目的

第一，让学生了解并掌握副词“还是”的不同义项和结构形式：

“还是$_{[持续义]}$”的形式：还是 ＋ VP/AP

虽然＋主＋谓$_1$，但＋主＋还是＋谓$_2$

“还是$_{[选择义]}$”的形式：还是……好/比较好/为好

还是……吧/的吧

第二，让学生掌握含副词“还是”的句子的基本语序，及在句子中“还是”的位置。

第三，通过教师的引导，让学生了解“还是”各义项的使用条件以及所表达的功能。

第四，让学生在实际语境中准确地运用副词“还是”进行表达。

四、主要教学环节步骤的设计

1. 教学导入

从时间变化入手，循序渐进地展开教学。首先，利用图示讲解副词“还是”的基本义，即表示某一动作或状态不随时间或条件的变化而变化，前后保持一致；进而利用对话问答形式，从简单句问答切入，引导学生总结归纳使用“还是$_{[持续义]}$”的句子的结构形式，并强调副词“还是$_{[持续义]}$”的使用环境及语用功能。其次，通过类比教学，学习“还是$_{[选择义]}$”的基本形式及其功能，让学生真正了解这两个义项本质上是一致的。最后，针对结构进行静态和动态的练习。

2. 教学要点分解点拨及训练

（1）副词“还是”表持续的基本义用法：

角度之一：理解副词“还是$_{[持续义]}$”的语法意义和结构形式。

语法意义：表示某一动作或状态不随时间或条件的变化而变化，前后保持一致。

结构形式：还是＋VP/AP；

虽然＋主＋谓$_1$，但＋主＋还是＋谓$_2$

针对教学要点，设计强化结构和理解意义的训练（练习一第 1、2 题）。

练习一第 1 题，操练时间发生变化，但前后动作状态基本保持一致。

练习一第 2 题，操练条件发生变化，但前后动作状态基本保持一致，能正确运用“虽然＋主＋谓$_1$，但＋主＋还是＋谓$_2$”这一结构进行表达。

角度之二：理解副词“还是”的语用意义和情态功能。

语用意义：在使用“还是”时，一定存在一个前提，经过条件的变化，“还是”引出的内容又回到了先前这个前提上。

情态功能："还是"句多传达出一种消极的情态。即经过一番努力又回到了原来的情况，没有进步，所以是人们不能接受的。

针对教学要点，设计强化语用条件和表达情态的训练（练习一第 3、4 题）。

练习一第 3 题，通过改错让学生明确在何种条件下应该使用，在何种条件下不能用；第 4 题，通过图片呈现的努力与结果的不对称，让学生体会这种消极的情态。

（2）副词"还是"表选择的基本义用法：

角度之一：理解副词"还是[选择义]"的语法意义和结构形式。

语法意义：表示经过比较、考虑，有所选择，用"还是"引出所选择的一项。

注意：句中一定存在备选项和择定项，说话者通过在各备选项之间进行主观思考比较，进而选定一项、排除其他项。在强调选择的结果时，一般会给出合理的原因。

结构形式："还是……好"

针对教学要点，设计强化结构和理解意义的训练（练习一第 5、6、7 题）。

练习一第 5、6 题，通过完成对话让学生学会正确表达选择的结果；第 7 题，通过小型辩论赛让学生在交际中正确的使用"还是"。

角度之二：理解副词"还是[选择义]"的语用功能。

语用功能："还是[选择义]"在表示选择结果的同时，具有表达主观建议的功能。或者是直接表达自己的建议，或者是当与对方意见不统一时，用"还是"委婉表达自己的观点或态度；

结构形式："还是……（为）好/吧"

针对教学要点，设计强化语用功能的训练（练习一第 8 题）。

3. 应用训练

结合语境、情景，指导学习者进行恰当的应用。

根据语言、图片等提供的条件、情景，准确运用副词"还是"，构成得体、准确、完整的句子（练习二第 1、2、3 题）。

4. 布置作业

侧重结合学习者实际的应用性练习，让学生把学到副词"还是"准确恰当地运用到实际生活中。

练习

一、分类练习。

1. 看图说一说。

(1)

(2)

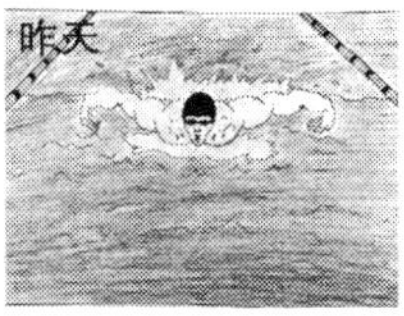

(3)

(4)

(1) 今天中午吃什么呢？______________。

(2) 今天下课后去哪儿？______________。

(3) 考完试干什么呢？______________。

(4) 今天天气怎么样？______________。

2. 看图说一说。

(1)

(2)

(3)

(1) ______________________________。

(2) ______________________________。

(3) ______________________________。

3. 改错。

(1) 虽然医生们不断提出吸烟伤害身体的说法，很多公司继续做广告并大量卖他们的产品。

(2) 我写这封信的时候，肯定也有很多别的待业青年在跟贵公司联系，但我还抱满希望并热情地等待贵公司的答复。

(3) 我是在国外长大的，我还想回报祖国，在中国立业。

（4）那个人大大地伤害了我，我也喜欢那个人，结果我付出了沉重的代价。

（5）我知道这样懒散不好，但不努力学习。

4. 看图说一说。[①]

（1）

（2）

（3）

（1）________________

（2）________________

（3）________________

5. 根据句子前文提供的内容，把句子补充完整。

（1）A：我想出去旅行，你觉得哪个城市比较好？

B：________________

（2）A：这么多选修课，你觉得哪一个好？

B：________________

（3）A：你以后要找什么样的男朋友？是有钱的还是长得帅的？

B：________________

6. 请看下图，说说你觉得选择哪一个好？为什么？

（1）

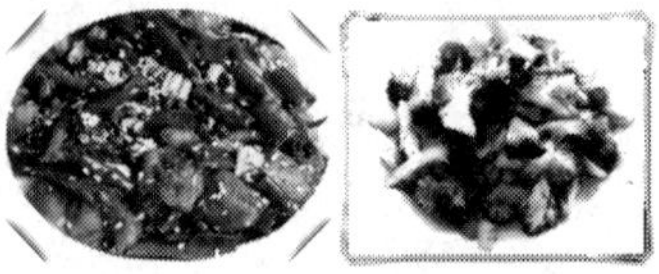

（2）

（3）

（1）________________

（2）________________

（3）________________

① 图作者：赵文洁。

7. 小小辩论赛。针对以下话题分成两组进行辩论，说说你的理由。

(1) 大城市 VS 乡村

(2) 网上购物 VS 逛商场

8. 朋友有这样的建议，请用“还是……好/吧”表达你的观点，并说明理由。

(1)

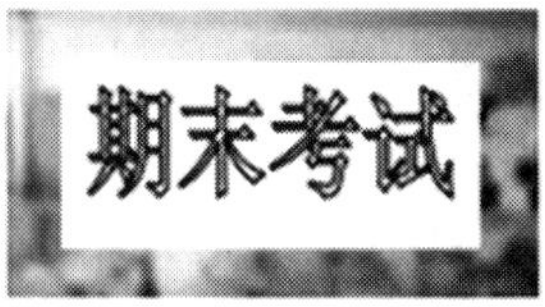

(2)

(3)

(1) 今天下午我们去看电影吧！

____

(2) 火车票好买，到火车站再买吧！

____

(3) 网上的东西便宜，就在网上买吧！

____

二、综合练习。

1. 改错。

(1) 虽然我来天津是为了工作，但双休日我去了天津的各个地方旅游。

(2) 很遗憾，最后还是老师的母亲去世了。

(3) 在这最辛苦的日子里，母亲坚持还是要我们安心求学。

(4) 因为学习的需要，我必须离开父母来中国，虽然心中有千万个不愿意，不过想到光明的前途，我狠下心来到中国。

(5) 我还是最尊重的人是母亲。

2. 选择。

(1) 思前想后，我 ________ 决定不把这件事情告诉妈妈。

A. 还　　B. 仍然　　C. 还是　　D. 也

(2) 李梅的声音________那么愉快。

A. 就　　B. 是　　C. 可是　　D. 还是

(3) 两人________吵了一架，可是吵完以后____朋友。

A. 虽然　还　　B. 尽管　还是　　C. 尽管　不是　　D. 虽然　还有

(4) 你________多做几道难题，好好准备竞赛吧。

A. 尽管　　B. 是　　C. 只是　　D. 还是

3. 请用给出的功能项完成对话。

(1) A：今天你的身体怎么样了？(还是＋VP/AP)

B：________________________________

(2) A：我帮你找的房子，你满意吗？(虽然……，但还是……)

B：________________________________

(3) A：我想出国留学，你觉得美国和英国哪个好？(还是……好)

B：________________________________

(4) A：今天晚上去吃西餐，怎么样？(还是……吧)

B：________________________________

作业

小调查——寻求帮助。

你是一名留学生，你想去中国朋友家做客，你想给他的每一位家人都准备一份礼物，请你向你的同学、老师、朋友寻求帮助，让他们给你一些建议。

要求：使用“虽然……，但还是……”“还是……好/吧”进行表达。

人物	送什么礼物	为什么
爷爷		
奶奶		
爸爸		
妈妈		
中国朋友		

36. 介词“朝”“向”“往”

吴佳晨

一、相关语法知识

1. 介词的基本结构和功能

基本结构：介词+名词性词语=介词短语。

基本功能：介引。主要将与谓词有关的时间、空间、对象、方式、原因、依据等成分引介给谓语中心语。

基本分布：介词短语主要修饰、补充谓词性成分。

介词短语+谓词性成分→做状语（修饰）如：向前走。

谓词性成分+介词短语→做补语（补充）如：走向前。

2. 介词“朝”“向”“往”异同点

相同：都能为谓语介引空间（方向/处所）。如：朝/向/往南跑、朝/向/往教室跑。

不同：从四个方面突出。

一是本义不同。

朝：甲骨文写作，会意，本义为早晨。古代早晨朝拜君主。→朝拜、朝见→为身体具体部位（使用工具）所做动作介引对象/空间，强调“面对”对象/空间目标。如：朝他笑、朝它砍下去、朝东走。

向：甲骨文写作，象形，本义为墙上开的窗子。→所朝方向→表示空间/对象的方向，强调“指示方向”。如：向前看、向他扑过去。

往：甲骨文写作，会意，本义为到……去。到……去，与“来”相对。→向终点移动→为位移性动词介引有到达点的空间方向，有实际路线/目的地，强调“位移”。如：往楼上搬、往后退一步、往他那儿走（*往他走）。

二是所表静态与动态不同。

朝：表示半动态。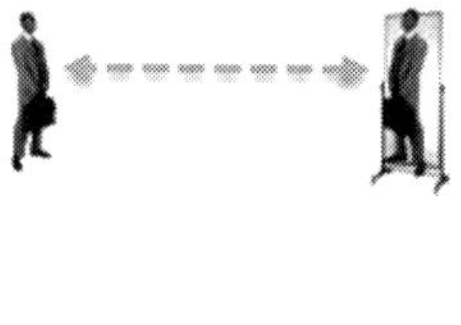

介引空间：与“向”自然互换。如：朝南走＝向南走。

介引对象：突显“面对”或“互动”，多用朝。如：朝她点头称是、朝墙站（＊向墙站）。

向：表示静态。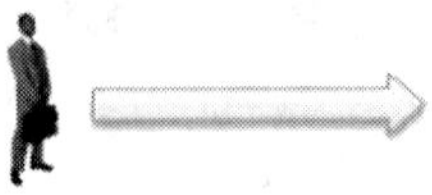

介引空间：与“朝”自然互换。如：向南走＝朝南走。

介引对象：可以不考虑对方反应（无“互动”）。如：向他发脾气、向人民负责（＊朝人民负责）。

往：表示动态。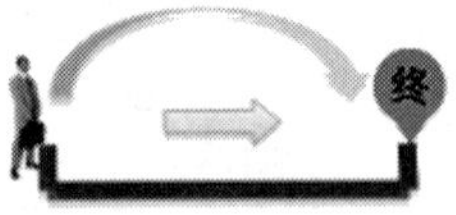

往：只能介引空间，为位移性动词介引，向目的地移动，突显“空间位移”。如：往回逃（＊朝/向）。

三是起点与落点不同。

朝：先确定对象/空间再做动作。介词短语只做状语。结构如下：

介词短语＋谓词性成分→朝＋O（对象/空间）＋VP

向、往：能先确定对象/空间再做动作，介词短语做状语；也能先做动作再表现空间，介词短语做补语。结构如下：

介词短语＋谓词性成分→向＋$O_{(对象/空间)}$＋VP；往＋$O_{(空间)}$＋VP

谓词性成分＋介词短语→V＋向＋$O_{(对象/空间)}$；V＋往＋$O_{(空间)}$

当介词短语做补语时，“向”和“往”的动词是单音节的，常用动词见下表。

向、往	走、奔、冲、飞、流、飘、滚、转、倒、驶、通、划、指、射、杀、刺			
	出行类：开、飞、驶、赶	销售类：贩、发、销、运、卖	转移类：送、寄、转、调、逃、迁、移	支使类：派、遣、押

四是表义的具体与抽象不同。

朝：具体动作（V）。用身体具体部位或借助工具所做。

常用动词→踢、撞、笑、看、点头、摇头、挥手、招手、摆手、鞠躬、打招呼、挤挤眼、说、喊、叫、嚷、骂、砍、砸。

向：可表示具体动作也可表示抽象动作。

具体动作（V）如：向他打招呼、向教学楼跑过去。

抽象行为（V）见下表。

说话	宣传、介绍、说明、解释、保证、道歉、报告、表示、汇报、宣布、提出、要求、请求、指出、诉说、致谢、赔礼
得到	打听、了解、讨还、讨回、要、借
其他	负责、学习、致敬

抽象事物（O）如：向质量要效益（＊朝/往质量要效益）。

“V＋向＋O”多用于抽象性的隐喻用法。如：飞向光明。

往：表示位移性具体动作（V）。如：往怀里拉、＊飞往光明。

二、主要偏误类型

1. 误代：介词混用

（1）＊她朝大家介绍自己。（朝→向）

原因：“朝”不能为抽象动词介引。

（2）＊他往我走来。（往→向/朝；往我→往我这边）

原因：“往”不能介引对象，只能介引空间。

（3）＊他向墙狠踢了一脚。（向→朝）

原因：“向”不突显“面对”义，只表示静态方向。身体具体部位做的动作多用“朝”介引。

2. 错序：介词或介词短语所处位置不当

（4）＊但我坚持前向走。（前向→向前）

原因：母语负迁移。

（5）＊开了车向首都机场。（删“了车”）

原因：V为单音节。

（6）＊他走朝座位。（走→向）

原因：“朝＋O”只位于V前，做状语。

三、教学及教学设计的主要目的

第一，让学生认知“朝”“向”“往”虚化为介词后的不同用法。（意义）

“朝”强调“面对”“互动”，“向”强调“指示方向”，“往”强调“空间位移”。

第二，让学生认知介词短语“朝/向/往＋O”语法功能的不同。（形式）

“朝”只能先确定对象/空间再做动作；“向”和“往”既能先确定对象/空间再做动作，也能先做动作再表现空间。

第三，使学习者能够根据实际语境和情景准确、恰当地运用介词“朝”“向”“往”。

四、主要教学环节步骤的设计

1. 教学导入

图片导入，从“朝”“向”“往”的相同点切入讲解教学。首先，教师播放 PPT 图片，引导学习者使用介词“朝”“向”“往”说句子。

例：这是哪儿？（医院）这是什么？（救护车）救护车朝哪儿开过去？→救护车朝医院开过去。

这句话还能怎么说？→救护车向医院开过去。/救护车往医院开过去。

如果医院在东边呢？→救护车朝/向/往东边开过去。

如果医院在小区旁边呢？→救护车朝/向/往小区旁边开过去。

然后，教师归纳介词“朝”“向”“往”在使用时的相同点——都能为动作介引空间（方向/处所）。细微的表义差异暂时不讲，分析不同点之后再进行简单点拨。

2. 教学要点分解点拨及训练

角度之一：介词“朝”意义的认知理解。

两个要点：

第一，“朝”主要用于介引对象，强调“面对”“互动”。

第二，“朝”在介引对象时，动词是身体具体部位做的动作。

教师从“朝”的本义讲起，由于“朝”的本义是“太阳还没升起，月亮还没落下的时候”，引申为“朝见”，虚化为介词后主要为身体具体部位所做的动作介引对象，强调“面对”和与对象的“互动”关系，突出地用双向箭头来表示，加深学生对“面对”和“互动”的理解。然后，为学生提供常用的身体具体部位所做动作的动词。

角度之二：介词“向”意义的认知理解。

三个要点：

第一，“向”主要用于介引空间（方向），强调“指示方向”。

第二，“向”在介引对象时不突显“面对”和“互动”，突显“方向”。

第三，“向”在介引对象时，动词可以是抽象的“言告类”“获取类”“其他类”

动词。

教师从“向”的本义讲起，由于“向”的本义是“墙上开的窗子”，虚化为介词后主要强调“指示方向”，突出地用单向箭头来表示，加深学生对“指示方向”的理解。然后为学生提供常用的抽象动词。

针对教学要点，设计“朝”和“向”意义对比的训练（练习一第 1、2 题）。

练习一第 1 题，针对学习者混用“朝”和“向”设计纠错练习，从反面强化，使学习者对可能出现的偏误引起注意。

练习一第 2 题，结合情景，让学习者根据图片内容和箭头指示深化对“朝”和“向”的意义理解。

角度之三：介词“向”和“朝”的形式的认知理解。

两个要点：

第一，“向”既能先确定对象/空间，再做动作，也能先做动作，再确定对象/空间。→有两种形式“向＋O＋VP”（介词短语做状语）和“V＋向＋O”（介词短语做补语）。突出强调介词短语做补语时，V 是单音节具体方向性动词，然后为学生提供常用动词。

第二，“朝”由于突显“面对”和与对象的“互动”关系，所以只能先确定对象/空间，再做动作。→只有一种形式“朝＋O＋VP”（介词短语做状语）。

针对教学要点，设计“朝”和“向”形式对比的训练（练习一第 3 题）。

第 3 题结合情景，让学生用“朝”和“向”说出正确的句子。强调“向”有两种形式，“朝”只有一种。

角度之四：介词“往”意义的认知理解。

三个要点：

第一，“往”强调“位移”，即从一个地方移动到另一个地方。

第二，跟“往”一起使用的动词具有“位移”的特点。

第三，“往”不能介引对象，只能介引空间，而且是具体的目的地。

教师从“往”的本义讲起，由于“往”的本义是“一个人在行走”，虚化为介词后强调“位移”，即从一个地方运动到另一个地方，位置发生改变，突出地用单向箭头和位移箭头来表示。然后为学生提供常用的位移动词。

针对教学要点，设计“朝”“向”“往”意义对比的训练（练习一第 4 题）。

第 4 题在具体的句子中让学习者深入理解“朝”“向”“往”不同的意义。

角度之五：介词“往”和“向”形式的认知理解。

两个要点：

第一，“往”既能先确定对象/空间，再做动作，也能先做动作，再确定对象/空间。→有两种形式“往＋O＋VP”（介词短语做状语）和“V＋往＋$O_{(具体)}$”（介词短语做补语）。介词短语做补语时，只能介引具体的处所，不能介引抽象的名词。强调V是单音节具体位移性动词，然后为学生提供常用动词。

第二，“向”既能先确定对象/空间，再做动作，也能先做动作，再确定对象/空间。→有两种形式“向＋O＋VP”（介词短语做状语）和“V＋向＋$O_{(具体/抽象)}$”（介词短语做补语）。介词短语做补语时，不但能介引具体的处所，而且能介引抽象的名词，通常用于抽象的隐喻用法。

针对教学要点，设计“向”和“往”形式的对比训练（练习一第5、6题）。

第5题，结合情景，以句型转换的形式强化“向”和“往”可以有两种形式。

第6题，针对学习者混用“向”和“往”设计纠错练习，从反面强化，使学习者对可能出现的偏误引起注意。

最后，教师对“朝”“向”“往”意义和形式上的差异进行梳理总结，并在此基础上简单分析三者在介引空间时的细微表义差异。

在全面的总结的基础上，教师针对要点设计“朝”“向”“往”意义和形式的综合训练（练习一第7题）。

3. 应用训练

结合情景，教师指导学习者进行恰当的实际应用。

根据文字、图片提供的条件、情景，准确运用介词“朝”“向”“往”，构成得体、准确、完整的句子（练习二第1、2题）。

4. 布置作业

侧重结合学习者实际的应用性练习，让学生把介词“朝”“向”“往”准确、恰当地运用到实际生活中。

练习

一、基础练习。

1. 判断对错并改正。

(1) 我向老师请教问题。 (　　)

(2) 他向墙站了一个小时 (　　)

(3) 李经理朝全体员工说明了工作安排。 (　　)

2. 看图完成句子（朝/向）。

（1）

小女孩儿____________。

小女孩儿____________。

（2）

头____________。

身体____________。

脖子____________。

（3）

大雁____________。

3. 看图说句子（朝/向）。

____________________。

____________________。

____________________。

4. 选词填空（朝/向/往）。

（1）她____公司汇报近期的工作情况。

（2）工人们正在____火车站运送那批货物。

（3）她转过身来，____我微微笑了一下。

（4）这边太挤了，你____小张那边靠一靠。

5. 看图说一说（向/往）。

（1）

她________________________。

信________________________。

（2）

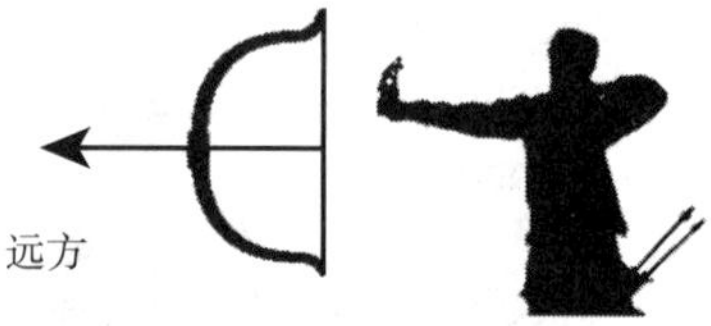

人________________________。

箭________________________。

6. 改病句。

（1）新婚夫妇手拉手往幸福走。

（2）他不顾一切地奔去向前。

（3）这道门你别拉向里，往外推就行了。

7. 综合练习：看图用所给词语完成句子。

（1）

________________________。

（2）

________________________。

（3）

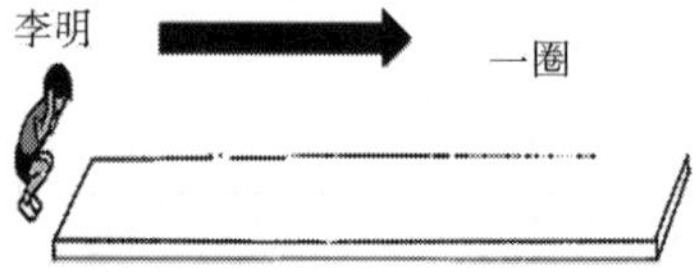

________________________。

（4）

________________________。

二、应用练习。

1. 用恰当的词语完成语段。

上大学的时候，我喜欢上了班里的一个女生。她又漂亮又亲切，经常（　　）微笑，还常常去看我打篮球。我觉得她也喜欢我。

每次她看我打球，总是一边（　　）我（　　）一边喊加油，还（　　）别人（　　）我，说我篮球打得很好。

终于有一天，我鼓起勇气（　　），让她做我的女朋友，她答应了。我激动地把她（　　）怀里一拉，（　　）会爱她一辈子。第二天，我们就（　　）朋友（　　）

了这个好消息。

毕业以后，我们一起飞（　　）美国，在那里留学。情人节那天，我（　　）了。没过多久，我们就在教堂举行了婚礼。亲朋好友都来了，（　　）表示祝贺，祝我们俩携手（　　）幸福。

2. 看图完成会话（朝/向/往）。

（1）

老板：小李，＿＿＿＿＿＿＿？
小李：介绍了，张总很满意。
老板：他跟你说什么了？
小李：他什么都没说，只是＿＿＿＿＿＿＿。

（2）

妈妈：太高了，＿＿＿＿＿＿＿＿！
儿子：放心吧，我滑得可好了。

（3）

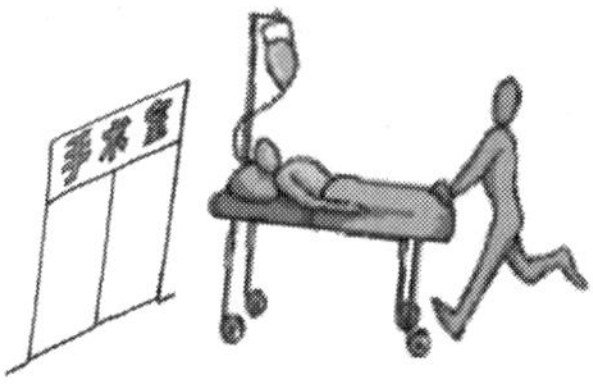

医生：那个病人推进手术室了吗？
护士：还没，＿＿＿＿＿＿＿＿。

作业

根据图片内容，请用“朝”“向”“往”说一说我在机场的故事，并把它写下来。

37. 借用量词

许　诺

一、相关语法知识

在一些具体情境中，汉语会发生临时借用某个名词表示某种量的意义的现象，在汉语语法中，把这种被借来表示量的意义的名词称为“借用量词”。借用量词对比其他量词，突出的特点就是它的临时性。它要根据具体的情境、事物灵活地选用恰当的名词，形象、生动、准确地表现一种要表达的量。因为它与被修饰、限制、补充的名词或动词不是固有匹配，具有很强的临时性、灵活性，对于母语非汉语的学习者来说具有一定难度。

借用量词包括借用名量词和借用动量词。借用名量词指的是被借用来的临时量词修饰限制的是名词性词语。借用名量词的基本理据是把用来装载的物体看作被修饰限制的名词的临时称量单位，主要有两种借用情况：一种是容器承载类，一种是附着性承载类。借用动量词指的是被借用来的临时量词主要用来补充说明动作的量，通常用在动词后做补语。借用动量词的规律是将动作凭借的工具借用来作为临时量词，有三种情况：借用动作所涉及的身体部位、借用动作所使用的工具、借用动作所产生的伴随结果。

二、主要偏误类型

学习者习得借用量词的主要偏误有：

（1）＊一杯汤（在用碗盛汤的时候）

（2）＊一个瓶啤酒

（3）＊一个杯咖啡

（4）＊坐了一辆车人

（5）＊他看了我一眼睛

（6）＊打他一手

上述偏误可以归结为以下几种类型：

第一，量词借用错误，借用的量词不符合修饰事物特征。句（1）是由于学习者对借用量词的选择不当造成的偏误，体现出对借用量词的借用机制的不理解。

第二，专用量词和借用量词重复使用。句（2）、句（3）和句（4）都在已有借用量词的情况下，重复使用量词。反映出学习者不理解借用量词的功能，对借用量词的认识错误，作为量词使用的名词不再接受量词修饰。

第三，不符合约定俗成的临时量词和名词的选用规律。句（5）中是借用身体器官类名词做量词，应为“一眼”。

第四，借用动作量时搞不清动作所用的部位。句（6）中“打人”主要使用的部位应为“巴掌”，应为“打一巴掌”。

三、教学及教学设计的主要目的

第一，揭示借用量词的借用规律。

第二，引导学习者认知借用的名词与被修饰、限制、补充的名词或动词所具有的相关关系。（参考相关语法知识）

第三，使学习者灵活恰当地使用借用量词，既能够形象具体地表达，又能够描写性、模糊性地表达，从而收到更理想的表达效果。

第四，使学习者将所学内容与实际生活相结合，启发学习者在实际生活中合理适情地借用相关量词。

四、主要教学环节步骤的设计

整个教学都是以生动的图片作为依托和途径，通过直观的图片表达，让学习者更容易发现并掌握多样的借用关系和规律。

1. 引入环节

利用图片提出问题，让学习者思考在没有准确数量的情况下如何表达量。引导学习者认知“柜子”作为装载的工具可借用为量词来表示模糊的量。引导学习者说出正确的结构“两柜子书”。要让学习者明白此时“柜子”和“书”的装载与被装载关系，以及这一关系在数量短语中的句法位置，由此启发学习者认知汉语名量词的借用规律。

2. 按照不同类型的借用关系设计具体教学

借用名量词主要有两种借用关系。一种是装载类，装载类又可分为容器类和承载类。另一种是附着类。具体教学中，几种类型都会分别给出讲解，让学习者明白不同的借用关系和规律。

以容器类为例：

首先给出“两柜子书”的详细讲解，并且用“空柜子”的图片暗示学习者，此时学习者可以认知“柜子”是装“书”的容器，所以借用“柜子”作为量词来表示“书”的量。再以“一箱子苹果”为例来巩固学习者的认知，“箱子”是“苹果”的盛装工具，所以此处借用“箱子”来作为量词表示“苹果”的量，认知承载物借用为量词的规律。

然后用“试着说一说”这一小练习环节来检验学习者对于借用量词借用关系和规律的掌握情况。如果学习者掌握情况不好，教师也可以将小练习作为讲解内容，再加强借用关系的讲解，以加深学习者的认识。

在“试着说一说”之后是小整合练习，通过给出图片的方式，让学习者自己找出图中事物的装载和被装载关系，并给出正确的数量结构。练习有两种方式：一种是不同的事物，学习者要找出物体和承载物；另一种练习是给出相同事物，但是不同的承载物，这种方式有利于培养学习者认知借用量词的灵活性。

每一种借用关系的讲解都会以图片和提出问题的方式进行，使学生利用已学过知识进行思考，更能够巩固新知识的掌握和学习。

在借用动量词的部分，由于借用关系是动作与动作所用的部位和工具等，为了使教学生动有趣，激发学习者的学习热情，所有图片都采用了动态的夸张的方式来进行表现，让学习者更直观地感受到动作和动作量的关系及其生成的借用规律。

3. 布置作业

给出图片让学习者根据新学习知识，使用借用量词描述图片内容。

让学习者运用所学知识描述生活中的事物与现象，使所学内容与生活实际相结合，以此加强学习者对借用量词的运用能力。

练习

一、名量练习。

1. 试着说一说。

（1）
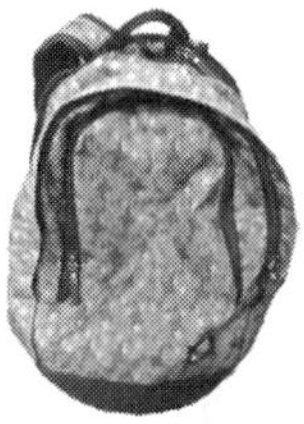

（2）

（3）
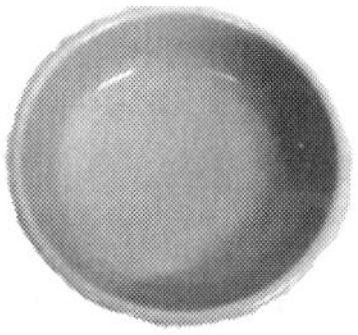

（4）

（5）

（6）

2. 用借用名量词来说一说。

（1）

（2）

（3）
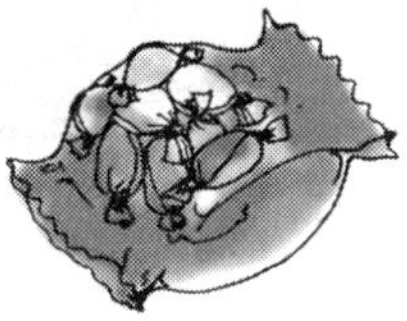

（4）

（5）

（6）
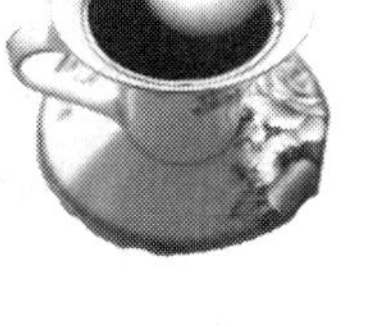

（7）

（8）

3. 为图中事物选择不用借用名量词。

（1）

（2）

（3）

（4）

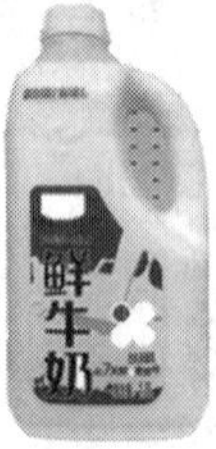

（5）

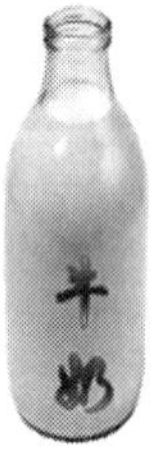

（6）

4. 根据提示用借用名量词来做对话。

（1）

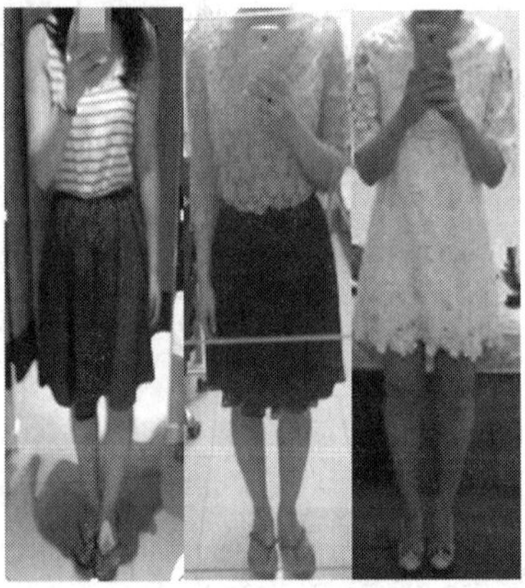

提示词：买衣服

（2）

提示词：坐车去旅游

（3）

提示词：桃花开了

（4）

提示词：坐车去旅游，人多

（5）

提示词：拥挤的地铁站

（6）

提示词：墙上挂了很多照片

5. 根据提示用借用名量词来说一说图片。

（1）

提示词：小朋友肚子里的水

（2）

提示词：老奶奶身上的雨水、老奶奶脸上的惊慌

（3）

提示词：老板头上的怒火、职员头上的汗水

（4）

提示词：嘴里的鸡、盘子里的鸡、头上的汗

二、动量练习。

1. 试着说一说。

(1)

(2)

(3)

2. 用借用动量词来说一说。

(1)

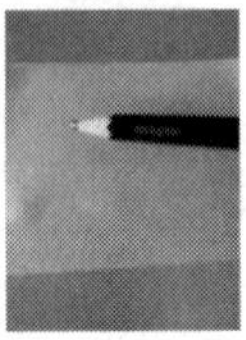

(2)

(3)

(4)

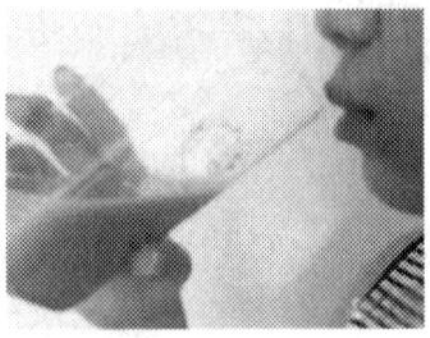

3. 试一试用借用动量词来完成句子或对话。

(1) 不知道这个菜辣不辣。——你__________就知道了。

(2) 爷爷的耳朵听不见。——你喊______试试。

(3) 你教教我怎么打拳击吧。——好，跟着我学，我打_____，你就打_____。

4. 试着说一说。

(1)

(2)

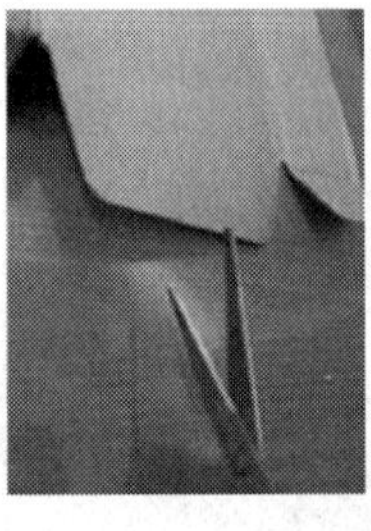

作业

1. 用借用量词来说一说图中都有什么？

(1)

(2)

(3)

(4)
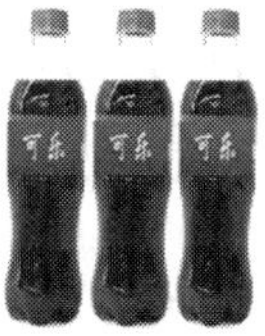

(5)

(6)

(7)

(8)

(9)

(10)
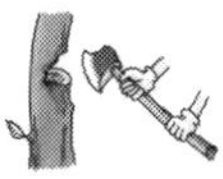

2. 试着说一说。

(1) 用借用量词来说一说你的房间里都有什么。

例：我房间里有一个衣柜，里面有一柜子衣服。

(2) 用借用动量词来讲一讲你最近的事。

例：妈妈中午做了一桌子菜，可是我胃不舒服，只吃了一口。

38. 可能补语

王相鸿

一、相关语法知识

1. 可能补语的基本意义

可能补语主要表示是否有可能出现动作的结果或状态的改变。

2. 可能补语的基本结构

可能补语可分为三种类型：

A 式：V＋得/不＋结果补语/趋向补语

B 式：V＋得/不＋了（liǎo）

C 式：V＋得/不得

A 式从表层形式看，是在结果补语或趋向补语结构中插入“得”或“不”表示可能或不可能。肯定形式用“得”，否定形式用“不”。

(1) 别看东西多，好好摆摆，肯定装得下。

(2) 箱子太重了，我拿不起来。

B 式表示是否可能实现某种变化，没有具体的结果、趋向，只表示该动作能否实现，性状能否改变，主要用于口语。肯定形式是“得了”，否定形式是“不了”。

(3) 我们今天一定赢得了他们。

(4) 他肚子疼，今天的参观去不了了。

C 式构成的句子主要用于规劝、提醒、警告，所以一般只用否定形式，用来说明不要做某个动作或避免某种现象发生。“得”是肯定形式，表示能够、可以；“不得”是否定形式，表示不能够、不可以。

(5) 这件衣服旧是旧点，但是没破，还穿得。

(6) 这个人你可小看不得。

3. 可能补语的语法意义及语用意义（与“能”的能愿句相对比）

可能补语句主要针对已有的客观事实是否能出现具体结果，强调这种客观的可能性是已经出现或者显现出来的。

(1) ——这篇文章一个小时打得出来吗?

——打得出来。

(针对具体文章长度和时间条件,认定"打出来"这个结果是可能出现的)

(2) 这件衣服不太脏,还洗得干净。

(针对衣服的状况认定"洗干净"这个结果是可能出现的)

"能"的能愿句则突出主观能力条件,表示有没有能力做某事。

(3) 这篇文章一个小时就能打出来。(突出一种打字能力)

(4) 我能洗干净这件衣服。(突出自己洗衣服的能力)

"能"的能愿句可以表示情理、规约上的可能不可能、允许不允许,在这种情况下不能用可能补语句。

(5) 领导正在开会,你不能进去。 (情理、规约上的不允许)

*领导正在开会,你进不去。

(6) 你不能说出这种伤害人的话。 (情理、规约上的不允许)

*你说不出这种伤害人的话。

二、主要偏误类型

学习者的主要偏误有:

(1) *我给你打了好几次电话才打得通。

(2) *我想得起来了,大学时我们在一个楼里住过。

(3) *学校有规定,教学楼里吸不了烟。

(4) *生词太多了,我不能记住。

(5) *这课语法比较难,不多复习就掌不握。

(6) *我决不定那样做好不好。

上述偏误可归纳为以下几种类型:

第一,将结果补语/趋向补语与可能补语混淆。句(1)、句(2)是在描述已发生的事情产生的结果及动作的趋向,而不是在表达该事情的结果或动作趋向产生的可能性,所以应该用结果补语和趋向补语,而不应该用可能补语。

第二,将可能补语句与"能"的能愿句相混淆。句(3)表示禁止、劝阻,是从主观遵守规约的角度出发,应该用"不能"句。句(4)强调在"生词多"这一客观条件下不能实现"记住"这样的结果,应该用可能补语。

第三，过度泛化性错误。学生把“V＋得/不＋结果补语/趋向补语”这一类由结果补语和趋向补语变化而来的可能补语进行过度泛化，造成像句（5）、句（6）一样的类推性偏误。

三、教学及教学设计的主要目的

第一，认识可能补语的基本结构类型。

第二，理解可能补语的意义，将可能补语与结果补语、趋向补语区分开来。

第三，区分可能补语句和“能”的能愿句的不同语用条件和语法意义。

四、主要教学环节步骤的设计

1. 教学要点点讲与训练

第一，认识可能补语的基本结构类型及其所表示的意义。教师展示 PPT 图片，引导学生根据图片内容进行回答。比如：

师：图片上男生问女生“黑板上的字你看得清楚吗”，女生怎么回答的？——我还行……

生：我还行，看得清楚。（齐答）

师：男生戴着眼镜，脸上的表情很着急。这时候女生又问男生“你呢”，男生怎么回答的？——我……

生：我看不清楚，真急人啊。（齐答）

通过这种形式引导学生说出“看得清楚”“看不清楚”“进得去”“进不去”“拿得了”“拿不了”“穿得”“下不得”等使用可能补语的句子，让学生在认识可能补语的三种基本结构形式的同时，理解可能补语所表达的可能性意义。尤其是在“V＋得/不＋结果补语/趋向补语”这一形式中，要引导学生理解可能补语与结果补语/趋向补语之间的区别。

在对可能补语的形式与基本意义进行总结、归纳之后，紧接着进行一组操练，让学生熟悉可能补语的形式与使用环境（练习一第 1 题）。

第二，可能补语句与“能”的能愿句的区别。学生在使用可能补语时最容易出现与“能”的能愿句相混淆的情况，这主要是因为不能准确理解两者各自的语法意义和语用意义，因此在对这部分进行讲解时一定要联系具体语境。本课的教学重点放在这一部分，考虑到中级水平的学生应开始锻炼成段表达能力以及描述能力，同时本着兼顾趣味性的原则，本课将该部分的语境设定为一段小故事，让学生在具体语境中更好地体会可能补语句与“能”的能愿句的不同。

带领学生读完故事，让学生在充分理解语境的同时来关注句子中可能补语句和“能”的能愿句的使用。将这些句子进行归纳总结，以此分辨两者不同的使用环境。

可能补语句：

（1）早上闹钟响了两遍了，他还是起不来。

（由于睡觉晚，导致出现闹铃响了也没能按时起床的情况。）

（2）地铁上人太多了，他怎么挤也挤不上去。

（由于地铁上人太多，导致出现了不可能挤上车的情况。）

（3）他想走后门，可是后门锁着，他进不去。

（由于后门锁着，导致出现了不可能进去的情况。）

（4）饭店人太多，坐不下了。

（饭店人太多，导致出现了不可能坐下吃饭的情况。）

（5）他们在路边等了半天也打不到一辆车。

（由于车少人多，导致出现了不可能打到车的情况。）

由这些句子可以看出，可能补语句主要针对已有的客观事实是否能出现具体结果，强调这种客观的可能性是已经出现或者显现出来的。

“能”的能愿句：

（6）他快要迟到了，不能吃早饭了。

（一般人看来是不应该迟到的，所以他用不吃早饭来避免迟到。）

（7）但是他还没有买票，不能上去。

（按规定没有买票就不能够上车。）

（8）老板正在前面讲话，他不能从前门进去。

（一般来说，老师讲话时员工贸然进入打断讲话既不礼貌也不合适。）

由这些句子可以看出，“能”的能愿句突出的是主观能力条件和情理、规约上的可能不可能、允许不允许等。

2. 操练

练习一第 2 题，通过练习加强学生对可能补语结构形式、意义以及动词与补语的搭配的理解。

练习一第 3 题，A 组通过练习帮助学生分辨可能补语与结果补语/趋向补语不同的语法意义。

B 组通过练习帮助学生区别可能补语句与“能”的能愿句的不同用法。

练习一第 4 题，通过改错练习综合考查学生对可能补语的掌握情况。

练习二，让学生根据要求自主生成可能补语句与“能”的能愿句。

3. 布置作业

让学生分组进行情景对话表演，练习把可能补语和“能”的能愿句运用到日常交际中。

练习

一、基础练习。

1. 用适当的可能补语填空。

(1) 妈妈生气了，他吓得一句话也说__________了。

(2) 我的字典找__________了，能借你的用一下吗？

(3) 天快黑了，天黑以前我们到__________家吗？

(4) 我一个人修__________这辆车，不用麻烦你帮忙。

(5) 麻烦你慢点说，太快了，我记__________。

(6) 旅游的时候安全最重要，千万大意__________。

2. 用适当的可能补语填空。

(1) 他的腿受伤了，这么高的台阶他__________。

(2) 这次运动会我们班准备得很好，所以我们班一定__________他们班。

(3) 她的病很严重，恐怕__________了。

(4) 那个地方太危险，你一个人__________。

(5) 书柜太重了，我们两个人__________。

(6) A：在中国，出租车司机说的话你都__________吗？

B：刚来中国的时候__________，现在差不多都能听懂了。

3. 完成句子。

A 组：

(1) 我给你打了好几次电话才__________。(打通/打得通)

(2) 刚才关机了？我给你打电话怎么也__________。(打通/打不通)

(3) 他特别聪明，三天就__________开车了。(学会/学得会)

(4) A：我想学开车，你觉得我__________吗？

B：只要努力学习，就一定__________。(学会/学得会)

B组：

(1) 这些栏杆的间隔太小了，你__________。(钻不过去/不能钻过去)

(2) 行人__________马路中间的栏杆。(跨越不了/不能跨越)

(3) 这是步行街，汽车__________。(在这里行驶不了/不能在这里行驶)

(4) 这条路太窄，汽车__________。(开不过去/不能开过去)

4. 修改病句。

(1) 深夜的时候，街上一个人也不看见。

(2) 屋里太暗了，没有闪光灯，照相不了。

(3) 因为要攒钱买房子，所以她现在买不到名牌包了。

(4) A：大卫在教室里吗？我想找他帮个忙。

B：他在教室里，但是现在正在上课，你进不去，等课间再进去找他吧。

(5) A：马克，你帮我看看这句话是什么意思？

B：不好意思，我也不能看懂这句话。

二、应用练习。

1. 遇到这样的情况，你该怎么说？

(1)

(2)

2. 请描述一下图片中发生的事情。

(1)

(2)

作业

你们要为明天的旅游做准备，所以几个人组成一个小组，商量一下每个人分别负责哪项任务，提问和回答时要用上可能补语句或者“能”的能愿句，下次上课时进行情景对话表演。

39. “连” 字句

刘　伟

一、相关语法知识

“连”字句是突显对象的介词“连”跟副词“都/也”等前后呼应的一种句式。它可以是单句，也可以是复句。单句如“他连一个汉字也不会写”。复句如“连老师都不知道这句话是什么意思，更别说学生了”。“连”字句有几种常见类型结构：

连＋名词/短语/小句＋都/也＋V（……）

连＋数（一）量短语＋都/也＋否定词＋V（……）

连＋动A＋都/也＋动A（……）（也称动词重叠式）

“连”字句常见结构中，“连＋名词/短语/小句＋都/也＋V（……）”结构类型较复杂，“连”后介引的名词/短语与“都/也”后动词既有主谓关系也有动宾关系。一般来说若“连”介引的名词/短语与“都/也”后动词是主谓关系时，名词/短语是句子主语，放在“连”后，即：连＋S＋都/也＋V（……）；若“连”介引的名词/短语/小句与“都/也”后动词是动宾关系时，名词/短语/小句就在“连”后，即：S连＋O＋都/也＋V。例如：

（1）连小孩子都知道雷锋的故事。（主谓关系）

（2）这个美国人连雷锋的故事都知道。（动宾关系）

（3）小王做完菜，尝也没尝就走了。（动词重叠式）

（4）小王把这个月的工资都花完了，连一分钱都没剩。（数量短语）

“连”字句基本语法意义是表示隐含比较，“借助介词‘连’介引的比较对象突显的是一个极端事物——最不可能或最有可能具有某种特征的事物，以此与通常情形形成暗比，说明一个常理或表明一个观点等。”[①] 例如：

（5）我现在连一分钱都没有。

---

① 卢福波《汉语语法教学理论与方法》，北京大学出版社2010年版，第231页。

（6）你怎么连奥巴马是谁都不知道？

另外，关于“连”字句使用还有“都/也”选用的问题。“首先，意义上要有所区分——‘都/也’都有强调作用，但‘都’倾向指范围中的每一个，‘也’倾向指相同点。其次，从大多情况看，‘都’多用于肯定句，‘也’多用于否定句。”① 例如：

（7）昨天的校篮球比赛很精彩，连校长都来看了。

（8）因为天气不好，这个公司很多人上班迟到，连老板都迟到了。

应从最基本、最常用的句型结构教起，“连”后带“也”情况先不介绍给学生。教师可以从“连＋名词/短语＋都＋V（……）”结构里切分出以下结构进行教学：

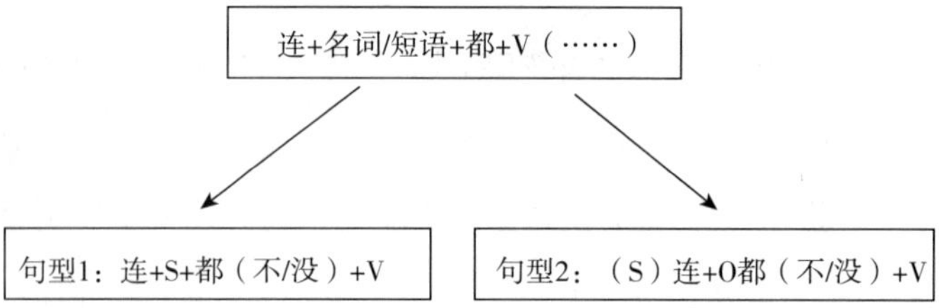

二、主要偏误类型

在“连”字句的学习中，学习者的偏误既可能是形式上的，也可能是语义上的：

第一，“连”字句中，“也/都”是必不可少的，但初学这个句式的学生也可能出现遗漏。例如：

（1）＊小王连可乐不喝。

（2）＊小白出国后连一封信没给父母写。

第二，“连”位置错误。例如：

（3）＊我连不会做蛋炒饭，更不用说做官保鸡丁了。

第三，“连”字句的偏误更多地表现在语义方面，即介引非极端情况。例如：

（4）＊他是个好学生，每天连作业都做。

（5）＊王老师现在很有钱，连电视也买了。

（6）＊波士顿的冬天很冷，连雪都下了。

（7）＊他在中国生活了三年，连自己的中文名字都会写。

“连”字句常常表示一种反常、出人意料的情况。但上述偏误句中“做作业”“买自行车”“下雪”“写中文名字”没有什么特殊和出乎意料的，都是非极端事例，所以

---

① 卢福波《汉语语法教学理论与方法》，北京大学出版社 2010 年版，第 232 页。

都不适宜用“连”字句。

三、教学及教学设计的主要目的

第一，有些教材认为，“连”字句表示强调，讲解只例举一些单句，例如“他连蛇肉都吃”“连老师都看不懂”等等。这就使汉语学习者很难理解“连”字句所要表达的意思。近年来的研究表明，“连”字句涉及预设、蕴涵等复杂因素，而这些因素只有放到篇章中，结合语用和语义进行说明，学生才容易理解并接受。所以在教学中建议给出适当语境或者篇章，突显“连”字介引的极端情况。因此，在本次教学中无论是归纳“连”字句语法结构还是语义、语用或是应用练习，都尽量给出适当的语境或者篇章，以使学习者更好地理解和运用“连”字句。

第二，“连”字句教学是一个难点，学生很难容易理解“连”字句的语用功能，即“连”介引的是极端情况。针对这一难题，我们尝试用故事教学法，通过和学生一起阅读由“连”介引极端情况的句子组成的故事，来体会“连”字句的语义和语用。此外，我们还可以用认知法，让学习者自己总结“连”字句结构，“做中学”。

四、主要教学环节步骤的设计

1. 点讲

第一，从结构上说，“连”的后面可以是名词性短语、动词性短语、主谓短语、量词短语等。句型 1 主要归纳的是“连”后面加名词和名词性短语的情况。

第二，“连＋S 都 V……”结构“连”后的名词是动作的施事对象（agentive object），受事也就是施事动词（agentive verb）都应该放在“连”的后面。

第三，从施受关系看，“连”后成分也可以是动作的受事，我们写成“O”。

第四，一些结合得比较紧密的动宾短语（包括离合词），如“洗脸、吃饭、睡觉、洗澡”等，用“连”字句时应将动宾分开，将宾语（O）前置于“连”后面。

第五，“连”是介词，介引极端事物。见下图。

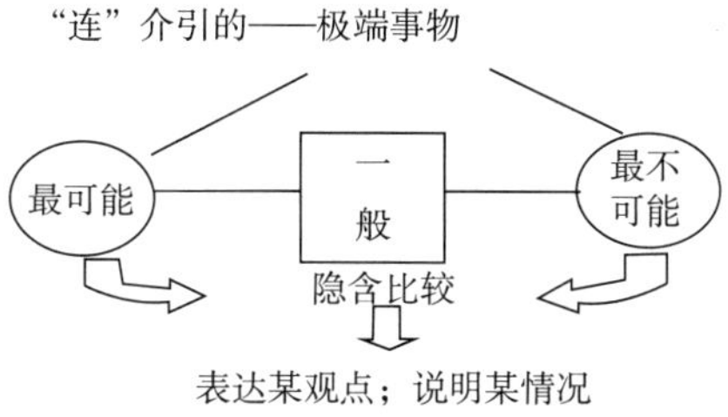

2. 教学主要步骤

第一，展示教学PPT（故事情景一），用问答方式引导学生初步领会“连”字句的语义和结构。通过故事情景，让学生理解使用“连……都……”可表示极端坏的情况。

第二，总结句型1的肯定式与否定式，即：连S都V（……）；连S都不/没V（……）。

第三，总结“连”字句的语义，即使用时介引的是极端情况。

第四，做练习。引导学生加强巩固对“连”字句语义的理解。

第五，让学生根据图片提示做练习一第1题，练习方式可以齐答、单独回答相结合。练习一第1题通过设置情景“李友吃‘聪明药’的变化”让学生理解“连……都……”也可以表示出极端好的情况，同时强化学生对“连＋S＋都＋V”的记忆和运用。

第六，让学生做练习一第2题，练习方式可以齐答、独答相结合，如果时间允许也可以让学生做笔头练习。练习一第2题设计意图从形式和语义上强化学生对“连＋S＋都（不/没）＋V”的理解和运用。

第七，展示教学PPT（故事情景二），用问答方式带领学生学习例句中“连”字句的语义和结构，并强调练习“开、骑、说、住”和“连”后宾语的关系，使学生掌握这类“连”字句的结构用法。情景二的设计目的是让学生深化理解“连”后介引极端情况。同时在操练中总结并掌握使用“S连O都V”结构。

第八，引导学生总结句型2肯定式：S连O都V。

第九，展示教学PPT（故事情景三），用问答方式带领学生学习例句中“连”字句的语义和结构。情景三的设计目的是让学生深化理解“连”后介引极端情况。同时在操练中总结并掌握使用“S连O都不/没V”结构。

第十，引导学生总结句型2否定式：S连O都不/没V。

第十一，让学生做练习一第3题和练习二两个语言活动。

第十二，简单介绍“连”字句的其他结构形式，使学生对其有初步了解。随着学习者语言水平提高，他们才能有意识地使用其他结构形式。

第十三，引导学生做提高性练习。这些练习的设计目的是强化学生对“连……都……”结构的理解和应用。

练习

一、基础练习。

1. 使用“连字句”完成李友的故事。

大家都非常讨厌李友。李友就去找医生看病。医生说：“吃一片聪明药吧。”李友吃了“聪明药”以后她的生活完全变了！

（1）李友现在唱歌非常好，连__________都______________________________。

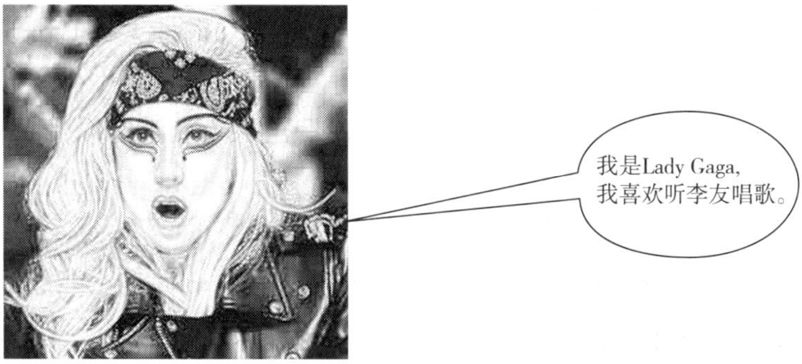

（2）李友现在打篮球非常好，连__________都___________________________。

（3）很多男的喜欢李友，给她送花，连__________都_____________________。

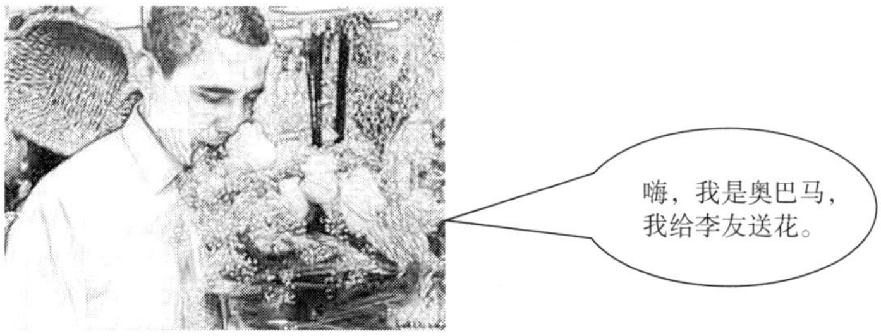

(4) 很多名人请李友来中国旅行，连__________都________________________。

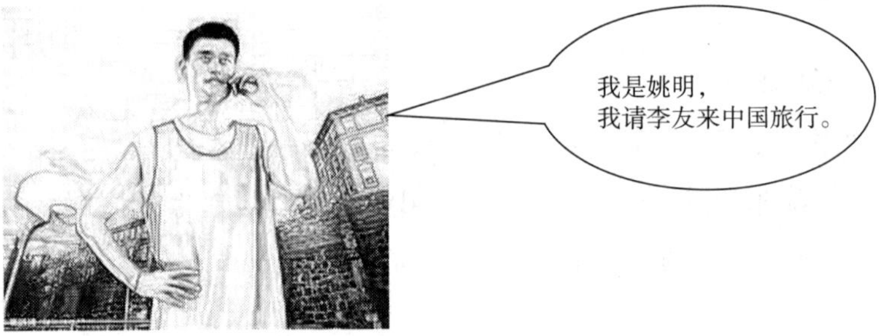

2. 用"连……都……"转换句子。

李友在中国看到很多让她吃惊的事情：

(1) 老年人也学英语。

(2) 老年人也听美国音乐。

(3) 三岁的小孩儿也喜欢看美国电影。

(4)《中国好声音》这个节目特别受欢迎，外国人也看这个节目。

3. 根据提示用"连……都……"完成小白的故事。

星期天学习　考试以前　不听音乐、不看电影、不买东西　没时间约会

小白是好学生，他学习很努力，__________。考试以前，他__________，__________，__________，__________。

一个漂亮的女孩子请他去看电影，小白说："我现在很忙，__________。"

二、语言活动练习。

1. 你比我懒。

活动目的：让学生熟练使用本课所学"连……都"的用法。

活动内容：使用表格中给出的语法和短语批评对方太懒。

活动做法：两人一组，用给出的语法和短语批评对方太懒；两人一组练习完成后，教师可以让学生到前面表演。

• 你比我懒，你连……都……
• 不洗衣服、不洗澡、不洗脸
• 不打扫房间、不打扫卫生
• 不做作业、不做饭、不上班

2. 吹牛比赛。

活动目的：让学生熟练使用本节课所学"连……都……"的用法。

活动内容：使用表格中给出的语法和词语吹牛。

活动做法：一边传球一边用下列语法、生词吹牛。拿到球但没说出句子的人要用下列语法生词唱一句话。

• 我最厉害，我连……都……
• 吃、打、骑、开、去、买、卖
• 老虎、老鼠、大象、飞机、月亮、白宫、老师

三、提高性练习。

1. 根据以下情况，用连字句表达。

（1）小刘从来不大笑，昨天看电影时，笑得肚子疼了。

（2）他不像个学生，不来上课。

（3）这支足球队太差了，五场比赛没进一个球。

（4）他总是欺负人，在家里还欺负弟弟。

（5）他学了两年汉语了，会写的汉字不到五十个。

2. 用"连"字句完成句子。

（1）他的身体特别好，____________________。

（2）爸爸的工作特别忙，____________________。

（3）小王特别懒，____________________。

（4）小王汉语特别好，____________________。

（5）他来中国后只住在北京，____________________。

作业

判断下列句子是否正确，如果不正确，请说明理由并加以改正。

（1）虽然我在北京生活二年了，但连一次也没去过长城。

（2）我妈妈非常聪明，她连做饭都会。

（3）昨天的考试太容易了，连好学生都考了100分。

（4）小白很懒，连洗澡都不洗。

（5）小王的中文非常好，连自己的中文名字都会写。

40. 量词/数量重叠

许　诺

一、相关语法知识

量词或数量短语重叠后，其意义和作用都发生改变。重叠后的意义符合汉语象似性原则，即一个量为个体，多个量则为非个体，表示多的意义，且重叠后的句法功能也由原来主要的限制、补充、说明变为以描写或突显数量、方式的描写性叙述为主。

1. 量词重叠

量词一般都可以重叠，重叠后，根据它在句中充当的成分不同而表达不同的意义。量词重叠做主语和状语时，通常表“每一”，这种情况下量词重叠形式后通常会出现“都”；量词重叠做定语和谓语时，通常表“多”；量词重叠做状语时，通常表“～接着～地”。

2. 数量短语重叠

数量短语也可重叠，重叠后可表示“多”，重在描写，多做定语。也可表“～接着～地”，多描写动作的方式或表示量多，主要做状语。

二、主要偏误类型

学习者习得量词和数量短语重叠的主要偏误有：

(1) *我都告诉了个个同学。

(2) *一辆消防车们正在赶去灭火。

(3) *一下下歌声传来。

(4) *房间里的每一个东西个个被擦干净了。

上述偏误可以归结为以下几种类型：

第一，量词或数量短语重叠位置错误。句（1）中“个个”表“每个”通常放在“都”前，学习者没有掌握这一规律，造成了这类失误。

第二，量词或数量短语重叠的缺省、漏用。句（2）中描写数量“多”，应用量词的重叠形式，并去掉“们”，汉语中“们”不与数量同现。

第三，量词或数量短语重叠的误用。句（3）中应用“阵”称量“传来的歌声”，因此量词重叠后应为“阵阵”而不是“下下”。

第四，量词或数量短语重叠的多余。句（4）中重叠量词“个个”表“每一个”的意思，因此不应再出现“每一个”。

三、教学的重点、难点及教学设计的主要目的

1. 教学重点、难点

让学习者掌握量词重叠或数量短语重叠的意义、形式及其对应关系，使学习者能够正确使用数量短语表达想要表达的意义。

2. 教学主要目的

第一，让学习者从整体上掌握汉语名量词和动量词重叠的语法意义，即表示事物或动作的重复存在，且数量重叠的语法意义和句法形式的对应符合汉语象似性原则。

第二，使得学习者了解量词或数量短语重叠后的结构。

第三，使学习者掌握量词和数量短语重叠后所表现出的不同语法意义，且该语法意义对应何种句法形式。

第四，使学习者了解量词或数量重叠的功能主要是描写事物或动作的状态和方式。

四、主要教学环节步骤的设计

1. 引入环节

在学习量词重叠和数量短语重叠之前，学习者已习得量词和数量短语。给出图片，让学生说出正确的数量结构，再给出该事物重复出现的图片，引导学习者认知事物的重复量并说出重叠结构。以上形式共给出四组，包括动量词和名量词以及借用量词等不同用法的量词，通过引导，学习者能够认知量词或数量短语的重叠即事物或动作的重复出现，在此基础上再用动态图示展现这一内容，完成对量词重叠和数量短语重叠教学的引导。

2. 具体教学讲解

量词重叠和数量短语重叠的具体教学主要围绕其意义、形式及句法位置进行。分为两部分：

一是量词重叠。

量词重叠形式较为简单，表现为“AA 式”，如“年年”“家家”等，可通过讲解使学习者掌握。量词重叠有三种语法意义，出现不同的句法位置。

当量词重叠形式出现在句中做主语或状语，且量词重叠形式后出现副词“都”时，量词重叠形式多表示“每一”，例如“周星驰演了几十部电影，部部都好看”。量词“部”及其重叠形式“部部”出现在同一语句中，学习者能够通过对比深入理解量词重叠的语法意义。同时，可通过图片等教学手段生动地表现出“每一部”的意义。

当量词重叠形式出现在句中做定语或谓语时，多表“多”的意义，例如“狂风阵阵”“朵朵荷花”。使学习者了解表示这种意义的量词重叠形式的使用。

当量词重叠形式出现在句中做状语，且后面不出现“都”时，多表示“～接着～地”的意义。如“教室里的读书声阵阵传来”中“阵阵传来”表示“读书声一阵接着一阵地传来”，突出动作发生的方式。

二是数量短语重叠。

数量短语重叠较为常见，形式可以是“一 AA”，如“一遍遍”“一片片”等；也可以是“一 A 一 A”，如“一遍一遍” “一片一片”。数量短语重叠主要表示两种意义：

第一，表示事物的“多”，多出现在定语位置。如“一件件衣服”“一车车物资”“一张张桌子”等，这些用法中的数量短语重叠形式都用于描述事物的“多”。

第二，表示“～接着～地”的意义，多出现于状语的位置。如“闹钟一遍一遍地响着”“一趟趟地往厕所跑”等，这种情况下的量词重叠形式表示动作是接连发生的，注重描写其方式。

3. 练习设计

练习分为两类。

一类是紧跟讲解的“练一练”，根据量词重叠和数量短语重叠的不同意义，共设 5 题。目的是为了让学习者在学习新知识后及时进行练习巩固，做到即学即练。这类练习的特点是有针对性，紧跟已学内容，让学习者通过复习，达到巩固教学的目的。练习形式为让学习者以量词或量词的重叠形式填空，考查学习者对需要使用量词或数量短语重叠的语境的判断，也可考查学习者对量词的恰当选用。

另一类是综合性练习，学习者在课堂讲解和“练一练”之后，已对量词重叠和数量短语重叠有了较为清晰的认识，这个阶段的练习应以整合为主，让学习者能够从宏观的角度掌握量词重叠和数量短语重叠形式。综合练习第 1 题的设计是为了考查学习者对不同重叠形式表现出的意义的掌握情况，需要学习者根据语境、重叠形式的句法位置等判断出其表示的语法意义。综合练习第 2 题的设计是为了考查学习者对重叠形式的意义和语境信息的分析能力，也同时考查对量词的选用能力。综合练习第 3 题的设计是借助仿真实情景对学习者量词或数量重叠实际运用能力的考查。这里涉及根据实际情景选用合适的量词、合适的用法、构成准确的表达等，可全方位考查出学习者对所学知识的掌握情况。

4. 作业布置

作业的布置也是以量词重叠和数量短语重叠的应用训练为主。作业形式主要是给出情景话题，学习者根据实际情况和所学知识进行恰当的表达。目的是全面考查学习者对重叠形式的掌握和运用能力，帮助他们将所学知识与现实生活联系起来。

练习

一、练一练。

1. 用量词或量词的重叠形式填空。

(1) 周杰伦去年开了十几场演唱会，__________都爆满。

(2) 周杰伦__________演唱会要唱二十多首歌。

(3) 这位教授非常有名，可惜我只听过__________他的讲座。

(4) 这位教授的讲座非常好，我__________都去听。

(5) 他的武术非常厉害，__________就把对手打倒了。

(6) 他的功夫非常厉害，__________ _都打在对方的要害上。

2. 用量词或量词的重叠形式填空。

(1) 天气预报说今天是晴天，可到了下午却传来__________雷声。

(2) 会场里掌声__________。

(3) __________热烈的掌声之后，他开始了今天的演讲。

(4) 他站在桥上看着远方，那里__________高山，__________白云。

3. 用量词或量词的重叠形式填空。

(1) 他是个酒鬼，__________不喝酒都忍受不了。

(2) __________比赛踢完，球员们累，球迷们也累。

(3) 球迷__________呐喊，球员__________拼搏。

(4) 彩虹蛋糕是由__________不同颜色的蛋糕组成的。

(5) 彩虹蛋糕非常漂亮，七种颜色__________重叠。

4. 用数量短语的重叠形式填空。

（1）天空中飘着＿＿＿＿＿白云。

（2）孩子们的＿＿＿＿＿笑脸让她永远难以忘记。

（3）她真漂亮，＿＿＿＿＿衣服穿在她身上美极了。

（4）＿＿＿＿＿牛在草原上悠闲地吃草。

（5）星期天的早晨，＿＿＿＿＿新人在意式风情街拍婚纱照。

5. 用数量短语的重叠形式来说一说。

（1）

（2）

（3）

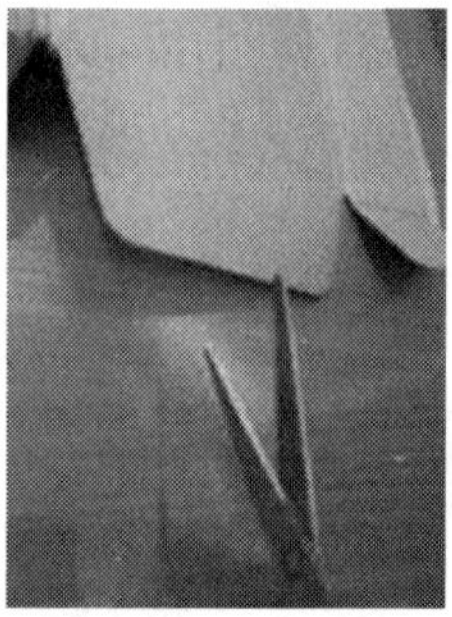

（4）

（5）

（6）

二、综合练习。

1. 说说下列句中重叠的数量词语表示哪种意义。

A. 多　　B. 每一　　C. ～接着～地

（1）今年的冬天，大雪一场一场地下个不停。（　　）

（2）他的歌首首动听。（　　）

（3）花园里一朵朵鲜花盛开着，好看极了。（　　）

（4）他年年都会去体检。（　　）

（5）老师耐心地一遍一遍地给我讲解。（　　）

（6）一场场地比赛，一次次地报告，让我积累了很多宝贵的经验。（　　）

2. 选择量词或量词的重叠形式填空。

（1）她一＿＿＿＿＿认真地检查着试卷。

A. 遍遍　　B. 遍　　C. 次

（2）一__________往事浮现在他眼前。

A. 遍遍　　B. 个个　　C. 件件

（3）大厅里传来一__________嘹亮的歌声。

A. 顿顿　　B. 场场　　C. 阵阵

（4）他们班的学生，__________学习都很棒。

A. 一位　　B. 一个　　C. 个个

（5）她学习很好，__________都得奖学金。

A. 年年　　B. 一年　　C. 每年

（6）春天来了，树一__________绿了起来。

A. 次次　　B. 遍遍　　C. 天天

3. 用量词或数量重叠形式描写下列图中的情景。

（1）

（2）

（3）

（4）

（5）

（6）

作业

1. 用量词重叠形式说一说你的家乡。

如：一片片草原……，一群群牛羊……

一条条马路……，一座座高楼……

2. 用量词重叠形式描绘一下你看到的某处景象。

41. 能愿动词“想”和“要”

吴 鋆

一、相关语法知识

1. 关于能愿动词

绝大多数能愿动词能够单独做谓语，主要出现在答话中。表达意愿、可能等意义是能愿动词句的主体意义，所以在回答问题时，可以单独用能愿动词回答，却不能只用动词部分回答。例如：

(1) A：这儿可以吸烟吗？

B：可以（*吸烟）。

只要句子意义允许，不同意义的能愿动词可以连用。例如：

(2) 明天我可能要去天津。

(3) 他应该能做到这一点。

能愿动词可以用肯定否定并列的方式表示疑问（即“V不V”的形式）。例如：

(4) 你想不想看这本书？

(5) 他今天能不能打球？

能愿动词承担着句子表义主体的作用，所以当表示疑问时，只能用能愿动词的肯定否定并用形式，不能用其后的动词或形容词的肯定否定并用形式。例如：

(6) 她会不会担心？（*她会担心不担心？）

能愿动词的宾语只能是动词（短语）、形容词（短语）、主谓短语，不能是名词或者代词。例如：

(7) 这么晚了，你还不回去，你妈妈会着急的。

(8) 你应该参加这次活动。

(9) *今天晚上你应该作业。（今天晚上你应该写作业）

能愿动词不能重叠，不能带“了”“着”“过”等动态助词；但是，能愿动词后面的动词仍然可以重叠。例如：

(10) ＊你应该应该帮我。(你应该帮帮我。)

(11) ＊她愿意了跟我一起去。(她愿意跟我一起去了。)

能愿动词的宾语可以是否定的结构。例如：

(12) 你可以不理他。

(13) 能不去就不去。

否定形式的能愿动词也可以带否定的宾语。例如：

(14) 你不会不同意吧？

(15) 他不应该不来。

能愿动词做谓语时，前面不能用“把、被、向、给”等介词构成的状语，也不能用描写性状语。如果句子需要，这类状语可以放到能愿动词后面的动词前。例如：

(16) ＊你今天把这项实验应该搞完。(你今天应该把这项实验搞完。)

2. 关于能愿动词“想”和“要”

在意义上，“想”着重表示愿望或者想法（one's willingness）；“要”则着重于做某事的意志和要求（one's determination）。例如：

(17) 我想在经济上帮助他。(一种愿望)

(18) 我要在经济上帮助他。(一种意志上的要求)

“要 VP”不但包含“想 VP”，还包括“打算 VP”，这是二者的根本差别所在。

(19) a. 我要考大学，因为我想考大学。

b. ＊我想考大学，因为我要考大学。

(20) a. 我想回家，不过也就想想而已。

b. ＊我要回家，不过也就想想而已。

在搭配上，“想”前面可接受程度副词的修饰，表示强烈愿望；“要”前面可接受“非、偏、一定”等副词的修饰，表示坚定的意志或不变的决心。例如：

(21) 她很想来看你。(＊她很要来看你。)

(22) 我一定要去北京看你。(＊我一定想去北京看你。)

在否定时，“想 VP”的否定为“不想 VP”；“要 VP”表示做某事的意志义时，其否定为“不想 VP”；而“不要 VP”不表示这种意思。例如：

(23) 肯定：我要参加 HSK 考试。

否定：我不想参加 HSK 考试。(＊我不要参加 HSK 考试。)

用于第二人称时，“要 VP”可表示提出要求或提醒注意。“不要 VP”可表示劝阻、禁止。“想 VP”没有这种用法。例如：

(24) 你感冒了，要多喝水。

(25) 你一个女孩子，晚上一个人出门要小心。

(26) 你不要一个人去那么远的地方。

二、主要偏误类型

中级阶段学生习得能愿动词“想”和“要”最常见的偏误有：

(1) *她非常要去首都。

(2) *我想不去学校。

(3) *这次的 HSK 我不要参加了。

(4) *我把书想还给他。

(5) *他去百货大楼要买东西。

上述偏误可以归纳为以下三种类型：

第一，能愿动词“想”和“要”与其修饰副词的搭配错用。

意愿类能愿动词“想”前面可以接受“有点儿、比较、很、非常、特别、最、极”等程度副词的修饰，表示不同程度的意愿/愿望；而意愿类能愿动词“要”前面则可以接受“一定、非、硬、偏、偏偏”等副词的修饰，或者“决心、执意、竭力”等强化意愿的状语，表达一种不变的决心和坚定的意志。而学习者在选择与其搭配的副词时往往出现错用、乱用，如句（1）。

第二，意愿类能愿动词“想”和“要”的否定形式。

意愿类能愿动词“想”的否定形式为“不想”，其肯定形式与否定形式呈现出对称性。而学习者往往将否定词“不”置于能愿动词之后、动词之前，如句（2）。意愿类能愿动词“要”的否定形式表现出肯定否定形式的不对称性，当表示没有做某事的意愿要求时，不用“不要”，而用“不想”。当“要”前面加“不”修饰时，“不要”表示对他人的劝阻和禁止，此时“不要”可以替换为“别”。而学习者在对意愿类能愿动词“要”进行否定时往往受意愿类能愿动词“想”的否定形式的影响，简单在“要”前面加“不”进行否定，如句（3）。

第三，在特殊句式中能愿动词“想”和“要”在句中的位置错误（语序问题）。

在“把”字句中，能愿动词“想”和“要”应该置于“把”之前。而学习者却往往将“想”和“要”放在“把”字所带状语之后，如句（4）。

在连动句中，“想”和“要”应该置于第一个谓语动词之前。而学习者却往往将其错置于句中其他位置，如句（5）。

三、教学及教学设计的主要目的

通过对比教学，让中级汉语水平的学生了解能愿动词“想”和“要”在表达意愿类意义时的用法及差别，包括其否定式以及与副词的搭配等。使学习者能够准确地使用、区分能愿动词“想”和“要”，能够根据实际语境和情景进行恰当的判断、选择和应用。

四、主要教学环节步骤的设计

1. 点讲

首先通过图片及例句展示，帮助学生理解“S想VP”结构的语义表达、句法搭配及肯定否定形式。然后通过限定语境从“S想VP”过渡到“S要VP”，并进一步利用图片对比突出表现不同语境对于“想”和“要”的选择限制，这也是我们这堂课要解决的主要问题。最后，由意愿类能愿动词“要”的肯定否定形式不对称引出表达不同意义的“要”的不同否定形式。

2. 教学要点分解点拨及训练

教学的主要内容除了让学生掌握意愿类能愿动词“想”和“要”在句中的位置，与其修饰副词的搭配，以及二者的否定形式外，更重要的是让学生在语境对比下理解能愿动词“想”和“要”在语义、句法及语用上的差别。

角度之一：“S想VP”句式结构、副词搭配、否定形式。

通过图片及例句展示让学生了解意愿类能愿动词“想”在句子中的位置即“S想VP”结构，与不同程度副词的搭配，以及其否定形式“S不想VP”。

角度之二：“S要VP”句式结构、副词搭配，“想”和“要”的语义、句法、语用对比。

通过限定语境从“S想VP”结构过渡到“S要VP”结构，并进一步通过语境对比引导学生理解特定语境对于能愿动词“想”和“要”的选择限制。具体来讲，意愿类能愿动词“想”和“要”都可以用来表示由句子动作主体发出的做某事的愿望。“想”侧重表达一种因未下定决心去实现而仅仅停留在想法阶段的意愿；而“要”侧重表达为了实现某种意愿而表现出的一种清晰可见的决心。在具体的语境里，根据说话人的表义需要，选择“想”还是选择“要”是唯一的。

角度之三：“S要VP”表达意志义和表达要求义时存在不同形式的否定。

通过例句对比帮助学生理解“要”既可以表达意志义，又可以表达要求义，且在不同意义下的否定形式也不同。具体来讲，当“S要VP”表示做某事的决心和意志时，其否定形式为“S不想VP”；当“S要VP”表示提出要求，提醒注意时，其否定形式为“S不要VP”，此时“不要”可以替换为“别”，表示对他人的要求和劝阻。

3. 结合语境、情景，指导学生进行恰当的应用

静态操练

通过静态操练让学生进一步熟悉能愿动词“想”和“要”的语义差别、在句中的位置、与其修饰副词的搭配，以及二者的否定形式。（练习二、三、四、五）

动态操练

动态操练的部分重在让学生练习在给定语境下，分析情境，遣词造句。老师要重点检验学生对于能愿动词“想”和“要”在特定语境下的选择是否准确。（练习一、六、七）

4. 布置作业

结合学习者的实际生活布置应用性写作练习，其目的之一是让学生在实际运用中进一步体会“想”和“要”在句法、语义及语用上的差别；目的之二是让学生在遣词造句过程中练习句与句的衔接。

练习

一、用“S很想VP”或“S一定要VP”试着说一说。

（1）

打篮球；可是下雨了

（2）

朋友过生日；可是工作太忙了

（3）

下雨了没关系；打篮球

（4）

虽然工作很忙；朋友过生日

(5)

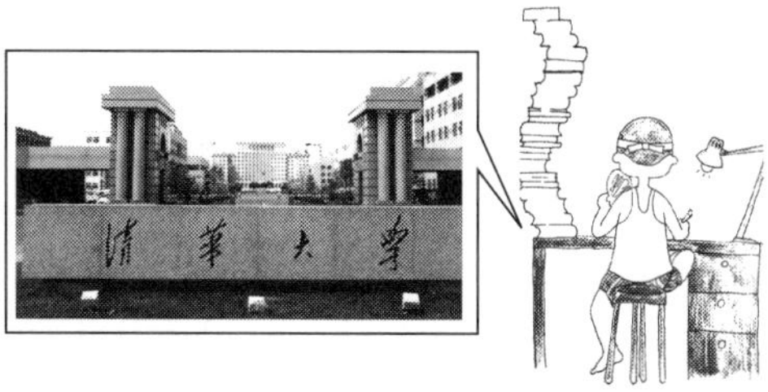

他说，他今年考大学，只上清华大学！

二、遇到下面情况，用“要 V/不要 V”怎么说？

(1)

(2)

(3)

(4)

三、替换练习。

看电视　　看电影　　看杂志　　听音乐　　上学

学英语　　学钢琴　　学游泳　　学电脑　　上班

去北京　　去东京　　去伦敦　　去悉尼　　睡觉

踢足球　　逛街　　打扫房间　　找朋友聊天儿

(1) 我很想__________，不想__________。

(2) 我一定要__________，不想__________。

四、选词填空。

A. 想　　B. 要

(1) 如果你一定____去，我也不拦你。

(2) 她很____去听这个音乐会，可是老师已经通知晚上开会了，真可惜。

(3) 不管我爸妈同不同意，我都____留在中国。

(4) 她还没做最后的决定，但是她说过她____当一名幼儿教师。

五、改病句。

(1) 她决心已定，今年一定想考大学。

(2) 今天的活动我不要参加了。

(3) 听说那个地方很美，我非常要去看看。

(4) 今天我想不去学校了。

(5) 他想了去美国学习。

(6) 我真的要帮你，可是我也没有办法。

六、用“想”“要”完成句子。

(1) 不能就这样看着他消沉下去，我__________。(帮)

(2) 告诉他以后别来找我了，我__________。(见)

(3) 我__________(休息)，请你们__________。(唱歌)

(4) 我只是__________(回家)，没说一定__________(回家)。

(5) 外面下雪了，__________。(小心)

(6) 他们邀请我参加庆祝活动了，我也__________，可是这项设计要得太急了，恐怕没时间去了。(去)

七、看图完成句子。

(1)

儿子：都凌晨两点了，作业还没做完，我________(做)，我________(睡觉)。

妈妈：儿子做作业太辛苦了，时间再晚我__________(陪)。儿子！__________吗？(喝)

(2)

斯马克：今天是大学生运动会，__________(比赛)，只可惜前两天骨折了，去不了了。

____

(3)

妻子：都凌晨三点半了，关上电视吧，我__________（睡觉）！
丈夫：对不起了，亲爱的，我__________（看世界杯）。

作业

以“毕业后的打算”为题，用“想”和“要”写一篇小作文。（要求：不少于150字，不会的汉字用拼音注出）

42. 情态补语

许　诺　乔俊凤

一、相关语法知识

情态补语用在动词后，表示对动作和状态的描写或对情况的说明与评价。补语前要用“得”，补语一般由动词、形容词及其短语、小句充当。情态补语的分类如下图所示：

- 情态补语
  - 形容词
    - V＋得＋adj.
      - 普通形容词：长得可爱、唱得很好
      - 重叠式的形容词：穿得厚厚的、写得认认真真的
      - 有重叠词缀的形容词：长得傻乎乎的
    - （V＋）O＋V＋得＋adj.：（打）篮球打得很好
  - 动词：冷得发抖、紧张得出汗（说明描写主语即动作者）
  - 短语：高兴得跳了起来、忙得忘了吃饭（说明描写主语即动作者）
  - 小句：累得他一倒到床上就睡着了（描写主语）

情态补语描述的是样子、情态，是可见的。

二、主要偏误类型

学习者习得短语做情态补语的主要偏误有：

（1）＊她难过（得）流下泪来。

（2）＊她非常激动得唱起歌来。

（3）＊他没时间吃饭打游戏。

上述偏误可以归纳为以下三种类型：

第一，缺少“得”，如句（1）。

第二，谓语动词、形容词前出现描写性状语或程度副词，如句（2）。

第三，语序错误，补语前移到谓语前，如句（3）。

三、教学及教学设计的主要目的

第一，让学习者了解情态补语的基本功能，即主要描写可见的样子。

第二，了解情态补语的独特结构特点，明确“得”的连接与标示作用，即情态补语是对事物进行描述，一定要用“得”连接，“得”不可少。

第三，了解有情态补语的句子，全句的重心在补语部分，谓语动词、形容词前一般不再出现描写性状语和程度副词。

第四，使学习者掌握使用短语做情态补语的类型，并能够通过已掌握的词汇使用情态补语表达。

四、主要教学环节步骤设计

1. 从图片入手，形象理解情态补语

首先，给出一组图片：同一动作，可以表现出不同的情绪。引导学生理解动作之后可以表现不同的情绪样态，使学生感性了解情态补语是用来描写可见的样子。

然后，再给出一组图片，加深理解。引导学生模仿教师说出的结构，和教师一起说出，并重读“得”，强化“得”字。

最后，归纳总结形成的结构：罗列上面提到的情态补语的短语，引导学生找出规律。如下图：

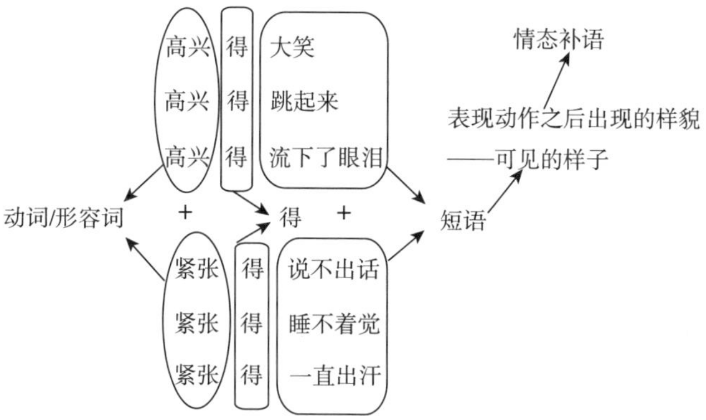

动词或形容词前不可加“很、非常”等副词

2. 教学要点分解点拨及训练

要点：“得”字不可少；谓语动词、形容词前不能出现描写性状语和程度副词。

针对教学要点，设计强化结构和理解意义的练习：

练习一，操练情态补语的描写修饰作用、强化理解情态补语的结构和“得”的使用。

练习二，操练情态补语结构的使用，针对学习者在使用中出现的各种偏误设计纠错练习，从反面强化学习者对可能出现的偏误的注意。

针对教学要点，设计注重情景和交际使用的练习：

练习三、四、五，结合语境、情景，指导学习者进行恰当的运用，根据语言、图片等提供的条件、情景，运用情态补语，构成得体、准确、完整的句子。

3. 布置作业

侧重结合学习者实际的应用性练习，让学生把学到的情态补语准确恰当地运用到实际生活中。

练习

一、将下列词语组织成带有情态补语的句子。

（1）我	忙	我没有时间打电话
（2）小李	兴奋	小李唱起了歌
（3）小明	愁	小明睡不着
（4）他	困	他写不了作业

二、判断句子正误并改正。

（1）她气跟妈妈大吵了一架。

（2）太阳晃我睁不开眼睛。

（3）我饿得肚子咕咕叫。

（4）他看书看得忘了时间。

（5）我特别累得走不动路。

（6）他非常饿得能吃下一头牛。

三、用情态补语完成句子。

（1）

妈妈给他做了饺子，他__________。

（2）

拿着爸爸给买的新玩具，小宝宝__________。

（3）

妈妈在给宝宝讲故事，宝宝__________。

（4）

盘子__________。

（5）

拿到录取通知书，她____________________。

四、用情态补语描述一下图中的情景。

（1）
（2）
（3）
（4）

五、用情态补语完成对话。

（1）

小李：老奶奶怎么了？

小莉：____________________

（2）

李明：这个小朋友怎么了？

小王：____________________

（3）

小美：小王怎么了？

小明：________________

作业

根据自己的实际情况，用情态补语说一说。

1. 用情态补语说一说你和家人在一起的情景。

（1）

（2）

2. 用情态补语描述一下你去医院的情景。你病得怎么样？怎么去的医院？医院人多吗？医院的环境怎么样？医生的态度怎么样？

（1）

（2）

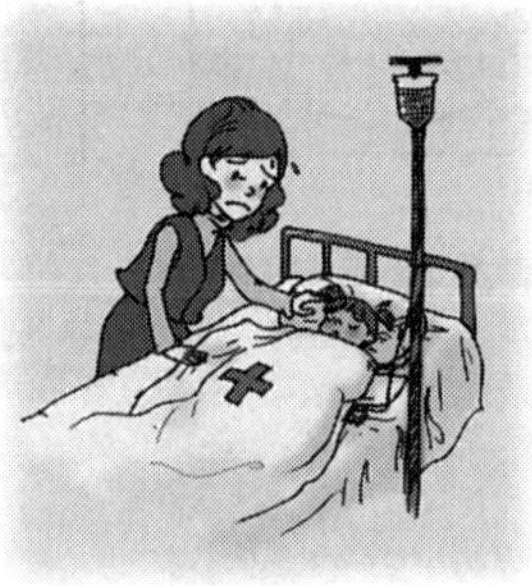

43. 使令兼语句

吴佳晨

一、相关语法知识

1. 关于兼语句

定义：一般来说，兼语句是兼语短语做谓语或独立成句的句子。句中谓语部分由一个动宾短语和一个主谓短语套在一起构成，前一个动宾短语的宾语兼做后一个主谓短语的主语，由于一身兼二职，故称作兼语。

基本结构：主语 $+V_1+$ 兼语 $+V_2$

例如：　妈妈　让　我　打扫　房间。

S_1　V_1　[O_1 / S_2]　V_2　O_2

[O_1] → 动宾短语

[S_2] V_2 O_2 → 主谓短语

[O_1 / S_2] ↓ 兼语

[动宾短语 / 主谓短语] ↓ 兼语短语

根据动词$_1$的特点，兼语句可以分为三种：

第一，使令性兼语句。

使令性动词：

- 使令义动词：请、让、叫、要、催、逼、派、强迫、吩咐、打发、要求、安（发出使令）排、命令、鼓励、组织、提醒、禁止、号召、指示、阻止……　　使令→目的、结果
- 使　令　词：使、令、致使、使得、促使、叫$_1$、让$_1$……（［+致使］义）　　致使→结果、状态

第二，称任性兼语句。常用动词：称、认、叫、拜、选、推选……

第三，兼语前动词是“有（没有）”、表示肯定意义的“是”。

2. 关于使令兼语句

语义上 V_1 致使兼语产生 V_2 这个动作或呈现某种状态。只有 V_1 出现才会有 V_2，V_2 是 V_1 的目的或结果。

V_1和V_2作为一个整体共同产生致使意义和预期的结果或状态。V_2可以是动词，也可以是动词短语。

基本意义：动作者为达到某种目的或实现某种结果，主动地、有意识地通过命令、指使、称任等动作或行为让某人做某个动作或某件事情。

二、主要偏误类型

学习者习得使令兼语句的主要偏误有：

（1） *她的爷爷不让继续上学。

（2） *医生鼓励病人勇气。

（3） *医生让病人没吃这种药。

上述偏误可以归结为以下三种类型：

第一，遗漏兼语。学习者对兼语的概念理解不够。如句（1），“她的爷爷”是动作“让”的发出者，“她”是动作“让”的承受者，同时也是动作“上学”的发出者。应改为“她的爷爷不让她继续上学。”

第二，遗漏V_2。学习者对使令兼语句的基本结构掌握不好，没有理解V_1“鼓励”致使后面的名词性成分“病人”再发生动作。如句（2）应改为“医生鼓励病人鼓起勇气”。

第三，否定副词“不”“没”错序。如句（3），学习者把否定副词“没”放在了V_2“吃”的前面，这有可能是英语母语者受到了母语负迁移的影响（make / have / let sb. not do sth.）。应改为“医生没让病人吃这种药”。

三、教学及教学设计的主要目的

第一，通过让学习者认知V_1（请、让、叫、要求、派、命令、提醒、鼓励、组织）的发出使令义致使其后名词性成分发生动作，来掌握使令兼语句的基本结构，理解V_1的使令义与目的、结果的关系。

第二，掌握使令兼语句的基本意义：动作者为达到目的、实现结果主动地有意识地通过命令、指使、劝说等动作让某人做某个动作或某件事情。

第三，掌握否定副词“不”“没”应放在V_1的前面。

第四，使学习者能够根据实际语境和情景准确、恰当地运用使令兼语句。

四、主要教学环节步骤的设计

1. 教学导入

从复习以前学过的使令义动词“请、叫、让、派”入手，切入讲解教学。

首先，教师领读动词“请、叫、让、派”，利用课堂情境，让学习者做动作或者做一件事情。配合 PPT 动画演示，引导学习者说出使令兼语句。

例如：

老师请谁？谁站起来？ 老师做什么了？ →老师请她站起来。

老师叫谁？谁坐下？ 老师做什么了？ →老师叫她坐下。

老师让谁？谁把书包打开？老师做什么了？ →老师让他把书包打开。

学校派谁？谁明天去北京？学校做什么了？ →学校派他明天去北京。

然后，教师归纳使令兼语句的基本结构并且讲解使令兼语句的基本意义。明确“兼语”“使令动词”“使令兼语句”等概念。

基本结构：A ＋ V_1 ＋ B ＋ V_2（短语）

（人/机构） （人/机构/动物）

基本意义：A 对 B 做了一个动作，目的是让 B 去做一个动作或者做一件事情。

着重向学生介绍 V_1 的特点：V_1 能够让 B 做动作/事情，V_1 决定了 V_2。教师让学习者思考，以前学过的哪些动词也具有“请、叫、让、派”的发出使令义的特点，总结出常用的使令动词还有“要求、提醒、鼓励、组织、命令”等。

教师向学生介绍 A 可以是人或者机构，B 可以是人、机构或者动物等。

2. 教学要点分解点拨及训练

角度之一：使令兼语句的基本结构和基本意义。

两个要点：第一，B 是 V_1 的宾语，同时又是 V_2 的主语，通过动画演示表现出 B 的兼语特点，指明兼语的概念；第二，V_1 具有发出使令义的特点，会让 B 产生 V_2。只有 V_1 先出现，V_2 才会出现，V_2 不可缺少。明确使令动词的概念，并且对不同的使令动词意义进行必要的区分和讲解。

针对教学要点，设计强化结构和理解意义的训练。（练习一第 1—4 题）

第 1 题，操练使令兼语句的基本结构，突出 V_2 不可缺少，包含对使令兼语句意义的理解。

第 2 题，操练使令兼语句的基本结构，掌握句型，能够运用所给 V_1 造出符合语境的句子。

第 3 题，操练使令兼语句基本结构的同时侧重于使令动词的选用问题，能够根据句义选择恰当的使令动词。

第 4 题，针对学习者学习使令兼语句的偏误类型设计纠错练习，从反面强化，使学习者对可能出现的偏误引起注意。

角度之二：否定副词“不、没”应放在 V_1的前面。

要点：由于 B 做的动作 V_2由 V_1决定，所以否定副词“不、没”应放在 V_1的前面，而不是 V_2的前面。

针对教学要点，设计强化结构、语序、运用的训练。（练习一第 4、5 题）

第 4 题，操练使令兼语句基本结构，掌握否定副词“不、没”的位置，强化语序。

第 5 题，结合情景使用对话形式引导学生正确使用使令兼语句的否定和肯定形式。

3. 应用训练

结合语境、情景，指导学习者对使令兼语句进行恰当运用。

练习二第 1 题，根据视频、图片提供的条件、情景，准确说出使令兼语句（肯定和否定两种形式），要求得体、准确、完整。

练习二第 2 题，以接力的形式让学生两人一组情景演示，一个发出指令，一个做动作，并准确说出得体、准确的使令兼语句。

4. 布置作业

侧重结合学习者实际的应用性练习，让学生把使令兼语句准确、恰当地运用到实际生活中。

练习

一、结构练习。

1. 看图回答问题。

（1）

小张做什么了？

小张________________。

（2）

主人做什么了？

主人________________。

(3)

摄影师做什么了?

摄影师________________。

(4)

售货员做什么了?

售货员________________。

(5)

邮递员做什么了?

邮递员________________。

2. 看图用所给动词造句。

(1) 叫

________________________。

(2) 要求

________________________。

(3) 让

____________________。

(4) 让

____________________。

(5) 请

____________________。

3. 选词填空。

请、派、鼓励、要求、组织（每词使用一次）

(1) 公司（　　　　）员工开会。

(2) 朋友（　　　　）我喝咖啡。

(3) 爸爸（　　　　）孩子多读书。

(4) 老师（　　　　）学生按时完成作业。

(5) 学校（　　　　）他去美国工作。

4. 判断正误并改正。

(1) 妈妈鼓励努力学习汉语。　　（　　）

(2) 公司派他去北京开会。　　（　　）

(3) 朋友提醒他旅行用品。　　（　　）

(4) 领导命令完成任务。　　（　　）

(5) 老师要求他运动会。　　（　　）

5. 连词成句。

(1) 没　点菜　服务员　请　客人

(2) 派　公司　小明　去　中国　不

(3) 长官　命令　没　撤退　士兵

(4) 老师　学生　要求　明天交作业　不

(5) 学校　没　去春游　组织　我们

6. 看图对话。

(1)

A：主持人请张教授为大家唱歌吗？

B：主持人____________________。

主持人____________________。

(2)

A：领导派小张明年去天津工作吗？

B：领导____________________。

领导____________________。

(3)

A：小美请小丽去外面玩儿吗？

B：小美____________。

小美____________。

(4)

A：王医生提醒小李打针吗？

B：王医生____________。

王医生____________。

(5)

A：老师要求学生做语文题吗？

B：老师____________________。

老师____________________。

二、应用练习。

1. 看视频说话。

（1）让

（2）请

（3）叫

2. 你说我做。

两名同学一组，A 让 B 做一个动作，B 用今天学的句型告诉大家 A 做什么了。然后两个人交换角色。

作业

1. 造句。

使用“请、叫、让、派、提醒、命令、要求、组织、鼓励”，用 $A+V_1+B+V_2$（短语）造出符合下列情景的句子。每种情景造两个句子（一个肯定句，一个否定句）。

（1）家　（2）学校　（3）商场　（4）公司　（5）医院

例如：妈妈要求我打扫房间。（家）

　　　老师不让学生擦黑板。（学校）

2. 写作。

根据图片用 $A+V_1+B+V_2$（短语）写一个有关劳动的小故事，100 字左右。

44. 专用动量词

许　诺

一、相关语法知识

1. 量词

量词是表示人、事物或动作数量以及时间等的单位的词。量词分为名量词、动量词两大类。名量词用来计量人或事物，一般位于被修饰、限定的名词性中心语前面，分为专用名量词和借用名量词。动量词表示动作的量，主要位于动词后，分为专用动量词和借用动量词。

2. 专用动量词

专用动量词是专门用作表示动作单位量的词。动量词的相互区分主要受制于动作的时间、次数、过程、样式等。常用的专用动量词为数不多，主要有“次、遍、下、趟、顿、阵、场、番”。

二、主要偏误类型

学习者习得专用动量词的主要偏误有：

(1) *这个决议经过两顿讨论。

(2) *这句话他说一个次。

(3) *他两次来过。

(4) *这个问题我不会，你帮我看。

上述偏误可以归结为以下几种类型：

第一，专用动量词与动词匹配错误。句（1）中动作“讨论”不应用“顿”称量，应用侧重表现次数 的“次”或“番”等。

第二，多余使用量词。句（2）中已出现动量词“次”，不应该再出现名量词“个”，学习者图对动量词和名量词的认识不清，易出现这类偏误。

第三，动量词位置错误。句（3）中偏误行程的原因是将动量词组和名量词组的结构混淆，动量词组的典型结构应为“动词＋数词＋量词”，而句（3）将动量置于名词前。

第四，缺少量词。句（4）缺少了数量“一下”，应用“一下”来表示随意、轻松且较为缓和的语气。

三、教学的重点、难点及教学设计的主要目的

1. 教学重点、难点

让学习者理解、掌握各种动量相互区别的量的意义，理解选择该量词的语境，即说话人要表达什么样的动量，具体语境更加适合选用哪种动量。

2. 教学主要目的

第一，让学习者了解专用动量词使用时的基本结构功能。

第二，让学习者了解，专用动量词比较抽象，不像名量词那样，仅通过具体特征来限制对某类事物的选用即可。专用动量词与动词之间的搭配较为灵活，一个专用动量词可与多个动词搭配。决定动作与动量的搭配关系的主要不是动作的类属，而是动作量在动作过程中的语法特征。因此，在教学中，更多侧重讲解专用动量词本身的意义和其特征。动量词的意义和特征决定了能与之搭配的动作。

第三，让学习者从认知的角度理解专用动量词的意义，即其作为专用动量词的理据和意义的来源，帮助学习者更好地掌握其特征。

第四，使学习者明白如何根据语境选择合适的专用动量词。

第五，通过专用动量词量词的认知讲解，强化学习者对搭配关系的认识；通过有针对性的练习和与注重实际运用的作业，使学习者能够准确、生动、灵活地运用专用动量词。

四、主要教学环节步骤的设计

1. 引入环节

在学习专用动量词之前，学生已经学习过专用名量词的结构和用法。给出两个句法结构相同的句子，并提出问题，让学习者复习学过的知识，并进行思考。根据以前的学习，“一片面包”中的量词“片”是表示名词“面包”的量，其搭配理据是面包具有“片”状的特征。而“去一次中国”中的量词“次”并不是“中国”的量词，它表示的是动词“去”的量，借此讲解“次”是专用动量词，表示动作量。

2. 基本知识介绍

利用课件动画效果，生动地展现修饰关系和句法的结构与位置，并引出了专用动

量词的意义。由于专用动量词为数不多，本课件对常用专用动量词进行逐一讲解和教学。

3. 具体量词的教学

较为常用的专用动量词主要有“次、遍、下、趟、顿、阵、场、番”。

教学主要侧重专用动量词意义的认知和理解，包括它们作为专用动量词的理据和意义来源，以及动作量在动作过程中的语法特征、理解该量词的语境。在每个词的引导教学后都给出针对性练习。

专用动量词“次”的教学，通过贴近学习者生活的例句，引导他们了解“次”作为动量词时是一个反复的动作量、“次”的使用不受完整性和时间的限制。由于这两个特点，“次”可与大部分动词结合使用。

“遍”的教学是从带领学习者复习之前所学入手。通过两个例句引导学习者自己总结出“遍”的特征，即周遍义、完整性，以此导入“遍”作为动量词多表示从开始到结束的完整动作过程。

“下”的教学是从词的本义入手，通过动态图示展现出“下”这一动作过程，从而引入“下”的动量词用法及其特征。这一导入过程都用图示来完成，使学生能够直观、生动地理解“下”从其本义到作为动量词意义的演变。

“顿”的教学也是从词本义入手，其原义为“磕头”，“磕头”在地上会有一个停顿的动作，从这一动作引出“停、停顿”的意义。而后“顿”表示在“旅途中停下来”，这时“顿”为动词。由于转喻机制的作用，“顿”发展出称量“饭食”的用法，此时“顿”只是体现出动量词用法而未完全发展成为动量词。而后基于隐喻的作用“顿”又发展出称量“打骂类”动作的用法，这一时期“顿”失去了其动词的实义，而仅用于称量动作，已完全转变为动量词。因此，“顿”称量的动作行为都有一定的时间过程，多表现为含有一定量的特征。

“番”多用于书面语，其本义是“轮番、更替”，课件中用四季更替这一直观、常见的现象来表现“番”的本义，动态的效果也可以增强学生的直观感受。这一本义也是“番”作为动量词表义的来源。

“趟”作为量词多用于行走、运输类动作。课件中以动态图片作为引导，让学习者明白“趟”用于行走或运输，并且动作通常具有一个有来有回的动作量，所以“趟”多与移动类动词搭配。

“阵”通过图示举例，让学习者自己找动量词的特征，总结可得：“阵”修饰的动作多经过时间不长，多为自然现象。如果表示动作的延续时间，也是短时间的，量词读作“阵儿”。

“场”本义是“场地”，其动量词意义也从本义而来，用图片引入，“场”作为动量多表示有场地的活动，进一步演变后也可表示有场次的活动。“场”称量的动作行为多表现动作过程的完整性。

4. 练习设计

练习分为两类：

一类是在具体词的教学后有针对性的练习。主要形式是让学习者根据内容和语境，选择合适的动词和量词。这种练习可以考验学习者对语境的理解能力和选词能力，可以考查出学习者对动作特征的掌握程度和语境的理解能力。

第二类是综合性练习。一般在三个量词的学习后会有一个综合性练习。练习形式较为多样化。综合性练习第 1 题要求学习者填写动量词，学习者需要根据语境条件和动作特征选择合适的量词，这一练习旨在帮助学习者提高易混量词的分辨能力，锻炼他们学习的灵活性。第 2 题主要针对易混量词，因动量词的搭配较为灵活，需要学习者根据动作量的语法特征和语境信息来进行判断。第 3 题考查学习者在没有语境限制的情况下，只根据动作量特征选择合适的专用动量词填空，这部分的答案并不唯一，每个动词可搭配多个动量词，这就要求学习者要全面考虑，甚至自己制造语境来确定动量词能否与所给动词搭配。第 4 题全面考查学生对专用动量词的掌握情况，语境、动量特征、句法结构等都要考虑，增强学生的运用能力。

5. 作业布置

第 1 题让学习者找出所给句子的错误，并改正，考查学习者对专用动量词的综合掌握。

第 2 题让学习者用专用动量词和名量词来描述一下最近发生的事，考查学习者选用量词准确表达的能力以及对所学内容的实际运用能力。

练习

一、针对性练习。

1. 把下面句子填写完整。

(1) 我不太会喝酒，从小到大只__________。

(2) 我和他不是太熟，只是__________。

(3) 他又离婚了，他已经__________。

2. 把下面句子填写完整。

（1）她学歌非常快，只__________就学会了。

（2）你怎么这么笨！给你__________都听不懂。

3. 把下面句子填写完整。

（1）老师，这道题我不会，您帮我__________吧。

（2）我听到有人__________门，可是我累得不想去开门。

（3）刚才你手机__________，你__________吧。

（4）干了一上午活了，你__________吧。

4. 把下面句子填写完整。

（1）弟弟昨天因为不听妈妈的话，被妈妈__________。

（2）他因为上课不认真听讲，被老师__________。

（3）从昨晚到现在我都没有吃东西，一会儿我一定要大__________。

5. 把下面句子填写完整。

（1）这两位领导每次见面都要因为工作的事情__________。

（2）这件事太重要了，需要大家一起__________再做决定。

（3）4D 技术可以让人身临其境，值得__________。

（4）__________，她的情绪才稳定了下来。

6. 把下面句子填写完整。

（1）他的妈妈住院了，他每天__________医院给妈妈送饭。

（2）他的爸爸是搬运工，__________货只能赚一百块钱。

（3）我已经往办公室__________了，可是手续还是没有办下来。

（4）老师：马克，你现在能到我办公室__________吗？

马克：老师，我现在有个急事，得__________。

7. 把下面句子填写完整。

（1）电视剧要 8 点钟才开始，咱们先__________扑克吧。

（2）小孩子不高兴，__________也就好了。

（3）下午的时候__________大雨，不过一会儿就停了。

（4）昨天晚上先是__________闪电，接着__________雷。

8. 把下面句子填写完整。

（1）周杰伦已经__________演唱会了。

（2）他下午刚刚__________足球，所以现在非常累。

(3) 他连着__________报告，嗓子快受不了了。

(4) 这次考试一共有三科，所以你们__________。

二、综合性练习。

1. 用动量词“遍”和“次”填空。

(1) 本书我完完整整地看过三__________，内容我都记得。

(2) 家酒吧太吵了，我只进去过一__________，马上就出来了。

(3) 看过三__________美术展，但是都没有看完。

(4) 每个周六，她都会把家里里里外外都打扫一__________。

(5) 昨天夜里，楼上特别吵，我被吵醒了三四__________。

(6) 把这家商店所有的衣服都试了一__________。

(7) 带妈妈去买衣服，才试了两__________她就不想再试了。

2. 选择合适的动量词填空（限用一次）。

下、番、遍、次、顿

(1) 京剧、书法等中国传统艺术，亲自体验一__________，你就能感受到它们的魅力。

(2) 如果你寒假的时候不回国，就可以体验一__________中国的春节。

(3) 她把游乐园里所有的娱乐设施都体验了一__________。

(4) 他太不听话了，妈妈忍无可忍地把他狠狠地打了一__________。

(5) 我只是轻轻地打了她一__________，没有那么严重。

(6) 河豚非常的贵，我也只吃过一__________。

(7) 我想吃烤肉很久了，今天一定要好好吃一__________。

(8) 你再检查一__________试卷吧，然后马上交给我。

(9) 还有时间的话我会从头到尾再检查一__________试卷。

3. 用适当的专用动量词填空并说一说理由。

参观一________	去了一________	听过三________
打了一________	感受一________	演了三________
帮我拿一________	踢两________	庆祝一________
享受一________	哭一________	出去一________

4. 将下列句子换成带有动量词的表达形式。

(1) 王师傅把机器全部进行了检查。

（2）我们下午分别跟二班、四班进行了篮球赛。

（3）忽然凉风吹来，人顿时清爽许多。

作业

1. 改病句。

（1）他死过两下了，都没有死成。

（2）看着老人很伤心，他们都很难过，都想安慰一顿老人。

（3）当孩子做得对的时候，家长一定要一顿夸奖。

（4）我看他不顺眼就教训了一趟他。

（5）那首诗他已经读了两下。

（6）看两阵病，花了几千块钱。

（7）他昨晚和那个女孩看了一顿电影（电影是一个场次的）。

2. 用专用动量词和名量词来描述一下最近发生的事。

（1）我下午和朋友去看了一场电影……

（2）昨天下了一场大雨，还打了一阵雷……

（3）我昨天去了趟超市，买了一点儿吃的……

（4）上个月去北京吃了一顿北京烤鸭……

45. 专用名量词

许　诺

一、相关语法知识

专用名量词包括个体量词、集合量词、度量词、不定量词等。教学的重点和难点在个体量词和集合量词部分。个体量词用于个体的人或事物，这类名量词的形成跟人们对相关事物形状、属性、方式等认识有关，因此搭配通常是限定的，即不能随意配用。集合量词的形成跟人们对相关事物的数、属性、类型等的认知有关，用于两个或两个以上个体组成的人或事物。

二、主要偏误类型

学习者习得专用名量词的主要偏误有：

(1) * 一个脸　　(2) * 两条衣服

(3) * 二张地图　　(4) * 一双眼镜

(5) * 一个群人　　(6) * 三个双鞋

(7) * 一年有四季节　　(8) * 我认识那位人

上述偏误可以归结为以下几种类型：

第一，个体量词与事物匹配错误。又分为三小类：

其一，量词“个”的滥用。如“脸”应用名量词“张”，符合其“平面、有作用”等特征，而学习者对“个”的滥用导致句（1）类型偏误的出现。

其二，使用量词不符合事物特征。如句（2）中与“条”匹配的事物应有“细长、柔软”的特征，并非所有衣服都符合该特征。

其三，数词“二”和“两”混淆。句（3）中数词应用“两”。学习者对数词“两”和“二”的使用条件没有掌握，导致这类型偏误的出现。

第二，某一特征相近的事物，量词选用混淆。句（4）中将量词“双”和“副”混淆，导致偏误的出现。

第三，多余使用量词。句（5）和句（6）中分别多用了量词“个”。量词与量词不能重叠使用。

第四，缺少量词。句（7）中名词“季节”和数词“四”中间缺少量词“个”。

第五，不符合语言习惯或社会规约。句（8）中“位”通常表示对特定人物的尊敬，不用于“人”这种泛指称谓。

三、教学及教学设计的主要目的

第一，让学习者了解专用名量词使用时的基本结构功能。

第二，让学习者了解，汉语中大量专用名量词的学习并不只是单纯依靠记忆，而是有理可据的。理据便是所修饰名词事物的特征，抓住事物的具象特征，分类地进行教学，使得相对抽象的量词变得具体可感，与事物的搭配从具象到抽象，使学习者更容易接受。

第三，抓住区别特征，将解释与事物特征统一起来，更好地帮助学习者理解、记忆并学会选用相近量词。

第四，强化学习者对量词与名词组合关系的认识，帮助他们建立新的纵向类属聚合关系，最终能够准确、生动、灵活地运用专用名量词。

四、主要教学环节步骤的设计

1. 基础知识介绍

对汉语量词的基本概念、分类及其结构功能做简要介绍。

2. 提出问题，并以动态图示引入

首先提出问题让学习者思考汉语量词是怎么来的，并用静态和动态图示列举出生活中较常见的数量、专用名量词及其与所修饰名词的组合关系。例如：“几条枝条、一把雨伞、一块石头。”让学习者思考并发现，专用名量词与事物的搭配关系与事物本身具有的特征有关。

3. 具体量词的教学

对每一个常见量词进行具体教学，给出所搭配的事物，显示事物的特征，概括其原理。之后，结合“试着说一说”这一针对性的小训练来巩固学习者刚学的内容。最后，针对这一类别量词进行整合性练习。

（1）常用个体专用名量词教学：“张、片、把、块、本、朵、棵、座、粒、颗、家、只、个”等。

以量词“把”的教学为例：首先从感性认识——字形入手，“扌”指用手握住的动作。演示出用“把”抓拿的事物，总结出其用手抓拿的特征，即用手握住才能使用，有用手握住的部位。让学习者根据图片进行针对练习。其次，升级教学，进一步学习“把”所表示的其他量。如：用手为称量事物的器物 ；用手掐合的量。同样让学习者根据图片进行针对性练习。最后根据所学个体专用名量词进行整合练习——综合性练习 1、2。

（2）相近个体专用名量词对比教学。

以“条、支、根”为例。三个量词的共同特征为：长形。从字源角度出发，区分“条、支、根”的典型特征：“条”原指树的枝条，因此量词“条”要求事物具有细长、可弯曲、柔软等特征。“支”本义为“手持半竹”，做量词多用于条状物，要求事物具有细长、直、不可弯等特征。“根”原指植物的根部，做量词要求事物具有有根部特征，也有可弯等特征。

让学生根据所学，对给出的名词用相近量词进行搭配组合练习。

（3）集合量词以及相近集合量词教学

以“群”为例。根据所给图示总结出“群”只能修饰数量大的人或动物（有生命的动物性特征）。让学生用“群”来为图片中事物进行搭配。

以“套、双、对、副”为例。先引导学生思考已知的用“套、双、对、副”的人或事物，并寻找规律，引导发现：“套”要求事物有两个或两个以上搭配成套的特征。“双”要求事物有两个一样、原本形成的事物特征。“对”要求事物具有属于有对立或相关关系的两个个体集合的特征，多与“男女、左右”有关。“副”要求事物有两个或者事物的各部分通过某种外在的或内在的联系形成整体的特征。

根据所学集合名量词进行整合练习（综合练习 3 题）。

根据所学专用名量词进行整合练习（综合练习 4 题）。

4. 布置作业

根据给出的图片和已学内容，让学习者进行灵活搭配练习，旨在考查学习者对量词与所修饰事物特征搭配原理的掌握，以及根据实际情况对量词进行恰当选择运用的能力。

练习

一、针对性练习。

1. 试着说一说：把。

（1）
（2）
（3）
（4）

2. 试着说一说：把。

（1）
（2）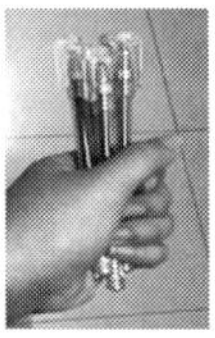
（3）
（4）

3. 试着说一说：块。

（1）
（2）
（3）
（4）

4. 试着说一说：本。

（1）

（2）

（3）

（4）

5. 试着说一说：棵。

(1)

(2)

6. 试着说一说：座。

(1)

(2)

(3)

7. 试着说一说：粒。

(1)

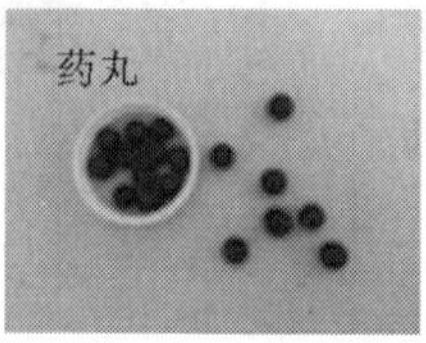

(2)

8. 试着说一说：颗。

(1)

(2)

9. 试着说一说：家。

(1)

(2)

(3)

10. 试着说一说：只。

(1)

(2)

(3)

11. 试着说一说：个。

(1)

(2)

(3)

(4)

12. 试着说一说：条、根、支。

(1)

(2)

(3)

(4)

(5)
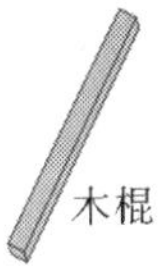

(6)
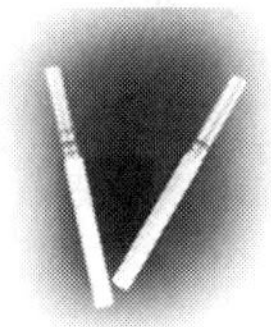
(7)

(8)

(9)

(10)

(11)

(12)

13. 试着说一说：群。

(1)

(2)

(3)

二、综合性练习。

1. 据图片用量词“张”和“片”来说一说。

(1)

(2)

(3)

(4)

(5)

(6)

(7)

(8)

2. 用所学量词来说一说。

(1)

(2)

(3)

(4)

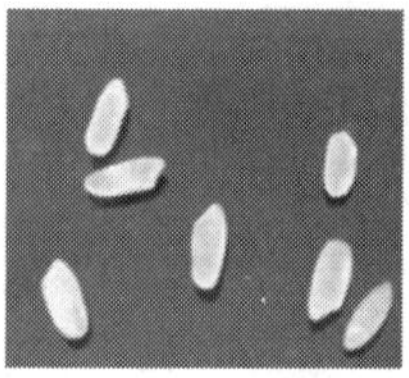

(5)

(6)

(7)

(8)

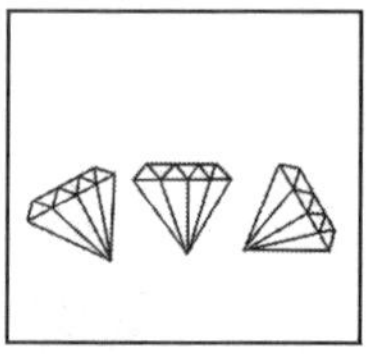

(9)

(10)

(11)

(12)

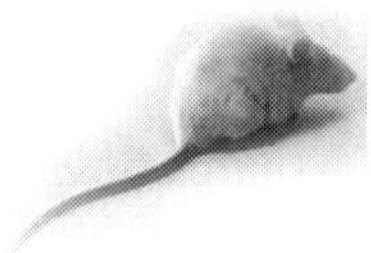

3. 用“对”“双”“副”“套”来说一说。

(1)

(2)

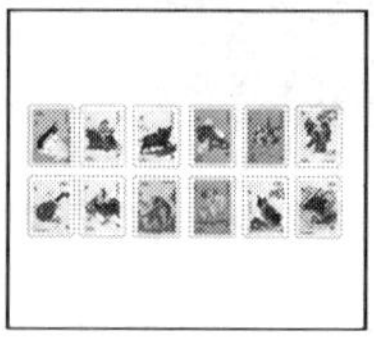

(3)

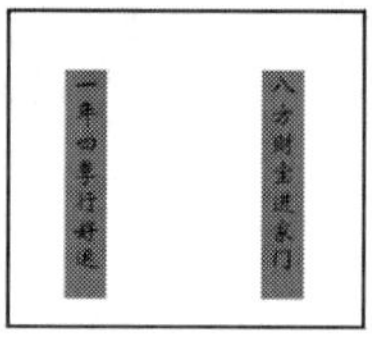

(4)

（2）下面哪些事物用量词“对”“双”“副”“套”？

眼睛（ ）	象棋（ ）	夫妻（ ）	耳环（ ）
皮鞋（ ）	茶具（ ）	鸳鸯（ ）	大手（ ）
被褥（ ）	花瓶（ ）	扑克（ ）	节目（ ）

4. 根据图片用所学量词来说一说。

（1）

（2）

（3）

（4）

（5）

（6）

（7）

（8）

（9）

（10）

（11）

（12）

（13）

（14）
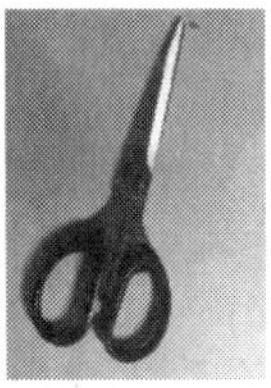
（15）

（16）

作业

用数量词语来说一下这幅图中的人和事物。（至少用上 10 个量词）

46. 状语语序

李晓萌

一、相关语法知识

状语主要用来修饰限制动词、形容词等谓词性成分，位于中心语之前。中心语前可能会有多个状语对其进行修饰，这时我们就要考虑多项状语的排序问题。

根据多项状语之间的关系，可分为两类：并列关系状语和递加关系状语。

1. 并列关系状语的语序

并列关系的多项状语之间没有主次之分，平等地、联合地修饰中心语。并列关系状语的顺序一般来讲比较自由，但有时会受到逻辑关系、观察事物的过程、语言习惯或上下文的影响，出现比较固定的排序。例如：

（1）有些生产项目要有计划、有步骤地发展。（先有计划，后有步骤）

（2）这样做对集体、对个人都有一定的好处。（从大到小）

2. 递加关系状语语序

递加关系的多项状语修饰限制中心语时具有层次关系，是按一定的顺序依次修饰其后的谓语部分。从本质上看，汉语状语修饰语与中心语的远近关系体现为距离相似性原理——越是动作、性状本质特征及属性的修饰限制语，离中心语越近；属于背景条件、依据、途径等外在的修饰限制语，距离中心语越远。

状语的语序常常不稳定，受到说话人表达角度的影响，语序时常发生变化。因此，各项状语的大体排列顺序为：

前提、条件、根据、目的等＞具体时间＞语气副词＞时间副词＞其他副词＞处所＞描写动作者、事物＞对象、方向等介词结构＞描写动作＞单音形容词 ＋ 谓语中心语

3. 一些常用状语的排序规则

时间、处所通常属于动作的大背景，是动作外在的、临时的条件，通常位于离动词中心语最远的位置。首先交待事件的大背景是符合人们的认知习惯的。时间、处所的位置如下图所示：

例如：(1) 他下课后在教室里跟同学讨论问题。

(2) 昨天晚上，他在家里看了一个晚上的电视。

时间名词和时间副词都可以做时间状语，但他们位置不同。表具体时间的词是外在的、临时的，所以位于距动词中心语较远的位置；而时间副词，它们表示的不是一个具体明确的时间点，而是跟动作的进行、完成等动作状态的发生有关，所以时间副词的位置要比具体时间离动词中心语更近一点儿。结构如下图所示：

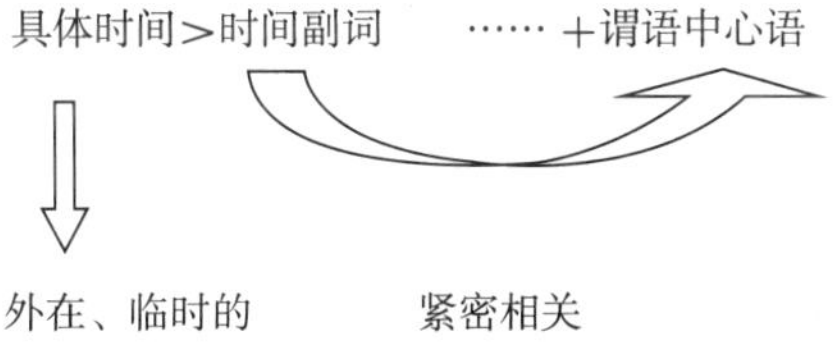

例如：(3) 去年，他经常来我这儿。 (具体时间＞时间副词)

(4) 我刚才已经见过公司经理了。(具体时间＞时间副词)

描写性状语又可分为描写动作者的状语和描写动作的状语。描写动作者的状语一般表现的是可以从表面感知的动作者的表情、姿势、心情，如“激动、兴奋、高兴、愉快、幸福、胆怯、大方、懒洋洋”等。描写动作的状语一般表现的是动作的方式、情态，如“快、高、彻底、仔细、慢慢、热烈、来回、不住、不停、互相”等。

如果是描写动作者的状语，从语义关系上看，它离动词中心语要远；而描写动作的状语，离动词中心语要近。结构如下图所示：

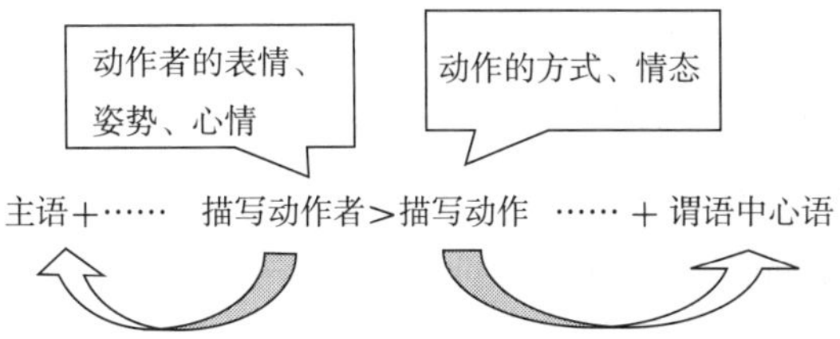

例如：(5) 程瑶笑盈盈地斜视着他。(程瑶——笑盈盈；斜——视)

(6) 她伤心地呜呜哭起来。(她——伤心；呜呜——哭)

多项副词状语的一般语序为：

语气副词＞时间副词＞范围副词＞程度副词＞否定副词＞情态副词

一般认为，语气副词的位置比较灵活，可以位于主语前，作用于整个句子，也可以位于主语后，一般情况下还是位于主语后更为常见。语气副词主要用来表达说话人的情态，是动作外在的、临时的特征，所以在多项副词状语中通常位于离主语较近的位置，而离动词中心语较远。

范围副词“都”主要用来总括它前面提到的人或事物，在句中通常位于被遍指、总括的词语之后。例如：

(7) 大家都在高兴地交谈着。(总括的是“大家”)

(8) 柜子里都是书。(总括的是“柜子里”的全部东西)

否定副词与范围副词、程度副词的位置不是固定不变的，它们的位置组合与句子的结构层次和说话人的表意有关。例如：

(9) 都不去（一般语序：范围副词＞否定副词）——不都去（否定全体范围）

(10) 很不好（一般语序：程度副词＞否定副词）——不很好（否定高程度）

二、主要偏误类型

学习者习得状语语序的主要偏误有：

(1) ＊我和中国朋友常常练习汉语。

(2) ＊我在大门口刚才看到了圣诞老人。

(3) ＊他们已经昨天去过一次了。

(4) ＊看见我以后，她飞快地兴高采烈地跑出来。

上述偏误类型可以归结为以下几方面：

第一，误将表示事件大背景的时间状语和处所状语与其他状语位置颠倒，它们通常位于离谓语中心语最远的位置。如句（1）时间副词“常常”与动作对象“和中国朋友”语序颠倒。句（2）表具体时间的时间名词“刚才”与处所“在大门口”语序颠倒。学习者出现该类偏误的原因是没有认识到时间状语作为事件背景的特性，未掌握时间状语与其他状语的排序规则。

第二，当表具体时间的时间词和时间副词同现时，二者的语序出现偏误。如句（3）时间名词“昨天”与时间副词“已经”语序颠倒，表具体时间的时间词“昨天”是相对外在、临时的，而时间副词“已经”跟动作更紧密相关，因此时间副词应比时间词离谓语中心语距离更近。学习者出现该类偏误的原因是没有弄清这二者做时间状语时的区别。

第三，对描写性状语区分不清，描写动作者的状语和描写动作的状语排列顺序颠倒。如句（4）描写动作者的“兴高采烈”和描写动作的“飞快”语序颠倒，描写动作者的状语应更贴近主语，描写动作的状语更贴近谓语中心语。学习者出现该类偏误的原因是没有弄清二者在句中的语义关系。

总之，以上各种偏误都是由于没有把握好多项状语的排列规则，对各状语修饰语与中心语的远近关系认识不清造成的。

三、教学及教学设计的主要目的

状语语序教学面向的是中级水平的学生。在进行状语语序教学前，学生已经了解什么是状语以及单项状语的位置，并且掌握了一些常见的表时间、处所、对象、描写动作者、描写动作等的状语的用法。因此，该阶段状语语序教学的主要内容是对学生已掌握的各类状语的整合。

在教学中让学生掌握常见多项状语（表时间、处所、对象、描写动作者、描写动作）的一般语序规则。利用距离相似原则，从认知的角度对规则的形成做适当解释，让学生理解不同类别的状语的特点及其与中心语之间的远近关系。

四、主要教学环节步骤的设计

1. 点讲

首先通过图片复习状语的概念，状语在句中的位置。然后，利用图片对状语部分进行提问，让学生了解各种类型的状语，引导学生注意当这些状语出现在句中会面临语序问题。最后，总结出多项状语的一般语序规则。

2. 教学要点分解点拨及训练

教学的主要内容除了让学生掌握多项状语的一般语序外，更重要的是让学生从认知的角度理解这种语序规则形成的原因，即距离相似性。

角度之一：描写动作者的状语与描写动作的状语。

首先，通过例句让学生观察描写动作者的状语与描写动作的状语在语义关系上的不同，前者和主语密切相关，因此它离动词中心语要远；而描写动作的状语和动作密切相关，因此离动词中心语要近。从而归纳出二者的语序。

其次，给出一些常见的充当描写动作者的状语和描写动作的状语的词语。并通过一个小练习加深学生对描写性状语及其语序的理解。

角度之二：表示对象的状语。

通过图片引导学生理解表对象类状语，并归纳出引介对象的几个常见的介词。

角度之三：表示时间、处所的状语。

引导学生理解时间、处所类状语表示的是事件的大环境，因此距离动词中心语最远。

对时间、处所类状语较为灵活的排序进行点拨。由于主语和谓语之间的距离不宜过长。所以如果句中还有其他几项状语，我们一般习惯将时间和地点放在主语之前。

对于时间状语，还要突出强调一下具体时间词和时间副词的区别，前者是外在的、临时的，而后者是和动作紧密相连的，所以后者距离中心语更近。而后为加深理解，进行两个判断对误的小练习。

3. 结合语境、情景，指导学习者进行恰当的运用

通过静态操练让学生进一步强化理解多项状语的一般语序规则（练习一、二、三）。

动态操练部分重在让学生会用含多项状语的句子对各种情景进行描述。教师要重点考查学生状语语序的掌握情况以及是否能选择恰当的词语充当状语（练习四、五、六）。

4. 布置作业

结合学习者的实际布置一些应用性练习。

练习

一、请为括号里的词语选择合适的位置。

（1）她 A 经常 B 一个人 C 吃饭 D。（最近）

（2）他们 A 昨天 B 举行了 C 一个晚会 D。（在广场上）

（3）小王 A 已经 B 递交了 C 辞职信 D。（向单位）

（4）她 A 向我们 B 不停地 C 摆手 D。（激动地）

（5）他 A 总是 B 叮嘱 C 我 D 要注意身体。（一遍又一遍地）

二、改正错误。

（1）她跟我总是不停地抱怨工作上的事情。

（2）弟弟正用功地写作业在房间里。

（3）我已经刚才见过他了。

（4）我们要向他认真地学习。

三、扩展句子。

（1）马奔跑。　　　（飞快地　在草原上）

（2）他走去。　　　（向女朋友　深情地　大步）

(3) 他检查着试卷。(认真地　不慌不忙地　在座位上)

(4) 他结婚了。　　(终于　和谈了六年的女朋友　昨天)

四、用含多项状语的句子说一说下图。

(该题没有统一的答案，鼓励学生说出不一样的句子)

(1)

(2)

(3)

(4)

五、小游戏：天才小画家。

两个同学一组，A 同学将拿到一张完整的图画，而 B 同学只有图画的一部分。A 同学不能把图给 B 同学看，只能通过语言描述手中的图画（用含多项状语的句子），让 B 同学把手中的图补充完整。完成后，两人角色互换，完成下一幅图画。(该操练是通过造成信息差，让学生练习用含多项状语的句子进行描述。)

任务一：

A

B

拿到 A 图的同学可这样描述：中午在大树下，一个小男孩在认真地看书。

任务二：

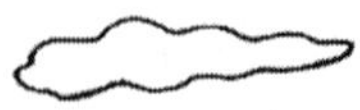

A

B

拿到B图的同学可这样描述：傍晚他在家里开心地擦地（因为妈妈快回家了）。

六、小游戏：抽纸条。

老师准备七组纸条，每组纸条的词语分别可充当主语、谓语和五种类型的状语，让每个学生从主语组、谓语组以及任意三个状语组中抽出纸条，然后将抽到的词语组成句子，大声朗读。组句出错的学生，接受小惩罚。

准备的纸条可参考下面的示例。

主语组：王老师、妈妈、圣诞老人、我……

谓语组：看书、吵架、打电话、玩游戏……

时间状语组：昨天、上个周末、春节、暑假……

处所状语组：在家里、在树上、在北极、在美国……

描写动作者组：高兴地、尴尬地、激动地、伤心地……

对象组：给父母、和女朋友、对我们、朝窗外……

描写动作组：不断、呜呜、仔细、一遍又一遍……

抽到“王老师”“吵架”“昨天”“在家里”“和女朋友”的同学可组成：

王老师昨天在家里和女朋友吵架。

昨天王老师在家里和女朋友吵架。

作业

1. 请写一篇游记。

2. 请为你的朋友讲述灰姑娘的故事。（注意：要用上至少五个含多项状语的句子）

高　　级

47. “别说 X， 就 （是） Y 也/都 P”

汪敏锋

一、相关语法知识

1. 关于递进复句

复句一般由两个或两个以上意义密切联系，但结构互不包含的分句组成。分句与分句之间大多由连词或副词连接，表一定的语法或逻辑关系，如果意思上没有一定的逻辑联系，就不能组成复句。例如：

*他有汉语词典，今天没有来上课。

例句中“他有汉语词典”和“他今天没有来上课”，没有逻辑联系，不能组合成一个复句。复句中各个分句之间一定有较小的停顿，在书面上用逗号（，）或分号（；）表示；整个复句之后有较大的停顿，书面上一般用句号（。）表示。复句分联合复句和偏正复句两类。递进复句是联合复句的一种，表示“一层进一层”的“递进”义，即后一个分句比前一个分句在意思上进一层。根据前后两句的意义关系，又分“顺递复句”和“逆递复句”。

2. 关于“别说 X，就（是）Y 也/都 P”

“别说”是连词。对他后面情况 X 项所说的情况或褒或贬。把情况 X 和情况 Y 进行比较，用来说明 Y 都是 P 这样了，X 应该更是如此，从而把整个意思推进一层。通常当说话人想表示一个事件或结论应该这样（即 P）发生时，往往用“就是”引入一个有力的证据 Y——发生的可能性更小的事情发生了，从而证明前一事件 X 的毫无疑问，所以整个结构表达了说话人的态度和评价，具有主观性。其中，X 项与 Y 项意义相关，同属一个语义场，或表达同一类事物，或表达同一类现象，或表达同一事物的状态，具有程度深浅的差异；结构上也应有对称性，结构相同或相似或正反对立。

二、主要偏误类型

学习者习得的主要偏误有：

（1）＊别说我不知道，就是明白（知道）了也不告诉你。

（2）＊这么简单的题，别说孩子们，就是我们成人也会。

（3）＊现在来中国的日本人，别说是观光的，就是企业家也很多。

（4）＊我回家的时候，别说我，（就是）家里人也高兴得不得了。

上述偏误可归纳成以下几种类型：

第一，X 项和 Y 项不属于同一语义场，结构不具备对称性，如句（1）。

第二，X 项和 Y 项虽属于同一语义场，结构也对称，但是递进方向错误，如句（2）。

第三，X 项和 Y 项语义上没有层递关系，不存在程度的深浅差异，如句（3）。

第四，关联词“就是”遗漏。如句（4）。

三、教学及教学设计的主要目的

第一，让学习者了解“别说……”句式的基本结构。

第二，掌握“别说……”句式内部成分间的句法语义关系。

第三，“别说……”句式具有很强的主观性，体现了说话的态度和评价，通过和 Y 项的层进对比来突出连词“别说”后 X 项的毫无疑问性，所以要强化“别说……”句式的语用条件的教学。

第四，使学习者能够准确地使用“别说……”句式，而且能够根据实际语境和情景准确恰当地运用。

四、主要教学环节步骤的设计

1. 教学导入

首先从理解结构入手，结合学生的生活实际，通过提问导出典型目标句“别说 100 块，就是 1000 块也没问题”，结合例句分析 X 项和 Y 项之间的结构和语义逻辑关系，掌握 X 项与 Y 项结构相同、意义相关，X 项是说话人想表达的目标意义，是目标项，而 Y 项是用来衬托对比的，体现说话人的主观态度，图示归纳如下。

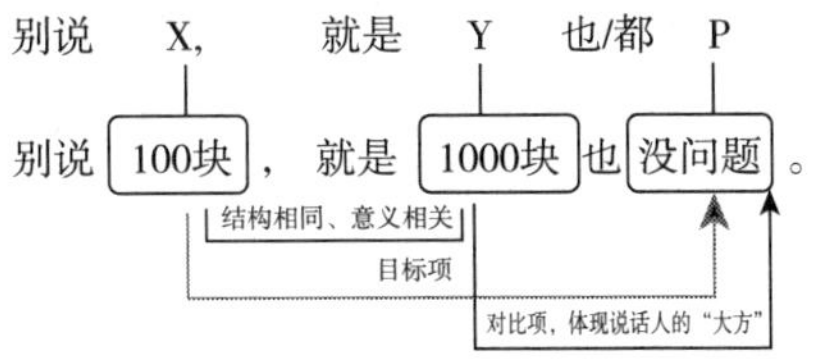

其次，运用情景教学法、整体教学法，结合具体语境，根据表达意图及递进顺序选择合适的对比项（Y），X 项和 Y 项存在程度深浅的差异，如果目标项是“买衣服”，选择目标项上方的作为对比项，那么表示的是“没钱”“有点穷”，如果是选择下面的，那么表示“有钱”“有点炫耀”。归纳如下：

语境：谈论有没有钱买衣服

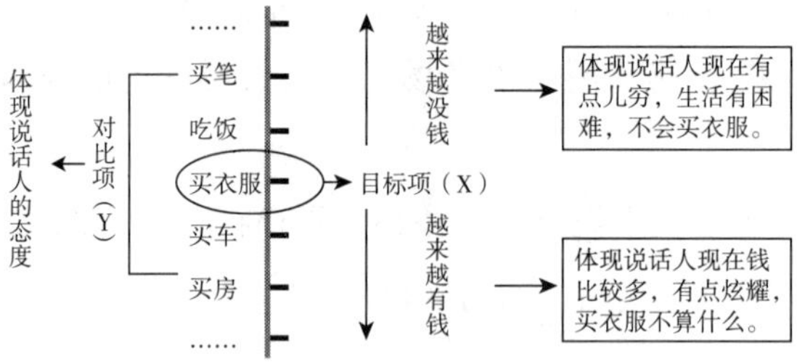

别说　X，　就是　Y　也/都　P

别说买衣服，就是吃饭也没钱。
别说买衣服，就是买车都有钱。

2. 教学要点分解点拨及训练

三个要点：一是 X 项和 Y 项结构相同或相似或正反对立；二是 X 项和 Y 项意义上相关，程度上有深浅的差异；三是“别说 X，就（是）Y 也/都 P”的递进顺序及其表达的主观态度。

角度之一： X 项和 Y 项结构相同或相似或正反对立，意义相关。

针对教学要点，设计强化结构和理解意义的训练（练习一 1、2、3 题）。

第 1 题，操练“别说”句式的结构。

第 2 题，操练“别说”句式语义上的逻辑关系，掌握 X 项和 Y 项的语序。

第 3 题，操练“别说……”句式 X 项和 Y 项的句法、语义上的限制条件。

角度之二： 注重递进顺序对 X 项和 Y 项的影响，着重强调“别说……”句式的主观性。

针对教学要点，设计强化“别说……”句式的运用，根据情境，突显“别说……”句式的语用特点——体现说话者的主观态度。而且“别说……”句式具有“顺递”和“逆递”两种功能（练习第 1、2 题）。根据表达需要，结合语言、图片等提供的条件、情景，构成得体、准确、完整的句子，掌握 X 项与 Y 项程度上差异。

3. 布置作业

侧重结合学习者实际的应用性练习，巩固“别说”句式的运用。

练习

一、结构练习。

1. 用“别说”句式，完成下列句子。

（1）别说（　　　　　　），就是 1000 块钱一件的衣服她都舍得买。

（2）这个题目很简单，别说（　　　　　　），就是我都会 。

（3）熊猫是非常可爱，别说小孩子很喜欢，就是（　　　　　）也非常喜欢。

（4）成龙很有名，别说中国人认识他，就是（　　　　　）都认识他。

（5）马克很喜欢帮助别人，别说朋友，就是陌生人（　　　　　　）。

（6）这个汉字很少见，别说外国留学生，就是中国大学生（　　　　　）。

2. 连词成句。

（1）都　别说　大的困难　再　这么小的困难　就是　他　不怕

（2）汉语拼音　汉字　别说　不会写　都　他　就是

（3）刚生下来的小孩　爬　也　走　别说　就是　不会

（4）这道题　别说　我们学生　很难　老师　也不要想一想　就是

3. 选择合适的词完成句子。

（1）莉莉病得很厉害，别说（　　　），就是走路都不行了。

A. 住院　B. 睡觉　C. 上课　D. 不能去学校

（2）老师讲得太快了，别说（　　　），就是高级班的同学也跟不上。

A. 我们不知道　B. 不能明白　C. 听不懂

D. 初级班的同学听不懂

（3）别说这件事和我有关系，就是（　　　），我也要管。

A. 有很大的关系　B. 跟我朋友有关系　C. 没关系

D. 跟我朋友没有关系

二、应用练习。

1. 看图说话。

（1）以前孩子做错了事，父母有时会打孩子，骂孩子；现在中国父母都很爱自己的孩子，即使做错了，也舍不得骂孩子，更舍不得打孩子。

（2）有人很喜欢吃馒头，1个不够，5个也能吃得完；有人不喜欢吃馒头，一个也不想吃。

2. 根据所给的情景，说出“别说……”句式。

（1）我汉语很好，很有自信。（HSK5级、HSK6级）

（2）妈妈对丽丽要求很严格。（男同学家、女同学家）

（3）遇到困难，没有很多食物的时候，鼓励大家要克服困难。（有多吃的、没有吃的）

（4）马克很骄傲，谁都看不起。（他爸爸、你）

（5）汤姆最近很忙，很难找到他。（找他说几句话、找他办事）

作业

根据自己的实际情况，用“别说……”句式说一说。

1. 这段时间出去旅游了吗？去了哪些地方，是在附近还是遥远的地方，是大城市还是小乡村？请用“别说……”句式说一说。

2. 最近常和父母联系吗？请用“别说……”句式说一说。

48. “其实……可是……”

关　键

一、相关语法知识

1. 关于副词

副词是用来修饰动词、形容词，说明动作、性状的时间、范围、程度、频率、肯定或否定以及语气、情状等的词。

2. 关于副词“其实”

副词“其实”表示所说的是真实情况。“其实”用在表示真实情况的前边，不只限于谓语前。

3. 关于“可是”

连词“可是”表示转折，后边的情况与前边的情况不相符合或矛盾。也可以用连词“但是”或表转折的副词“却”。当转折的情况是出乎意料、不可能发生时，也会用“居然”。

4. 关于“其实……可是……”

这是一个复句，“其实”表示其后所说是真实的，“可是”表示本句所说情况与前边所说的真实情况不相符合或者矛盾，有时也说明原因。

二、教学及教学设计的主要目的

第一，让学习者了解“其实”后边的词语、小句表示的是真实的情况。

第二，让学习者了解“可是”表转折，与“其实”后边的真实情况不相符合或矛盾，有时也用“可是”说明产生这种矛盾的原因。

第三，让学习者了解“其实”与“可是”之间的逻辑推理关系。

第四，使学习者能够准确地使用“其实……可是……”构成结构准确完整的句子，而且能够根据实际语境和情景恰当运用。

三、主要教学环节步骤的设计

1. 教学导入

从理解真实情况与表象相矛盾的逻辑推理关系入手，切入讲解教学。先从对表面现象的表达入手，然后进入由表面现象产生的一般逻辑推理，再到与表面现象不符合或与常理相矛盾的表达，最后将两部分整合起来。

2. 理解构句部分步骤

第一，首先给出一幅图，引导学生说出看到的真实情况以及由此真实情况而产生的想法、判断。然后，告诉学生这些表面现象与实际情况不相符合。由此，引导出“其实”构句的作用——用“其实”引导的句子所陈述的情况，与此前看到的表面现象不符或相矛盾。

第二，理解“其实”的教学要点：“其实”表达主观认识。用“其实”时，说话者会认为一般人或多数人对某种现象一定会有想法和态度，而这些认识与真实情况是矛盾或不符合的。说话人用“其实”时，不仅是要表明真实情况，还隐含着认为其他认识是不对的态度。

什么情况下用“其实”呢？一是表里不一。真实的想法与行为矛盾。二是与对某种表面情况一般的想法不同的真实情况。三是用“其实”说出真实的情况或想法。

看图，练习构句。

第三，理解“可是/但是”转折句部分。

教学要点：用“可是/但是”引导出真实情况或引导出真实情况的原因。

第四，构成句式。

因为用“其实”说出的真实情况或想法与语境中存在的表面现象相对或相反，所以常构成如下句式：

……以为……，其实……

其实……，可是/但是……

看图，练习构句。

第五，整合构句练习。

针对教学要点，设计理解“其实”的条件的情境训练以及强化使用“其实……，可是/但是……”情境的训练，进行对真实情况与表面现象矛盾、不相符合的情况的理解，整合成句训练，使学习者能将前后部分准确自然整合（练习一第 1、2、3、4 题）。

3. 应用训练

结合语境、情景，指导学习者恰当运用，根据语言、图片等提供的条件、情景，准确运用“其实……可是……”，构成得体、准确、完整的句子（练习二第 1、2、3 题）。

4. 布置作业

侧重结合学习者实际的应用性练习，让学生把“其实……可是……”准确恰当地运用到实际生活中。

练习

一、句式练习。

1. 看图说话。

（1）

表面现象：老板发脾气了，批评员工，员工很害怕。
推出想法：员工做得太糟糕了。
实际情况：老板心情不好；老板没看懂报告；老板上班的路上被罚……

（2）

表面现象：小狗对小女孩乱叫，小女孩被小狗吓哭了。
推出想法：小狗要咬小女孩。
实际情况：小狗喜欢小女孩儿；小女孩怕狗……

2. 看到这样的情况会怎么想？与一般认识不同的真实情况可能是什么？

（1）他汉语说得这么好。

（2）很多留学生说汉语难学。

（3）明明哭了。

(4) 王刚没参加期末考试。

(5) 只有人类才具有思维能力。

3. 用“其实……可是……”回答问题。

(1) 李林一直点头，他听明白了吧？

(2) 马丽汉语比赛时说得不好，她的水平不高吧？

(3) 这个时候回国啊？买到便宜机票了吗？

(4) 你来学校要50分钟，住得很远吧？

(5) 这件衣服看起来不错，贵吗？

4. 用“其实……可是……”说说下面的情况。

(1) 周末，妈妈并不想送孩子去补习，看到其他孩子都去补习，不送自己的孩子去担心孩子跟不上。

(2) 哥哥喜欢穿轻松随意的休闲装，在银行工作要求穿职业装。

(3) 我们常常见到马克和中国人在一起，他不是玩，是练习口语。

二、应用练习。

1. 根据图片提供的情景，用“其实……可是……”说一说。

(1)

他们在买什么？买LV？买iphon6？买高级化妆品？很有钱吧？

(2)

柿子熟了吧？他喜欢吃柿子吧？

（3）

他很能吃吗？他的吃相真难看。

2. 根据提供的情境，用“其实……可是……”说说。

（1）小明这次 HSK 考试达到 5 级了。他学汉语只有半年。

（2）中国人请客吃饭点很多菜，他们都很有钱吗？

（3）有位两个孩子的母亲，40 多岁了，看起来像 20 多岁。

（4）才 4 月初，北方的气温到 30 度了。

（5）工资提高了，生活水平没有提高。

3. 对这些事情或现象，你怎么看？

（1）有些人把开什么车和身份、地位联系在一起。

（2）有的人喜欢问一些像年龄、收入等私人问题，他是想知道你的隐私吗？

（3）大学毕业生要到工资高的或者大的公司去工作。

（4）一名 11 岁英国男孩，没有护照也没有机票，独自一人混过 5 道安检，搭上飞往意大利的航班。机场安检都这样不负责啊？

作业

用“其实……可是……”谈一谈。

1. 说说你对中国菜的看法。

2. 来中国后，有哪些与你之前看到、听到的不同？有哪些你不理解的？

3. 通过学习、深入了解，你的看法发生了什么改变？为什么？

49. 介词 “随着”

卢福波

一、相关语法知识

1. 关于介词

介词的作用是介引，主要跟名词性词语组成介词短语，为动作、状态介引相关项，如时间、处所、对象、方式、路径、条件、依据等等。所以介词后成分应具有名词性属性。

2. 关于介词“随着”

介词“随着”与一般介词的基本功能一样，有所不同的是，它为动作、状态介引的是动态性的条件，所以名词短语的中心语通常是动词性词语，只是由于它介引的是一种条件，而不是动作，所以中心语前通常加“的”以表示其名词性属性。

“随着”带有一定的书面语色彩，与之相配的中心语为此也受到书面语色彩和音节韵律的限制，所介引的中心词语通常是双音节词语，少数有四音节词语。

二、主要偏误类型

学习者习得介词“随着”的主要偏误有：

(1) ＊随着学期，他的学习快结束了。

(2) ＊随着多说汉语，汉语水平提高了。

(3) ＊新鲜感随着消失，他不学习。

(4) ＊我随着你的说明白。

上述偏误可以归结为以下五种类型：

第一，不用动态性词语做“随着”介引部分的中心语。如句（1），“随着”介引部分的中心语是“学期”，该词不具有动态性。

第二，不在动态性词语前加“的”使之名词化，从而成为条件。如句（2），“多说汉语”是个谓宾结构，陈述动作，不是动作的条件，要使之成为条件，应在具有动态意义的词语前加“的”。该句可以说成“随着说汉语数量的增多”等。

第三，句子谓语部分没有表现发展、变化等动态意义的词语。如句（3），“他不学习”没有动态性质，没有改变性，可以改成“他渐渐地不想学习了”。

第四，语序问题。主要是学习者搞不清楚句子中哪个词语是条件部分的中心词语；哪一部分是句子的条件部分，哪一部分是句子的主干部分。如句（3）。

第五，“随着”介引部分的中心语音节问题。“随着”介引部分的中心语主要是双音节词语，有时也可为四字语等，偏书面语色彩。但学习者大多更熟悉口语词，尤其是动词日常基本词汇，像“来/去/说/看/吃”等单音节动词容易被学习者选为“随着”介引部分的中心语，如句（4）。

三、教学及教学设计的主要目的

第一，让学习者了解介词的基本结构功能——主要连接名词性词语。

第二，了解“随着”有别于一般介词的特点：其动态意义决定必须引进动态性词语，但是介词基本功能不变，所以动态性中心语前要加“的”。

第三，“随着”的书面语色彩对其介引的中心词语的书面语色彩和双音节、多音节词语的限制。

第四，“随着”动态条件的性质决定了与句子主体部分（谓语部分）的动态伴随关系，所以要强化对句子谓语部分动态性质的结构特征的认识。

第五，通过学习，使学习者能够准确地使用“随着”构成结构准确完整的句子，而且能够根据实际语境和情景进行恰当运用。

四、主要教学环节步骤的设计

1. 从理解动态入手，切入讲解教学

首先，从容易感性理解的“随着”的动词用法入手，演示讲解“随着”原本作为动词的动作及特点，即：有动作主体者动作，有跟随者跟随动作主体者做同样的动作——跟着、跟从的特点（可照两位同学用动作进行演示），其显著特点为主体动，跟随者同样动。

然后，理解“随着”虚化成介词后，其跟随主体发生改变的动态本质依然存在，但是功能却发生了变化，成为介词，与动作形成动态条件与事件发展的关系，其作用在于：为发展性动作引进一个动态条件（在 PPT 中用抽象图示表现），反映在语法结

构中，即为条件部分要有有动态意义的词语作为介引的中心部分——中心语；句子谓语部分虽有不同结构形式，但是含有动态意义词语作为该部分的主要表达意义是共有特点。因此，可这样归纳总结其形成的结构：

"随着"条件部分：随着……的 ＋ 动态性词语（发展/改善/推移/延长/深入）

句子谓语部分：
- 有（了）＋ 动态性词语（发展/改善/深入……）
- 出现/ 加大/ 提出（了）……
- 越来越＋谓词性词语（了）

（以上三项：动态性组合）

2. 教学要点分解点拨及训练

角度之一：介词"随着"引导的条件部分。

三个要点：一是中心语应是两个或两个以上音节的；二是中心语应是动作性的；三是中心语前应加"的"。

针对教学要点，设计强化结构和理解意义的选词训练（练习一第 1、2 题）。

第 1 题，操练中心语与相关内容的搭配选择，包括意义、语体色彩、音节以及"的"的配合。

第 2 题，操练条件部分的构成、语序，针对学习者易产生的偏误类型设计纠错练习，从反面加强学习者对可能出现的偏误的注意。

角度之二：句子谓语部分——应突出具有动态性的或表改变意义的词语的部分。

针对教学要点，设计强化句子谓语部分结构的训练——突显动态性结构的构成（练习一第 3 题）。

然后进行条件部分与谓语部分的整合理解、结构成句训练，使学习者能将前后部分准确自然整合（练习一第 4 题）。

3. 应用训练

指导学习者根据语言、图片等提供的条件、情景，准确运用介词"随着"，构成得体、准确、完整的句子（练习二第 1、2、3 题）。

4. 布置作业

侧重结合学习者实际的应用性练习，让学生把学到介词"随着"准确恰当地运用到实际生活中。

练习

一、结构练习。

1. 看看横线上应该填上什么？

（1）随着汉语水平__________，（我敢说汉语）。

（2）随着第一场大雪__________，（冬天……）。

（3）随着对中国了解__________，（她喜欢中国）。

（4）随着国家经济__________，（生活水平……）。

（5）随着时间__________，（我习惯这里的……）。

2. 下面的句子说得对吗？如果不对怎么改？

（1）随着秋天的来，天气也越来越冷了。

（2）随着生活水平，人们对生活质量提出了更高的要求。

（3）对他了解随着增多，我的态度也开始转变了。

（4）随着新鲜感消失，她也由兴奋变成了沮丧（jǔsàng）。

3. 看看谓语部分应该怎么说？

（1）随着汉语水平的提高，我敢用汉语说话。

（2）随着第一场大雪的到来，真正的冬天……。

（3）随着对中国了解的加深，她喜欢中国。

（4）随着国家经济的发展，老百姓的生活水平……。

（5）随着时间的推移，我习惯这里的生活。

4. 根据句子前后提供的内容，把句子补充完整。

（1）随着新年、春节__________，人们的消费__________。

（2）随着日子__________，记忆__________。

（3）随着平均寿命__________，人口老龄化趋势__________。

（4）随着玫瑰花__________，我的思念之情__________。

二、应用练习。

1. 根据列表，用“随着”来表述一下改变的情况。

（1）明杰的汉语水平：

2月份	7月份	12月份
3级	4级	5级

(2) 生产技术革新，产值：

2010 年	2011 年	2012 年
60 万	80 万	100 万

2. 根据提供的情况用“随着”说一说：

(1) 快要考试了，她心里很紧张。

(2) 他大了，懂事了。

(3) 科学种田普及后，粮食产量提高不少。

(4) 近百年来，全球气候变暖，进入八十年代后气温明显上升。

3. 根据图画用“随着”进行表述。

(1)

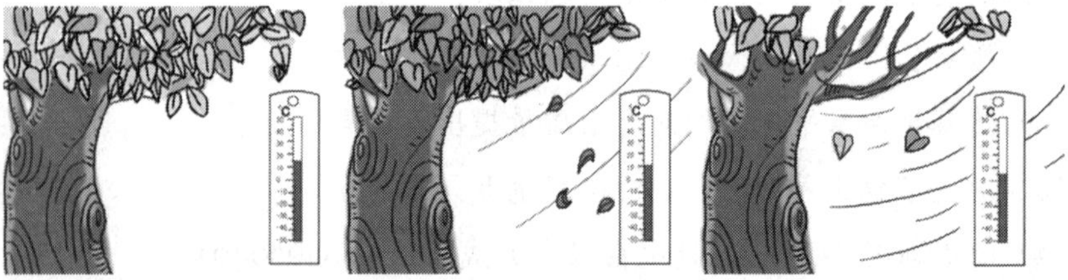

(2)

作业

根据自己的实际情况或看到的情况，用“随着”说一说。

1. 你觉得汉语难学吗？开始觉得怎么样？现在呢？

2. 你来这里多长时间了？刚来的时候有认识的人吗？刚来的时候习惯吗？刚来的时候对周围的环境了解吗？现在呢？

50. 动词重叠

刘　岩

一、相关语法知识

1. 动词重叠的方式

（1）单音节动词：	A A	读读、走走、坐坐、逛逛
（2）双音节动词：	ABAB	练习练习、休息休息、研究研究
（3）其他变式：	A 一 A[①]	想一想、看一看、听一听、试一试
	A 了 A	听了听、看了看
	AB 了 AB	学习了学习、研究了研究
（4）离合动词：	AAB	见见面、聊聊天儿、洗洗澡

2. 动词重叠的意义

动词重叠式是动作的短时体标记，表示短时，A（AB）了 A（AB）用于已经发生的动作，也常与“就”搭配使用，表示很快完成或实现。如“我看看就还给你”。动词重叠式常常用来表意愿，所以常与表示意愿的动词“想/要/会”等结合使用。如“我想看看”。

（1）老师看看表说：“下课!”

（2）你在听什么，给我听听。

（3）他看了看说：“这本书是你的吗?”

（4）这个计划我们研究了研究，觉得很好。

由短时意义引申出的其他用法：

一是表示尝试，动词后可加助词“看”。

（5）哪个字你不认识？让我看看。

（6）研究研究看，会找到好办法的。

---

① 注意：双音节动词重叠式中间不能加“一”，不能说“＊研究一研究”。

二是用在祈使句中，起到缓和语气的作用。

(7) 等等我，太累了，我们休息休息吧！

(8) 我的手机不见了，帮我找找。

三是表示轻松、随意的动作，常用于列举性陈述或说明。

(9) 每天晚上我听听音乐，看看电视，没什么事。

(10) 在大街上，他看看这儿，瞧瞧那儿，觉得什么都很新鲜。

二、主要偏误类型

学习者习得“动词重叠式”常常出现以下偏误：

(1) *昨天她洗洗了/过几件衣服

(2) *他尝尝了菜，感觉不错。

(3) *我正在休息休息，他来了。

(4) *她一边指指图片，一边给我讲解讲解。

(5) *我们在那里又等了等半个小时。

(6) *等我看看明白了，再讲给你听

(7) *刚才试试的那件衣服还可以。

(8) *我常常和朋友一起喝酒喝酒，聊天儿聊天儿。

上述偏误可以归结为以下五种类型：

第一，在重叠的动词后又接了“了/着/过”。动词重叠式本身已表时间意义，不应再接其他表时间意义的词语。“了/着/过”可以放在重叠动词中间，但不能放在重叠动词后面。句（1）和句（2）都把“了”放在了重叠动词的后面，是错误的。

第二，动词重叠式用于表示正在进行的动作，如句（3）；或用于两个以上同时进行的动作，如句（4），都是不对的。（原因同上）

第三，动词重叠式后面接了补语，如句（5）和句（6）。汉语动词后接补语，已表示动作过程有了结点，动词重叠式表示短时，也是有动作结点的，所以其后不再接补语，包括表结果、动量、时段、趋向、情态的补语和介词短语补语。

第四，动词重叠式做了定语，如句（7）。动词做定语是对后面被修饰的名词进行修饰限定的，不是动作过程，无需表时形式。

第五，将离合动词作为整个动作进行重叠，如句（8）。动词重叠是表示动作部分的重叠，动作支配连带的部分无须重叠。

三、教学及教学设计的主要目的

第一，让学生知道动词重叠的方式，注意单音节动词和双音节动词重叠形式上的区别。

第二，让学生了解重叠动词表示的语法意义主要是模糊的短时意义，在此基础上衍生出表达尝试、缓和语气和轻松随意的意义及功能。

第三，由于动词重叠的主要语法意义是模糊的短时意义，所以其后不能再接表时体的动态助词“着/了/过”，也不能与表示正在进行的、伴随的动作连用。

第四，让学生知道重叠的动词已表时间，其后不能再接有过程结点意义的补语，也不能充当定语。

第五，使学习者能够准确地使用动词重叠式，而且能够根据实际语境和情景恰当运用。

四、主要教学环节、步骤的设计

1. 知识讲解

利用例句及动画的形式介绍动词重叠的方式及其所表达的语法意义。注意，动词重叠表达的四种语法意义并不是孤立的。如“你在听什么？给我听听！”这里的“听听”同时有“短时”“缓和祈使的语气”“尝试”的意义。

2. 强化运用

对动词重叠形式的四个功能分别进行练习，以强化对不同功能的认识、理解和应用。

第一，利用图片等向学生展示重叠动词表示“尝试”的意义，并指出动词重叠式前常常有“会/想/要/应该”等表示意愿的情态动词。结合这一用法进行操练（练习一第 1 题）。

第二，动词重叠式表示“短时”意义时常常跟“就”搭配，结合这一用法进行操练（练习一第 2 题）。

第三，根据提供的情景，选择合适的动词形式完成交际活动，主要练习用动词重叠来“缓和语气”的用法，常常用在祈使句中（练习一第 3 题）。

第四，根据图片提示回答“晚上你常常做什么？”等类似的问题，来操练动词重叠式的“短时”及“轻松随意”的意义，这样的句子常用于列举性陈述或说明（练习一第 4 题）。

在各部分练习中，指导学习者根据语言、图片等提供的条件、情景，准确运用动词重叠式，构成得体、准确、完整的句子。最后再让学生读一些含有动词重叠式的句子，让学生说出其功能（练习一第5题）。

3. 偏误纠正

动词重叠常见偏误重点提示及练习，主要以改错题为主。如：

(1) 你最好听听清楚了再回答。→你最好听清楚了再回答。

(2) 她一边哭哭，一边说说。→她一边哭，一边说。

(3) 他又一次看看了小敏，转身走了。→他又一次看了看小敏，转身走了。

(4) 孩子们立刻认真地做做起来。→孩子们立刻认真地做起来。

(5) 大家正在讨论讨论那个问题。→大家正在讨论那个问题。

(6) 他正是我要找找的那个人。→他正是我要找的那个人。

针对以上常见偏误类型，再做一些类似的改错题（练习一第6题）。

4. 综合练习

对动词重叠式的常见功能和常见偏误分别进行练习之后，再让学生做一些综合练习。综合练习要有梯度，先让学生根据图片回答问题（练习二第1题），然后再让学生根据提供的情景，选择合适的动词形式完成交际活动（练习二第2题）。

5. 布置作业

主要让学习者侧重结合实际进行运用练习，让学生把学到的动词重叠形式准确恰当地运用到实际生活中。

练习

一、结构练习。

1. 用相应的动词形式回答问题。

(1) 买鞋前你要做什么？（试，问价格）

(2) 买水果前你会做什么？（尝，闻，挑）

(3) 考生词前你要做什么？（复习，练，读）

(4) 晚上你想做什么？（看电视、发邮件、聊天）

(5) 睡觉前你应该做什么？（刷牙，洗澡）

2. 用“VV……就……”这个句型回答问题。

(1) 你什么时候去吃饭？（休息）

(2) 你什么时候还我书？(看)

(3) 这个椅子很脏，怎么办？(擦)

(4) 这个房间这么乱，能住吗？(收拾)

3. 用相应的动词形式回答问题。

(1) 让你的同桌读课文，怎么说？

(2) 老师让大家讨论，怎么说？

(3) 怎么让你的朋友介绍他自己？

(4) 怎么让你的同学帮你搬东西？

4. 根据图片提示说一说：晚上你常常做什么？

玩电脑；上网；看书；学汉语；聊天儿；休息

(1)

(2)

(3)

(4)

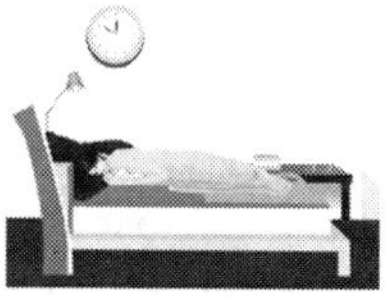

5. 下列句子中动词重叠后表达什么意义？

(1) 桌子太乱了，来，帮我整理整理。

(2) 晚上，听听音乐，聊聊天，挺有意思的。

(3) 我想请你帮我看看我写的这篇文章。

(4) 他看看表，知道火车已经开了。

(5) 这个菜怎么样，尝尝不就知道了吗？

(6) 洗洗衣服，收拾收拾房间，一忙就是一天。

(7) 这首歌好听吗？让我听听！

6. 改病句。

(1) 你最好听听清楚了再回答。

(2) 她一边哭哭，一边说说。

(3) 他又一次看看了小敏，转身走了。

(4) 孩子们立刻认真地做做起来。

(5) 大家正在讨论讨论那个问题。

(6) 他正是我要找找的那个人。

(7) 三年前，我们在一起学习学习过。

(8) 请大家把这份报告认真看看一遍，然后谈你的意见。

（9）她现在遇到了困难，我们帮忙帮忙她吧。

（10）我每星期一次收拾收拾房间。

（11）我常常周末见面见面朋友。

二、综合练习。

1. 根据图片回答问题。

（1）你们平时都怎样锻炼身体？（跑步；游泳；骑自行车；打羽毛球……）

（2）你遇到不认识的字怎么办？（查字典；去问同学；上网查；去问老师……）

2. 根据提供的情景，选择合适的动词形式完成交际活动。

（1）小王最近心情不好，甲向乙提议去劝小王。

（2）她在商场看到一件衣服，不知道该不该买。

（3）玛丽新买了一本书，很有意思，杰克想借回去看。

（4）小李拿了很多东西，开不了门，喊屋里的小张帮他开门。

（5）吃完晚饭你要和小李一起出去散步，怎么跟他说。

（6）怎么对妈妈说你想要去看朋友？

（7）和玛丽一起去吃川菜，可是她不敢吃，怎么劝她？

（8）老师问你问题，可是你还没想好，怎么说？

作业

1. 买东西前你怎么判断东西好不好？

如：买衣服前应该先……（摸摸，试试，穿穿，看看，问问价格等）

买吃的东西前应该先……（问问价格，尝尝，闻闻，看看，比较比较等）

2. 你请求别人帮忙的时候应该多用动词的什么形式？课后找机会练习一下。

3. 周末的时候你常常做什么？

51. 副词 “倒”

董淑慧

一、相关语法知识

1. 副词

副词主要用来修饰动词、形容词或谓词性结构，以说明行为动作或状态性质等所涉及的范围、时间、程度、频率、方式以及肯定或否定的情况。副词分为时间副词、范围副词、频率副词、程度副词、否定副词、语气副词和情态副词等。副词的句法功能是充当状语。副词一般不受其他类别词语的修饰。

2. 逆转类语气副词

逆转类语气副词用来表示事实与说话人的预期或与情理不合、相反，事实出乎预料之外，包括“倒、反倒、反而、倒是、却”等。

3. 关于逆转副词“倒”

逆转副词“倒”与一般逆转副词基本功能一样，有所不同的是，它的口语色彩较“反而”浓一些。

二、主要偏误类型

学习者习得副词“倒”的主要偏误有：

（1） *他的朋友打了他，倒他没生气。

（2） *你在中国学习，汉语应该进步很快，倒汉语水平越来越低了。

（3） *女朋友打了他几下，倒他反而开心地笑起来了。

（4） *春天来了，天气没有变暖和，倒一直很冷。

上述偏误可以归纳为以下几种类型：

第一，“倒”与主语句法位置的错误。“倒”是副词，修饰谓词，句法功能是做状语，位于主语后谓语性结构之前，学生常常将“倒”当作连词，放在主语前。句（1）—（3）都误把“倒”放在主语前。

第二，副词“倒”与副词“反而”句法位置的错误。“倒”表示“当下事实与所得认识不相符合，甚至加重”时，与“反而”用法相近，可以与“反而”共现，顺序是“反而倒……”，还可以更简单一点，说成“反倒”。句（3）的错误还在于弄错了“倒”和“反而”的句法位置。

第三，学生对副词“倒”所修饰谓词性结构的语义特征，把握不到位。“倒”后的谓词性成分应包含“当下事实与所得认识不但不相符合，甚至加重”的意思。句（4）中“倒”若要强调“当下事实与所得认识不相符合”，则可以说成：“春天来了，天气倒一点儿也没有变暖和，一直很冷。”若要强调“当下事实与所得认识不但不相符合，甚至加重”，则可以说成：“春天来了，天气没有变暖和，倒比冬天还冷!”“倒”后面的“一直很冷”未包含“加重”的意味，而且“没有变暖和”和“一直很冷”表达的意思有重复之处。

三、教学及教学设计的主要目的

第一，理解并掌握副词“倒$_1$”和“倒$_2$”的用法。

第二，理解并掌握副词“倒$_1$”和“倒$_2$”的句法位置：在主语后、谓语性结构之前。

第三，掌握“倒”“反而”和“可是”共现时的句法位置。

第四，使学习者能够使用“倒”，构成准确完整的句子，而且能够根据实际语境和情景进行恰当的应用。

四、主要教学环节步骤的设计

1. 从图示引导、例句分析入手，切入教学

首先，通过具体例句，分析“倒$_1$”出现的语境：

已然事实（雨已经下了三天了）——得出认识（老奶奶以为雨应该停了）——当下事实（雨下得更大了）——

其次，在例句分析的基础上，归纳出“倒$_1$”的语义功能，并总结出人们在什么情况下用“倒”：人们看到某个已然事实，得出认识，但是当下事实与所得认识不相符合，甚至相反。说话人强调当下事实（C、D）与对已然事实（A）与所得的认识（B）不合或者相反时，可以用“倒”来表达。

再次，归纳出“倒$_1$”构成的两个基本句式：

句式①：A，B，C，倒 D（与认识相反）

句式②：A，B，倒 C（D）（与认识不合）

“倒$_1$”与“反而”共现表示当下事实与所得认识不但不相符合，反而加重，即句式③。

句式③：A（B）倒 C，反而（D）

A（C）反（而）倒（D）。

最后，运用具体事例归纳出“倒$_2$”的语义功能，即“当下事实与所得认识不相符合，还发生了与之相关的新情况”，并总结“倒$_2$”构成的句式：

句式④：A（B）倒 C，只是/就是（E）……

2. “倒$_1$、倒$_2$”语法要点总结

一是归纳“倒”和“可是”“反而”的位置。

二是全面归纳“倒$_1$”“倒$_2$”的语义功能和句式。

目的在于给学习者一个明确的语法结构模式上的认识。

3. 教学要点训练

角度之一：副词“倒”的语义功能、所出现的语境条件及其构成的句式，通过情景，引导学生理解“倒”的用法，并逐步掌握“倒”的用法。

角度之二：首先，针对“倒”应用过程中学习者可能出现的各种偏误类型，设计纠错练习，引起学习者对可能出现的偏误的高度注意（练习一第 3 题）。其次，从语义功能和句法位置两个角度，区分“倒”与“可是”“反而”“只是”的区别及句法特征（练习一第 4 题）。

4. 应用训练

根据语言、图片等提供的条件、情景，指导学习者准确运用副词“倒”，构成得体、准确、完整的句子（练习二第 1、2、3 题）。

5. 布置作业

侧重结合学习者实际的应用性练习，以增强学习者实际运用语言点的能力。

练习

一、基础练习。

1. 根据图示和所给条件用“倒$_1$”来说一说。

（1）

已然事实：立秋了。

当下事实：更热了。

（2）

已然事实：女孩儿把男孩儿的车弄坏了。

当下事实：男孩儿安慰女孩儿。

（3）

已然事实：下雪了。

当下事实：还要暖和一些。

（4）

已然事实：夜深了。

当下事实：街上的人更多了。

2. 根据图示和所给条件用“倒$_2$”来说一说。

（1）

已然事实：老鼠和猫在一起。

新发生事实：老鼠不愿意理猫。

（2）

已然事实：围巾很漂亮（80 元）。

新发生事实：围巾的材质不太好。

3. 改正下列句中的错误：

（1）你在中国学习，汉语应该进步很快，倒汉语水平越来越低了。

（2）倒他的朋友打了他，反而他没生气。

（3）女朋友打了他几下，倒他反而开心地笑起来了。

（4）他投资股票，不仅未能发财，倒反而赔了100余万元。

（5）春天来了，天气没有变暖和，倒一直很冷。

4. 选择合适的词填空。

可是　　倒　　反而　只是

（1）他平时来得最少，（　　）他考试（　　　）考得最好。

（2）小张英语学的时间最短，考试（　　　）考得最好。

（3）妈妈减肥一个月，体重（　　）一点儿也没减少，（　　）更重了。

（4）A：儿子，听说你这次考试考砸了。

B：我（　　　）没有考砸，只是没有预期的那么好。

（5）春天来了，天气（　　）（　　）冷起来了。

（6）立秋了，天气（　　　）没有凉爽，（　　）太阳不像以前那样毒了。

二、应用练习。

1. 看图片，说句子。

（1）

农村的孩子

（2）

城市的孩子

（3）

豪华游轮，价格不菲

（4）

希腊旅游胜地萨洛尼卡

2. 根据提供的情境，用“倒”说说。

（1）诺贝尔和平奖获得者——特蕾莎修女一无所有，她生活得充实、有意义。

（2）我感冒了，吃一些感冒药，感冒更重了。

（3）大家都批评你，你没有生气，笑了。

3. 对这些现象怎么看，用“倒”说一说。

（1）中国人问年龄、爱人和孩子等问题。

（2）大学毕业生都希望留在北京、上海等大城市生活。

（3）大学毕业生愿意去知名的大公司工作。

作业

用“倒”说一说。

（1）说说最近的天气变化情况。

（2）说说在你们国家，人们的工资收入与受教育程度、居住城市等之间的关系。

（3）比较公共汽车、汽车、出租车三种交通工具。

52. 让步复句 “即使/就是……也……”

郑天刚　卢福波

一、相关语法知识

1. 关于复句

复句是由两个或两个以上意义上相互依存的分句组合而成的句子。根据分句间的意义关系，复句可以分为联合复句和偏正复句两大类，前者分句之间不分主次，后者则有主次偏正之分。两大类之下又各分为若干小类。

2. 关于“即使/就是……也……”

“即使/就是……也……”属于偏正复句中的让步复句。下面用AB分别代表两个分句及其表示的两种情况，A代表偏句，B代表正句。“即使/就是A也B”中隐含一个预期：如果出现情况A，就不大可能出现情况B（如果睡10个小时觉就不会困）。该复句表示对预期的违背：在出现情况A时仍然出现情况B（我即使睡10个小时觉也困）；即情况B一定会出现，而不会受情况A的影响。大致有以下两种用法，而以第一种更为常用。

第一种用法：A和B各表示一件事情（即使你不说，我也能知道）。A表示的情况通常是假设的，但也可以是实有的。A为假设的情况时，A可以是有可能发生的情况（即使下大雨，他也会去看她。），也可以是不可能发生的情况（即使下刀子，他也会去看她。），后者带有较强的夸张语气。A为实有的情况时（他每天都去看她，即使刮风下雨，也不例外），仍带有一种假设的语气。

第二种用法：A和B表示同一件事情（他很少喝酒，即使喝，也只能喝一点点）。隐含预期的具体内容为：如果发生情况A，其程度会与B拉开一定的距离，而不会仅仅是B（如果带钱，一般不会只带10块钱）。B表示一个不正常的程度。“即使/就是A也B”表示：在情况A时程度却局限于B，含有“A与不A差别不大”的意思（他不会带钱的，就是带，也超不过10块钱）。

二、主要偏误类型

学习者习得复句“即使/就是 A 也 B”的常见偏误有：

(1) ？如果买不到飞机票，也要想办法来。

(2) ＊即使她不爱你，你就不要追她了。

(3) ＊无论工资少一点儿，我也想去那家公司。

(4) ＊即使面试难不难，也应该去试一试。

(5) ＊虽然学习再忙，也应该给父母打电话。

(6) ＊即使他没有说，我心里也已经很清楚了。

(7) ＊在国内的时候，____见到中国人，也不敢跟他们说汉语。

上述偏误可以归纳为以下四种类型：

第一，由于“即使/就是”常常带有假设语气，因此误以为与单纯表示假设的“如果”用法相同，未认清“即使/就是 A 也 B”隐含着一个预期，同时两个分句之间具有让步转折关系。句（1）该用“即使/就是”却用了“如果”，句（2）该用“如果”却用了“即使”。

第二，未认清“无论/不论/不管”后面的成分所表示的情况必须带有选择性，通常要是个疑问形式；而“即使/就是”后面的成分所表示的情况不具有选择性，不能是疑问形式。句（3）该用“即使/就是”却用了“无论”，句（4）该用“无论/不论/不管”却用了“即使”。

第三，“虽然”后面的成分表示的情况是已然的，而“即使/就是”后面的成分表示的情况多是假设的，即使是已然的情况也带有假设的语气，因此一般不能换用“虽然”。句（5）该用“即使/就是”却用了“虽然”，句（6）该用“虽然”却用了“即使”。

第四，该用“即使/就是”的时候，常常会漏掉。句（7）正句中有“也”，偏句中却没有“即使/就是”与之呼应。

三、教学及教学设计的主要目的

第一，让学生了解“即使/就是 A 也 B”的预设，了解该复句两分句的让步转折是通过对预设的违背实现的。

第二，让学生了解“即使/就是 A”的假设语气。

第三，让学生了解在语义上 A 具有特殊性，B 具有不变性，让步的意思是 A 的特殊性并不能影响 B 的不变性，即 B 一定会得到实现。

第四，通过练习，让学生掌握“即使/就是 A 也 B”的语用功能：一是表述一个反常现象；二是表述一个反常推断；三是表述一个反常决断；四是表述一个反常程度的估计。

四、主要教学环节步骤的设计

1. 与预设相对照，理解“即使/就是 A 也 B”的表义特点

在分析“即使/就是 A 也 B”表达的意义时，始终不离它所隐含的预设（预期），指明该复句表达的意义是对预设的违背。该预设的存在实际上就是“即使/就是 A 也 B”的使用条件。在具体讲解该复句的两种用法时，注意讲清楚第二种用法的 B 表示的是一种不正常的程度。课件使用了“语境体验”的形式，使讲与练，语义与语用结合了起来。此外，还使用了“完成句子”的练习形式。

2. 对比语义相关的连词，纠正学生偏误

通过选择填空练习，将“即使/就是”与“如果”“无论/不论/不管”“虽然”等连词进行对比，使学习者更深刻地体会到“即使/就是 A”的特殊性、非选择性和假设语气，“也 B”的不变性，以及“即使/就是 A”和“也 B”的让步转折关系，避免偏误的发生。

3. 结合语境，加强表达

通过“按图表达”和“应用表达”练习，利用由图片或语言提供的语境，学会如何表述一个反常的现象、推断、决断或估计。

练习

一、语境体验。

（1）小张：马克，明天晚上你还是来我家学习吧。

马克：好啊。不过，如果刮大风，我就不去了。

（预期）

小张：我还想请你吃饺子。

马克：太好了！____________________。

（违背预期）

（2）田中：我的小狗快死了。

马克：赶快送医院吧，能治好的。

（预期）

田中：太晚了。____________________。

（违背预期）

（3）小张：我最喜欢下雪，一下雪就可以拍雪景了！

（预期：一般来说，下雪后的雪量能造成雪景。）

马克：听说北京冬天的雪很大。上海怎么样？

小张：很少下。____________________，落在地上就化了。

（违背预期）

（4）马克：吃了药，马上就可以退烧吧？

（预期：如果退烧，会退得很快。）

大夫：能不能退烧还不一定。____________________。

（违背预期）

二、选择填空。

（1）__________买不到飞机票，也要想办法来。

（a. 如果　b. 即使　c. 不管）

（2）__________这次面试难不难，也应该去试一试。

（a. 不管　b. 如果　c. 即使）

（3）__________学习再忙，也应该给父母打电话。

（a. 不管　b 虽然　c. 就是）

（4）__________工资少一点儿，我也想去那家公司。

（a. 如果　b. 即使　c. 无论）

（5）__________她不爱你，你就不要追她了。

（a. 虽然　b. 即使　c. 如果）

三、用“即使/就是……也……”表达。

（1）喝几口水没关系，我一定要学会游泳。→

______________________________。

（2）我们可以不吃饭，但必须完成今天的工作。→

______________________________。

（3）不管考试多么容易，他也不会及格。→

______________________________。

（4）他两天没睡觉了，最多打个盹儿而已。→

______________________________。

四、完成句子。

(1) 

(2) 

(3) 

(4) 

(1) 就是三天不睡觉，我__________。

(2) 即使考 HSK6 级，她__________。

(3) 这双皮鞋真漂亮！__________，我也要买。

(4) 这条路很拥挤，__________，车也很多。

五、用“即使/就是……也……”完成会话。

(1) 男生：周末我们去郊游，你一定要去啊。

女生：万一下雨呢？

男生：__________。

(2) 职员：完成这个设计可不容易啊！

老板：小张能力很强，__________。

(3) 交警：你违规了，汽车超速了。

司机：对不起，我真的有急事。

交警：__________。

六、按图表达。

(1)

__________。

(2)

__________。

（3）

________________________________。

（4）

________________________________。

（5）

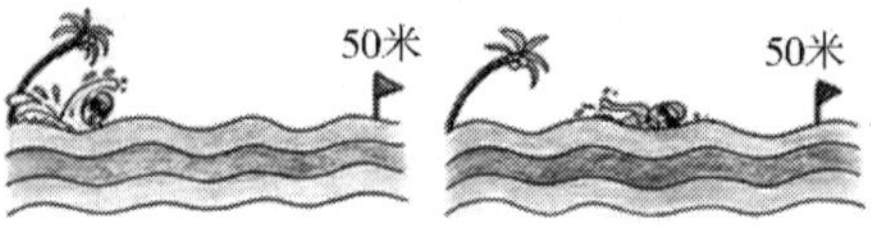

________________________________。

作业

用“即使/就是 A 也 B”说一说。

1. 表示你的一个决心。（提示：一般来说，如果遇到困难 A，就不会做 B。但你不怕 A，坚持要做 B）

2. 猜一猜马克同学暑假会不会去旅游。（提示：马克每个假期都去旅游，但今年暑假他很忙）

3. 估计一下最近的天气情况。（提示：这儿是干旱地区，雨量很小）

主要参考文献

白建华 2009《对外汉语语言点教学 150 例》，耶鲁大学出版社。

白　荃 2000“不”“没（有）”教学和研究上的误区，《语言教学与研究》第 3 期。

曹广顺 1995《近代汉语助词》，语文出版社。

郭继懋 1999 再谈量词重叠形式的语法意义，《汉语学习》第 4 期。

侯学超 1998《现代汉语虚词词典》，北京大学出版社。

胡壮麟 2004《认知隐喻学》，北京大学出版社。

黄伯荣、廖序东 2002《现代汉语》，高等教育出版社。

黄月圆、杨素英 2004 汉语作为第二语言的“把”字句习得研究，《世界汉语教学》第 1 期。

李晓琪 2005《现代汉语虚词讲义》，北京大学出版社。

刘月华、潘文娱、故　韡 2001《实用现代汉语语法》（增订本），商务印书馆。

卢福波 2000《对外汉语常用词语对比例释》，北京语言大学出版社。

卢福波 2004《对外汉语教学语法研究》，北京语言大学出版社。

卢福波 2010《汉语语法教学理论与方法》，北京大学出版社。

卢福波 2011《对外汉语教学实用语法》（修订版），北京语言大学出版社。

陆俭明 1991《现代汉语时间词说略》，《语言教学与研究》第 1 期。

陆俭明、马　真 1999《现代汉语虚词散论》，语文出版社。

吕叔湘 2005《现代汉语八百词》（增订本），商务印书馆。

邵敬敏 2007《现代汉语通论》（第二版），上海教育出版社。

邵瑞珍 1997《教育心理学》，上海教育出版社。

沈家煊 2011《语法六讲》，商务印书馆。

宋如瑜、许诗聆等 2007《华语语法点活动小锦囊》，秀威出版。

王红斌 2007“一边 p（v / vp），一边 q（v / vp）”对动词和动词性结构的选择，《语文研究》第 1 期。

王弘宇 1997“一边 A，一边 B”的内部语义关系分析，《中国语文》第 2 期。

王建勤 1997“不”和“没”否定结构的习得过程，《世界汉语教学》第 3 期。

王　力 1985《中国现代语法》，商务印书馆。

王维贤等 1994《现代汉语复句新解》，华东师大出版社。

王　轶 2011 对外汉语初中级阶段课堂量词教学研究，河北师范大学硕士学位论文。
王振来 2008 量词重叠的偏误分析及教学策略，《云南师范大学学报》，第 3 期。
肖奚强 2005 外国学生“除了”句式使用情况的考察，《语言教学与研究》第 2 期。
邢福义 1998 关系词“一边”的配对与单用，《世界汉语教学》第 4 期。
邢福义 2001《汉语复句研究》，商务印书馆。
杨玉玲 2011《国际汉语教师语法教学手册》，高等教育出版社。
张旺熹 2001“把”字句的位移图式，《语言教学与研究》第 3 期。
郑艳群 2009《汉语多媒体教学课件设计》，北京语言大学出版社。
周　健主编 2009《汉语课堂教学技巧 325 例》，商务印书馆。
朱德熙 1982《语法讲义》，商务印书馆。